高等学校图书情报与档案管理系列教材

信息政策与法规

陈则谦　白献阳　张　鑫　编著

科学出版社

北京

内 容 简 介

本书分为绪论篇、产权篇、政府篇、企业篇、个人篇、公共篇和网络篇，共计二十一章，基本涵盖了我国目前在知识、信息、数据和网络服务与管理领域的主要法律、法规和部门规章。作为一部反映信息服务与管理活动基本规范和知识体系的教材，本书收录了最新版本的政策法规，体例编排合理、体系架构完整、内容丰富翔实。

本书可用于图书情报与档案管理类本科生和研究生的课程教学，也适合信息管理、信息服务、知识产权、互联网及新闻传播等领域相关工作人员学习和阅读。

图书在版编目（CIP）数据

信息政策与法规 / 陈则谦，白献阳，张鑫编著. —北京：科学出版社，2024.2
高等学校图书情报与档案管理系列教材
ISBN 978-7-03-069549-9

Ⅰ. ①信⋯　Ⅱ. ①陈⋯　②白⋯　③张⋯　Ⅲ. ①信息管理-政策-高等学校-教材　②信息管理-法规-高等学校-教材　Ⅳ. ①D922.16

中国版本图书馆 CIP 数据核字（2021）第 158561 号

责任编辑：方小丽 / 责任校对：贾娜娜
责任印制：张　伟 / 封面设计：蓝正设计

科 学 出 版 社 出版
北京东黄城根北街 16 号
邮政编码：100717
http://www.sciencep.com
北京九州迅驰传媒文化有限公司 印刷
科学出版社发行　各地新华书店经销
*
2024 年 2 月第 一 版　开本：787×1092　1/16
2024 年 2 月第一次印刷　印张：17 1/4
字数：282 000
定价：68.00 元
（如有印装质量问题，我社负责调换）

前　言

信息技术的广泛应用和社会信息化进程的快速推进，催生了新的社会现象和社会问题，如越来越普遍的信息安全和隐私保护问题、网络环境下的虚假信息泛滥和愈演愈烈的知识产权侵权问题、政府部门的信息公开与信息资源共享问题、数据处理及跨境数据流动和网络犯罪问题等。党的二十大报告指出："全面依法治国是国家治理的一场深刻革命，关系党执政兴国，关系人民幸福安康，关系党和国家长治久安。必须更好发挥法治固根本、稳预期、利长远的保障作用，在法治轨道上全面建设社会主义现代化国家。"[①]新的社会问题的解决，不仅需要行政手段、技术手段、经济手段、人文手段的强力介入，更需要通过政策和法律手段予以有效的引导、约束和规范。制定合理有效的信息政策与法律法规是有效预防和解决各类信息问题的基础性、权威性的手段。

信息政策与法规是一个较为笼统的称谓。它既包括政策、法律、法规、规章、规范性文件等不同效力、不同层级的政策文件，又包括知识、信息、数据和网络活动等形成新型社会关系的客体。本书以"信息政策与法规"这一名称来指代与知识、信息、数据和网络活动有关的各类政策、法律、法规、规章及规范性文件。在政策与法规的具体选择上，主要考虑相关政策法规是否侧重于对"服务"和"管理"的规范及要求。

依据政策法规的相关关系及其主要关涉的行为主体，本书对收集并遴选出的政策法规进行了归类，最终形成了七个部分，分别为绪论篇、产权篇、政府篇、企业篇、个人篇、公共篇和网络篇。各篇章的关系及参编人员的具体分工如下。

（1）绪论篇包括第一章，由陈则谦负责收集整理资料、撰写文字及统稿。

（2）产权篇包括第二章至第六章。第二章和第三章由陈则谦负责收集整理资料、撰写文字及统稿；第四章、第五章和第六章分别由刘晓轩、李亚灿和王映雪负责收集整理资料、撰写初稿，由陈则谦负责修改文字及统稿。

（3）政府篇包括第七章、第八章、第九章和第十章，分别由张美霞、郑娜静、张博文和刘丹负责收集并整理资料，由白献阳负责统稿。

（4）企业篇包括第十一章、第十二章和第十三章，分别由王映雪、岳双双和张鑫负责收集整理资料、撰写初稿，由张鑫负责统稿及修改。

（5）个人篇包括第十四章，由张博文和刘丹负责收集并整理资料，由陈则谦负责统稿。

（6）公共篇包括第十五章至第十八章。第十五章、第十六章由郑娜静和岳双双负责

[①]《习近平：高举中国特色社会主义伟大旗帜　为全面建设社会主义现代化国家而团结奋斗——在中国共产党第二十次全国代表大会上的报告》，https://www.gov.cn/xinwen/2022-10/25/content_5721685.htm[2024-01-06]。

收集并整理资料，由白献阳负责撰写文字并统稿；第十七章、第十八章由张美霞、张鑫负责收集整理资料并撰写文字，由陈则谦负责统稿。

（7）网络篇包括第十九章、第二十章和第二十一章，分别由陈则谦、王鑫、张鑫负责收集整理资料并撰写文字，由陈则谦负责统稿。

全书由陈则谦、张博文和刘丹负责最后的统稿及文字校对工作。

本书历时三年编写完成，其间因为相关政策法规的不断修订更新而一再调整相关章节的内容，最终的出版也意味着这一个阶段的结束和新的学习阶段的开始。

在本书编写前，已经有北京大学周庆山教授的《信息法》、武汉大学查先进教授的《信息政策与法规》、黑龙江大学马海群教授的《信息资源管理政策与法规》，以及南京大学朱庆华教授的《信息法教程》（第 1 版、第 2 版和第 3 版）等珠玉在前，特别是《信息法教程》一书，是我在课程教学过程中长期使用的重要文献资料，对我的教学的帮助和影响很大。本书的架构综合了上述高质量教材的内容或体系，在编写过程中也在多个章节参考借鉴了各类教程的有关内容和观点。在此对各位前辈及其作品致以诚挚的谢意！

感谢我的研究生们为本书编写所付出的辛苦，感谢白献阳和张鑫两位同事的帮助和贡献。

本书是我从事专业教育教学过程中对"信息政策与法规"的课程内容、知识体系和持续学习与思考的一次系统性回顾与总结，也于部分章节尝试了对有关问题的深入分析与探索。囿于编者的知识、能力和经验，书中可能还存在一些不足，恳请阅读和使用本书的各位同仁及读者批评指正，也期待今后能就信息政策与法规这个主题和大家进行更多的交流。

陈则谦

2023 年 11 月 30 日于保定市图书馆

目　录

第一篇　绪　论　篇

第二篇　产　权　篇

第三篇　政　府　篇

第四篇　企　业　篇

第五篇　个　人　篇

第六篇　公　共　篇

第七篇　网　络　篇

第一篇 绪 论 篇

第一章 信息政策与法规概述

学习目标

通过本章的学习，了解信息社会的主要特征；了解信息政策、信息法律的主要内容以及两者间的关系；熟悉并基本掌握我国信息政策与法规体系的形成与发展过程。

本章导语

信息技术的广泛应用和社会信息化进程的快速推进，在促进经济与社会发展转型的同时，也催生了新的社会现象和社会问题，如越来越普遍也越来越受关注的信息安全和隐私保护问题、网络环境下的虚假信息泛滥和愈演愈烈的知识产权侵权问题，以及跨境数据流动和网络犯罪问题等。诸如此类的问题，不仅影响人们正常的生活、工作和学习，还可能危及公共利益和国家安全，需要通过制定合理有效的信息政策与法律法规来加以规范和解决。

第一节 信息与信息社会

一、信息及其作用

我国古代就有"信息"一词。"信"与"息"最初是分开使用的。东汉许慎的《说文解字》中"信，诚也。从人，从言，会意"，"息，喘也。从心，从自，自亦声"。南唐诗人李中在《暮春怀故人》一诗中写道："梦断美人沈信息，目穿长路倚楼台。"此处的信息是消息的意思。

信息的英文、法文都是 information。日本把信息称为情报。我国台湾则称之为资讯。

作为科学术语，信息由哈特利（Hartley）于 1928 年在《信息传输》（"Transmission of Information"）一文中使用。20 世纪 40 年代后期，随着信息论、控制论的产生与发展，信息逐渐成为一个科学概念，应用在自然科学、社会科学的诸多领域。

国外关于信息的定义，以香农（Shannon）和威纳（Wiener）的界定最为著名。1948 年，香农在美国的《贝尔系统杂志》上发表了《通信的数学理论》，讨论了信源和信道的特性，在这篇略显晦涩却非常著名的论文中，他提出信息是"两次不确定性"之差，是用以消除随机不确定性的东西，这奠定了信息论的基础。1950 年，控制论创始人威纳在《人有人的用处——控制论与社会》一书中写道："信息就是我们用于适应外部世界，并把这种适应作用于外部世界的过程中，同外部世界进行交流的内容的名称。"威纳认为信息是人与外界进行交换的一种东西，信息就是信息，它既不是物质，也不是能量。此外，英国学者阿什比（Ashby）1956 年提出"信息是集合的变异度"，他认为信息的本质在于事物本身具有变异度。

国内学者关于信息的解释主要有两个角度。一是理论角度，如马费成和宋恩梅在《信息管理学基础》一书中提出"信息是事物存在的方式和运动状态的表现形式"，这一层次上的信息是最广义、最普遍的信息，可与物质和能量并驾齐驱。考虑到人在信息的产生、认识、获取和利用方面的作用，信息应被定义为"主体所感知或表述的事物存在的方式和运动状态"。二是实用角度。《辞源》和《辞海》对信息的解释是"消息、音讯"。从这一角度出发，信息就是从信息源发出，经过加工和传递，可以被接收者接收、理解和利用的消息、信号及其各种内容的情况或知识的总和。信息可以是消息、数据、情报、知识、资料等。

▶**思考题：谈一谈你对信息及其作用的认识。**

信息具有普遍性、共享性、可传递性、时效性等特征，在人类进化史中具有十分重要的作用。从某种意义上来说，整个人类的进化史也是一部人类信息活动的演化史。信息的积累和传播，是人类文明进步的基础，推动了人类的进化。在人类的整个历史发展中，经历了五次巨大的信息技术革命，每一次信息技术革命都对人类社会的发展产生了巨大的推动力，带来了飞跃式的进步。

（1）语言的产生扩大了人类信息活动的范围，使得信息活动的效率有了飞跃性的提高，语言成为人类进行思想交流和信息传播不可缺少的工具。人类的信息活动从具体走向抽象。

（2）文字把声音和声音所指的对象分离开来，把声音和发出声音者分离开来。文字的出现使人类对信息的保存和传播取得了重大突破，较大地突破了时间和地域的局限。

（3）印刷术的发明使书籍、报刊成为重要的信息储存和传播的媒体，使人类信息传递的速度和范围极大地扩张，人类的信息存储能力也进一步加强，并初步实现了信息共享。

（4）电磁波的发明是人类信息传播划时代的进步，电报、广播、电话和电视的相继出现，最终促成了人类的电子通信革命。

（5）计算机和网络技术的发明与普及让信息采集、处理、传输和交换达到了一体化和自动化的程度，并最终推动人类步入信息社会。

二、信息社会的主要特征与主要问题

信息社会也称信息化社会，是农业社会、工业社会以后，信息起主要作用的人类社会新形态。它是一个以信息技术为基础，以信息资源为基本发展资源，以信息产业为基本社会产业，以数字化和网络化为基本社会交往方式的新型社会形态。

（一）信息社会的主要特征

1. 经济领域

（1）信息成为重要的生产力要素，和物质、能量一起构成社会赖以生存的三大资源。
（2）信息技术革命催生了一批新兴产业。

（3）传统工业普遍实行技术改造，工业社会产生的各种生产设备将会被信息技术改造，成为一种智能化的设备。

（4）电子商务等新型交易手段快速发展。

2. 社会、文化、生活领域

（1）人们的生活模式、文化模式更加多样，个性化不断增强，可供个人自由支配的时间和活动空间大幅度增加。

（2）城市化发展出现新的特征，高速发展的信息交换促使城市从传统的单中心向多中心发展。

3. 社会观念

信息社会的价值观念、伦理道德等发生了较大变化。尊重知识成为一种社会风尚，劳动者需要掌握知识并具备一定的信息素养；人们具有更积极地创造未来的意识倾向。

如果说土地是支撑农业社会的基石，资本是工业社会发展的源泉，那么知识和信息就是信息社会不可或缺的重要资源。谁占有知识和信息，谁就掌握了现代社会的主动权。对知识和信息的占有与分配成为经济和社会发展的推动力量。

（二）信息社会的主要问题

信息社会不同于以往的社会形态。信息和信息技术在给社会带来巨大的经济效益和社会进步的同时，也给社会带来了一系列的矛盾和冲突。

（1）信息自由与信息安全的矛盾。信息自由是公民的一项重要权利，公民可以依法自由地采集、加工、处理、传播、存储和利用信息。然而信息自由并非绝对自由和滥用信息，不允许为了商业利益及其他不正当目的从事损害国家安全、公共利益和他人正当权益等的违法行为。信息系统的脆弱性不单单是技术问题，更是需要法律规范加以约束和管制的问题。

（2）信息不足与信息过剩的矛盾。社会的信息流动具有不均衡性，一方面，不能充分满足人们对信息获取的需求；另一方面，还存在着信息过剩的问题。当真实精确的信息和失真模糊的信息混杂在一起时，相对信息量反而减少了，信息过剩带来了新的信息匮乏，使人们收集、处理和利用真实准确的信息变得困难重重，制约了人类利用信息来创造财富的能力。

（3）信息公益性和营利性的矛盾。一方面，信息作为一种重要资源，具有重要的经济和社会价值，能为其所有者带来可观的收益；另一方面，信息的公益性要求其广泛、无偿和公开地为公众所利用，这就与信息所有者的经济利益产生了矛盾。

（4）信息保密与信息公开的矛盾。在社会信息化进程中，一方面，应当对秘密信息进行有效的保护；另一方面，应该对需要公开的信息充分公开。信息保密和公开之间如果缺乏应有的协调，就会使应当公开的信息得不到公开，应当保密的信息得不到有效的保护。

（5）信息产品流通过程中的矛盾。在信息产品经由信息渠道到达消费者的过程中，既存在着信息产品的所有者、生产者、传播者的信息权利问题，又存在着信息产品在信息活动主体之间发生转移、交易、转让时的所有权和许可使用权等财产权益纠纷，以及信息主体的个人利益与社会利益之间的冲突问题。

以上种种矛盾，仅仅依靠技术本身是无法完全解决的，还需要通过政策和法律来调整、规范信息主体的行为，平衡各主体之间的利益。信息政策和信息法律正是在这样的社会环境下应运而生的。

三、信息社会对信息政策与法律规范体系的需求

在信息社会之前，已经存在对信息占有权利的调节问题，只不过它还没有发展到影响社会进步的程度。在工业革命开始之前，社会制度或法律对信息活动和关系的规范集中在与政治、管理有关的信息源和信息交流渠道的控制上。由于信息的数量少，传播的渠道单一，能利用信息的人数有限，当时的统治阶级是有能力控制信息源和信息交流渠道的。

▶思考题：查阅资料并回答古代社会统治阶级有哪些控制信息源和信息交流渠道的手段。

从工业社会的中后期开始，随着生产力的发展、科学技术的进步，人类记录、生成和传播信息的能力得到了快速提升，信息数量增加、质量提高、传播速度加快，信息对社会和经济的作用开始体现。最有代表意义的就是知识产权作为调节知识产品的生产者和使用者之间关系的法律制度，开始在财产法律体系中占有一席之地。但是这种知识产权的保护范围相当有限，只涉及保护创造发明的专利法，保护文学、艺术和科学作品的版权法，以及保护商品及其服务的商标法等，至于构成知识原材料的客观信息和数据，则仍未列入法律保护的客体范畴。

从20世纪40年代末期开始，以计算机的发明为标志，信息技术革命最终将人类带入了信息社会。与以往的社会形态不同，在信息社会中，知识和信息呈现爆发式增长，其传播、共享与利用等活动越发频繁，社会中的信息关系日趋复杂。从个人隐私的保护到商业秘密的保护再到国家秘密的保护，从信息技术的发展政策到信息技术的标准化法规，从信息服务提供者的权利和义务到信息服务接受者的权利和义务，从知识产权侵权到网络犯罪，从政府信息化到电子商务立法，从网络域名的管理到信息网络的经营，从数据主权到信息战争，信息关系已经渗透到社会、政治、经济、军事、文化、生活的各个领域、各个层面。因此，在信息社会，如何调节不同主体在信息生产、使用、流通等过程中的关系就成为一项迫切的任务。

信息技术在人类发展史上的作用如同信息一样也是一个渐进的过程。每一次信息技术上的重大突破都会带来社会形态的变革，引发社会关系和信息活动的变化，用以调节信息关系的法律制度也会相应地发生变化。

信息社会的核心特征是通过信息的运用、知识的创新来实现经济发展和社会进步。知

识、信息和数据已经成为社会赖以生存和发展的基础资源，具有重要的价值和财产属性，如果不建立相应的政策和法律体系对其进行规划和调节，信息社会也就不可能实现真正的发展。原来占据主体地位的知识产权法律制度产生于工业社会，用以规范和调节因"知识"而产生的各类社会关系，但是它在规范和调节信息社会因"信息"和"数据"而产生的新的社会关系和社会问题方面，显得力不从心。

因此，信息社会中的信息政策与法律体系将从传统的以知识产权法为核心向"信息产权法""数据产权法"逐步发展并占据支配地位的方向转变。构筑信息社会新的信息政策与法律体系，是信息社会发展的必然要求。

第二节　信息政策的基本问题

一、信息政策的含义

政策是政党、国家为实现一定历史时期的目标和任务而规定的行动准则，具有全局性、指导性、时效性、灵活性等特点。信息政策是用以引导和规范信息活动、解决信息问题的政策的总称。

英美国家明确使用信息政策这个词是在 20 世纪 60 年代到 70 年代，当时的信息政策主要局限在科学技术情报及计算机的社会影响等政策问题上。从 20 世纪 70 年代后期开始，信息政策的内涵表现出多样化和多义化的特点。20 世纪 60 年代至 80 年代之前，日本的信息政策主要是指日本政府为了加速信息化社会的发展，由各省厅制定的各个领域的"信息化政策"。从 20 世纪 80 年代开始，日本开始出现不加限定词而单独使用"情报政策"一词作为书名的文献，内容主要是有关地方性和综合性特点的城市信息化政策。和英美国家一样，20 世纪 80 年代后日本的文献中对情报政策一词的使用也开始呈现多样化的特点。

20 世纪 90 年代以前，我国使用的是情报政策而不是信息政策。从一些教科书和工具书中对情报政策的释义来看，它实际上是指与科学技术（包括社会科学）情报事业有关的政策，严怡民在《情报学概论》一书中指出：所谓情报政策，就是国家根据需要而规定的，有关发展与管理情报事业的方针、原则和办法。进入 20 世纪 90 年代以后，随着"信息"取代"情报"，情报政策一词的使用越来越少，信息政策的使用则更为普遍。

信息政策是一个含义丰富的概念，具有适用范围广泛和多元化的特点。信息政策是社会信息活动整体演进的根本保障，是社会信息资源系统开发的有力工具。

美国学者赫伦和雷耶在 20 世纪 90 年代初撰写《图书馆学情报学百科全书》时在第 11 卷里增列"information policy"条目，认为它应当"是一个由有关信息的生命循环圈——信息的产生、收集、流通、分配、检索、老化——的监视和管理的指导原则、法令、指南、规则、条例、手续而构成的相关的政策群体"。

随着信息社会的到来，数据、信息、知识、情报、网络、信息技术等领域的政策与法律法规已经深刻影响了国民经济、国家安全和社会生活的方方面面，它们数量庞大，几乎无处不在、无所不及。

依照强制力和制定主体的差别,与信息活动有关的政策与法律体系主要由以下几种具体形式构成。

(1)信息政策。信息政策是政党或(和)政府根据社会发展和经济建设的需要而制定的有关发展、促进、管理社会信息活动的一系列指导方针、行动准则和发展指南,体现了一个国家信息管理的基本方向和状态。信息政策的形式主要体现为:纲要、规划、意见、方针、原则、报告、通知、讲话等。例如,2016年8月,中央网络安全和信息化领导小组办公室、国家质量监督检验检疫总局、国家标准化管理委员联合发布《关于加强国家网络安全标准化工作的若干意见》;2016年12月,国务院印发《"十三五"国家信息化规划》。

(2)信息法律。信息法律是由国家立法机关制定,并由国家执法机关的强制力保证实施的,调节信息活动中各类主体的行为规范的专门法律。它是规范社会信息活动,指导信息事业发展,调控信息产业运行,保障国家信息主权和公民信息权利的重要手段和根本原则。信息法律的形式主要体现为:法、决定、决议、办法等。例如,2016年11月,第十二届全国人民代表大会常务委员会第二十四次会议通过《中华人民共和国网络安全法》。

(3)信息法规。信息法规是对信息活动中的重要问题进行调控的各类规范性文件。信息法规的形式主要体现为:条例、决定、规定、通知、办法、意见、实施细则等。例如,国务院2006年5月发布的《信息网络传播权保护条例》。

(4)信息规章。信息规章是依据法律的或行政的授权而由特定行政部门或组织团体制定的有关信息交流和管理活动的规程、制度和条款,是具体信息活动的基本要求和处理方法。信息规章的形式主要体现为:办法、决定、规定等。例如,工业和信息化部2017年8月发布的《互联网域名管理办法》。

(5)信息标准。信息标准是由公认的权威机构批准的有关概念、过程、产品和方法等以特定程序和形式存在的统一规定,可使信息交流和管理具有统一性和规范性。信息标准的形式主要体现为:标准、规范、指南等。例如,国家市场监督管理总局和国家标准化管理委员会2020年3月发布的《信息安全技术 个人信息安全规范》。

(6)其他规范性文件。其他规范性文件具体是除政府规章外,行政机关及法律、法规授权的具有管理公共事务职能的组织,在法定职权范围内依照法定程序制定并公开发布的针对不特定的多数人和特定事项,涉及或者影响公民、法人或者其他组织在信息活动中的权利义务,在本行政区域或其管理范围内具有普遍约束力,在一定时间内相对稳定、能够反复适用的行政措施、决定、命令等行政规范文件的总称。其他规范性文件的形式主要体现为:规定、办法、实施细则。例如,国家互联网信息办公室2017年9月印发的《互联网群组信息服务管理规定》。

政策(policy)是政党、国家为实现一定历史时期的目标和任务而制定的行动准则;法律(law)是由国家立法机关制定并由国家强制力保证实施的,以规定当事人权利和义务为内容,对全体社会成员具有普遍约束力的一种特殊行为规范;法规(regulation)通常是指由行政机关依据宪法和法律,按照法定程序制定的有关行使行政权力、履行行政职责的规范性文件的总称。一般来讲,政策先于法律,政策是先导,法律是保障;法规的效力次于法律,高于部门规章和地方性法规。

目前理论界对信息政策的含义有不同的理解,但是研究者几乎都把信息政策的制定看作一种国家层面的行为，即信息政策应属于公共政策的范畴。从政策实践来看，信息政策通常是由政党和政府部门制定并颁布实施的。本书主要讨论国家层面的信息政策，并在此基础上认为，信息政策是在一国范围内，国家或政府为解决信息活动中出现的问题，保障信息活动协调发展而采取的有关信息产品与资源生产、流通、利用、分配，以及促进和推动相关信息技术发展的一系列规划、原则、措施或指南。

二、信息政策的范围

信息政策的范围非常广泛，涉及信息的生产、流通和应用的诸多方面。联合国教育、科学及文化组织在《国家信息政策指南：范围、制订和实施》中指出，信息政策的范围应包括下列项目。

(1) 确定社会的信息需求。

(2) 设计适当的方法以使信息需求得到满足。

(3) 促进信息资源的有效利用。

(4) 信息专业人员的人力发展。

(5) 确定必需的基础建设。

(6) 确保持续的经费支持。

(7) 信息政策的范围不仅应包括各种不同的信息服务，还应考虑社会各个群体的不同需求。

信息政策涉及众多领域，这使得信息政策存在主体多样化、政策价值多元化、政策目标多重化和复合化等问题。因而，信息政策的设计应当注重系统性和整体性，而并非仅仅单一领域、单一目标、单一价值的个别政策构成的缺乏关联的组合体。

三、信息政策的作用

信息政策对国民经济和社会可持续发展的影响越来越大，其作用主要体现在以下几个内容。

(1) 确定社会信息活动的发展方针，指明信息事业的大方向，指导信息事业的发展，为社会信息活动提供具有导向性和约束力的行动准则。

(2) 调动或约束社会信息力量，促进信息资源的合理开发和有效利用。

(3) 协调信息环境系统各部门与外部环境的相互关系，保证社会信息环境的健康发展。

(4) 干预信息资源的建设和利用过程。

(5) 规范信息工作，保障信息流通。

四、信息政策的构成要素

信息政策一般具有五个要素：信息政策问题、信息政策主体、信息政策目标、信息政策内容和信息政策形式。

（一）信息政策问题

信息政策问题是指能够列入政策议程的信息问题，即信息政策应该调整或解决的社会矛盾和问题。现代社会的信息政策问题往往具有复杂性和关联性，需要从整体上进行综合性的分析，以便厘清信息政策所涉及的各种复杂关系。

信息政策是应对信息政策问题的手段，起导向作用，它不仅要处理既有的问题，而且要对正在形成或将要形成的问题作出反应。当前的信息政策问题主要有：信息产业经济发展问题（信息基础设施、信息资源、信息技术、人力资源、信息经济测度）和信息法律问题（知识产权保护、信息服务、信息安全）。

（二）信息政策主体

从信息和网络的普遍性来看，信息政策涉及社会的各个方面，其主体从中央到地方政府，从企业到社会组织甚至个人，无所不包。只要把信息问题政策化，就有可能提出各种政策方案，实施各类政策措施。如果从纵向角度而论，也可以把政策主体理解为一个重层组合。以往人们不把只提出政策设想而没有实施权力的各种主体（如社会团体、咨询机构等）作为政策主体来看待。但是，近年来"政策发生源的多元化和重层化"的观点已经在政策科学中得到了广泛认可，因此从"政策产生过程"来看，信息政策的主体不仅是政府的各类主管部门，还包括从信息问题政策化开始所涉及的一系列个人、团体、机构等多样化的主体。

信息政策主体呈现出多元化的趋势。由于主体的多样化，不同的政策价值、政策目标、重合的对象领域就可能交织在信息政策的设计和制定过程中。

（三）信息政策目标

信息政策目标是指通过制定信息政策所达到的目的、指标和效果。当前我国国家信息政策的目标包括：信息服务社会化和通用化以实现公平；信息产业市场化以实现效率；信息管理科学化以保证安全。

（四）信息政策内容

我国的信息政策是从科技信息政策入手的，其内容起初局限在传统的科技信息系统建设和工作规程之中。随着改革开放的深入，我国信息政策的内容也逐渐丰富起来。目前我国信息政策的内容包括信息资源、信息产权、信息技术、信息产业、信息网络、信息安全、信息素养、信息标准、信息社会等。

（五）信息政策形式

信息政策形式是指国家制定并发布执行的有关信息政策内容的文件、指南或规定。我国曾在 1990 年和 1991 年分别发布了中国科学技术蓝皮书（第 4 号）《信息技术发展政策》和中国科学技术蓝皮书（第 6 号）《国家科学技术情报发展政策》。此后，中国政府又陆续制定和发布了《90 年代国家产业政策纲要》《中华人民共和国国民经济和社会发展"九五"规划和 2010 年远景目标纲要》等一系列信息政策。在建设社会主义法治国家的背景下，应将国家信息政策转变为具体的、可操作的法律法规，予以有效的贯彻和实施。

第三节　信息法律的基本问题

同信息政策密切相关的是信息法律①。法律是具有立法权的国家机关依法制定和颁布的规范性的文件，包括宪法、法律、行政法规、地方性法规、自治条例和单行条例。

一、信息法律的含义

信息法律是用以调整信息活动中产生的社会关系的法律规范的总称。社会关系是人们在社会生产和社会生活中结成的关系。一切社会规范，包括政策的、法律的、道德的、宗教的，都是用以调整社会关系的。信息法律作为一种社会规范，也是调整社会关系的，只不过它调整的范围仅限于信息活动这一社会活动领域内的社会关系。信息活动是涉及领域十分广泛的社会活动。信息法律所规范的信息活动是有限的，并非所有的信息活动中的社会关系都属于信息法的调整范围，而且对一些特定的社会关系，除了信息法对其加以调整之外，民法、行政法、经济法、刑法等也都参与其中。例如，网络中黑客犯罪所引起的社会关系，只能由刑法去加以调整，不属于信息法的调整范围；又如，信息部门的劳动关系、行政管理关系，则由信息法与其他部门法共同参与调整。

信息法律的主要内容包括知识产权法（专利法、著作权法、商标法等）、信息安全法、信息公开法、新闻出版与传播法、电信法、电子商务法（电子签名与数字认证法等）、有关计算机犯罪的法律等。

信息法律调整的对象是信息关系，具体是指在信息活动过程中产生的社会关系。它包含两个方面：一方面，围绕信息的生产、传播、收集、处理、存储、应用、交换、消费等信息活动产生的社会关系；另一方面，围绕信息技术发展产生的一系列新型的社会关系和社会问题。

围绕信息生产产生的信息关系主要是信息拥有者与信息生产者及其他信息主体之间的信息权、信息产权的界定问题；信息传播、收集过程中的信息关系主要涉及信息拥有者与信息传播者、信息传播者与信息消费者之间的利益分配问题；信息处理、存储、应用、

---

① "法律"和"法规"虽然都是权力机关颁布的具有约束力和强制力的规范性的文件，但是二者的立法权限和法律效力不同。"法律"在我国是专门指由全国人民代表大会及其常务委员会依照立法程序制定，由国家主席签署公布的规范性文件，其效力仅次于宪法，一般冠以"法"字名称。"法规"是效力相对低于宪法和法律的规范性文件，主要指行政法规、地方性法规、民族自治地方法规及经济特区法规等，一般用"条例""规定""规则""办法"称谓。为便于论述，此处将信息法律和信息法规统称为"信息法律"。

交换过程中的信息关系往往与信息市场相关联，主要是指信息安全、信息市场规范化等问题；信息消费过程中的信息关系则与信息消费者的切身利益相关联，在信息拥有者、传播者、生产者、流通者及消费者等一系列信息活动主体所发生的社会关系中，着重追求信息消费者的权益保护。

同时，信息技术作为信息生产、传播、处理、应用、收集、交换等活动的手段，与信息活动紧密相关，信息技术的每一次突破，都必将引起对信息的认识及信息活动的变化。所以，信息法律的调整对象还应包括在信息技术活动领域中产生的信息关系，如信息技术拥有者与使用者之间的信息关系、信息技术及其产业发展中涉及的关系等。

二、信息法律的作用

信息法律的作用可以从两个层面来讲：一是信息法律对信息主体行为的作用，即通常所讲的信息法律的规范作用；二是信息法律对由此产生的社会关系的作用，即通常所讲的信息法律的社会作用。

（一）信息法律的规范作用

信息法律的规范作用可以协调和解决各种信息矛盾。根据信息法律的规范作用的对象，可以分为指引、评价、预测、强制四种作用。

（1）指引作用，是指对信息主体的行为所起到的导向、引路的作用。其作用对象是信息主体自己的行为。信息法律的指引是一种规范指引，其内容对任何当事人都给予了同样的、一般的指引。

（2）评价作用，是指信息法律作为信息主体对他人行为的评价标准所起的作用。其作用对象是他人的行为。信息法律的评价的着重点在于行为人的外部行为、实际效果及行为人的责任，即判断某种信息行为在法律上的有效性或无效性、合法性或违法性、违法程度的轻微性或严重性。所有这些评价都是依法作出的，是对某种实际信息行为的事后评价。

（3）预测作用，是指信息主体根据信息法律的规定，可以预先估计人们相互间将怎样行为及行为的后果等，从而对自身的行为作出合理的安排。信息法律的预测作用的作用对象是人们之间的相互行为。信息法律的预测作用同时也具有预警和防范的功效。

（4）强制作用，主要体现为对信息违法行为及犯罪行为的震慑、惩罚和预防。信息法律针对各种违法行为设定各种民事责任或行政责任，强制违法行为人承担所规定的责任，补偿受害者所受到的损失。对各种侵犯国家或公民所有权或其他权利的犯罪行为，用刑法进行惩罚，以保障国家与公民的合法权益。

（二）信息法律的社会作用

（1）保护和促进科学技术进步。建立和完善信息法律的目的之一在于确认技术规范，维护技术发明者的利益，保护和促进信息科技进步，使其能更多地造福于人类。

（2）保护国家利益和社会公共利益。这种作用在保护各信息主体的信息权利方面，同保障基本人权在根本上是一致的，它是充分保护信息权利的必然要求。

（3）及时解决信息化产生的各种矛盾。在信息社会，人们面临信息效率与信息公平、信息相对匮乏与过剩、信息质量低劣或虚假、信息的营利性和公益性之间的矛盾，这些矛盾的解决，需要信息法律的有效规范与调节。

（4）促进信息产业的发展与社会信息化进程。信息法律适应了信息社会的发展特点与技术特征，弥补了传统法律规范的不足。它不仅可以为经济效率、经济效益的提高提供保障，而且可以保护新的社会关系、新的生产力。它在客观上促进了信息产业的发展壮大，同时，有效化解了新的社会矛盾，为信息化发展排除障碍。

（5）推动经济与社会的良性运行和协调发展。这是信息法律在发挥上述作用的基础上，间接产生的更深层次的影响，并且这种影响体现了信息法律的终极目标。

信息法律建设一般可以通过法律、（行政）法规和（政府）政策这三个层次来实现。通过信息法律建设来解决相应的社会问题，保护信息技术和信息产业的正常发展，应该注意两方面的问题。一方面，信息法律总是用来调节已经出现的信息技术所带来的社会问题，而信息技术和社会发展又总是处在不断的变化之中，因此信息法律建设是不可能一劳永逸的。随着信息技术的不断发展，违法犯罪行为也在翻新，信息法律建设也应是一个不断发展、不断完善的过程。另一方面，由于信息法律建设相对于信息技术具有滞后性，并且滞后的时间越长，国家所遭受的损失越严重，因此应尽量缩短滞后的时间，对某些内容不能规定得过细，要留有发展余地。

三、信息法律关系的构成要素

信息法律关系是指信息法律在调整人们的信息活动的过程中形成的权利和义务关系。权利和义务是对等的，权利的实现离不开义务的履行。信息活动的主体在享有其权利的同时必须履行一定的义务。

信息法律关系的构成要素有三个方面：信息法律关系的主体、信息法律关系的客体和信息法律关系的内容。

（一）信息法律关系的主体

信息法律关系的主体，又称信息权利主体，是信息法律关系中的权利享有者和义务承担者，也就是信息法律关系的参加者。信息法律关系主体的资格和条件是由法律规定的，只有依法具有一定资格和满足一定条件的参加信息活动的主体才能成为信息法律关系的主体。同时，哪些主体能够形成信息法律关系还要受到人们的认识水平及经济与社会的发展水平等因素的制约。依据不同的标准，信息法律关系的主体有不同的分类。

按信息权利的内容划分，信息法律关系的主体可分为信息占有的主体、信息使用的主体和信息处分的主体。

按信息活动的类型划分，信息法律关系的主体可分为信息拥有者、信息传播者、信息加工处理者、信息商品生产者、信息咨询服务者、信息商品流通者、信息消费者七类。

从信息的运动角度或信息的活动角度，信息主体可以分为获取信息的主体，加工、处理信息的主体，传播信息的主体，存储信息的主体等。在这些主体中也包括拥有信息的主体和接收信息的主体，如传播、存储或保留信息的主体也是拥有信息的主体，获取信息的主体也是接收信息的主体等。

此外，有必要从主体的法律形态的角度来进行分类，因为这种分类在立法上的影响更大。主体的法律形态是指法律对主体形态的直接的规定。从法律形态的角度，可以把信息主体分为三大类。

（1）自然人。自然人（公民）是重要的、基本的信息主体。许多信息活动都是由自然人直接实施的，并且人类的各类具体活动，最终都是由自然人来进行的。自然人包括在一国领域内具有该国国籍的公民、居住在该国境内的外国人和无国籍人。此外，不具有独立的法律主体资格的自然人集合，一般被规定为属于自然人范围。

（2）法人。法人是另一类非常重要的信息主体。它包括国家机关法人和企业法人、事业单位法人、社会团体法人等。此外，能独立承担民事责任的非法人组织也可作为信息主体。许多复杂的、重要的信息活动，都离不开各类组织体的直接参与。

（3）国家。国家（政府）也是重要的信息主体，是信息活动的重要参与者，并具有举足轻重的地位。一方面，国家要经常地向社会提供大量的信息使这些信息成为共享的资源，以引导人们的行为，促进经济与社会的发展；另一方面，为了保障国家利益和社会公共利益，国家又必须储存保留某些领域的信息，使这些信息处于秘密状态，而不许非法获取使用。

（二）信息法律关系的客体

信息法律关系的客体，又称信息权利客体，是信息法律关系的主体的权利和义务所指向的对象（或称标的），也就是将信息法律关系的主体联系在一起的媒介，如果没有客体信息作为媒介，就不可能在主体之间形成信息法律关系。

信息法律关系的客体是信息，但并非一切信息，只有那些能够满足信息主体的利益或需要，同时又能得到国家相关法律确认和保护的信息，才能成为信息法律关系的客体。那些虽能满足某些信息主体的利益或需要，但却为国家法律所禁止或不予保护的信息，如反动、淫秽作品等，不能成为信息法律关系的客体。

能够成为信息法律关系的客体的信息范围，也是处于不断的变化之中的，但在总的趋势上是不断扩大的。这是因为信息的范围本身要受经济与社会发展水平及人们的认识水平的制约，由此也会使相关的信息立法受到制约。

依据不同的标准，可以对信息作如下不同的分类。

（1）依其性质，信息可分为自然信息和社会信息。前者如生命信息、气象信息、地震信息等；后者如商业信息、政治信息、科技信息、文化信息、法律信息等。其中，商业信息、政治信息和科技信息是信息法律关系的客体的重要表现形式。

（2）依其载体（物质财富或非物质财富的各种具体形式），信息可分为口头信息、实物信息、文献信息等，它们均可成为信息法律关系的客体。

（3）依其存在状态和传播方式，信息可分为公开信息和秘密信息。前者是指向社会公开的，可以为公众广泛知悉的信息，如已公开的专利信息或股份公司的财务信息、公开发表的著作等；后者是指在一定的范围内保密的信息，该信息并未公开，也未为公众所知悉，如国家秘密、企业的商业秘密、个人隐私等。这些信息均可成为信息法律关系的客体。

（4）依其是否具有商品的属性，信息可分为商品性信息和非商品性信息，前者如有偿使用的专利技术、商标等；后者如无须付费的、具有公共物品性质的天气预报信息、国家统计信息等。这些信息也可成为信息法律关系的客体。

（三）信息法律关系的内容

信息法律关系的内容就是信息法律关系的主体依据法律所享有的权利与所承担的义务，并且这些权利与义务共同指向的对象就是信息。

信息法律关系主体的权利，简称信息权利，是信息法律关系主体依法为或不为一定的行为，以及要求他人为或不为一定行为的可能性。这种信息权利源于法律的规定，受法律保护，并且以义务人履行相应的义务为保证。从另一个角度来说，信息权利是信息法律关系主体获取利益或满足需要的法律手段，通过行使信息权利，信息法律关系主体便能够实现其信息活动的目的。

信息法律关系主体的义务，简称信息义务，是法律关系主体依法必须为或不为一定行为的必要性，是法律对信息法律关系主体行为的一种约束。信息法律关系主体履行其信息义务，是保证其信息权利有效实现的必要条件。信息法律关系主体如果违反法定的信息义务，侵犯信息权利，就应当承担相应的法律责任，受到法律的制裁。

上述信息权利与信息义务是密切相关的，两者互相依存，没有无义务的权利，也没有无权利的义务。一方面，信息权利的实现有赖于信息义务的履行；另一方面，履行信息义务之所以必要是因为这是有效实现信息权利的需要。如果没有信息权利，也就无所谓信息义务；反之，如果没有信息义务，则信息权利也将不复存在。此外，信息权利并不是毫无限制的，在各类法律中往往都对信息权利有限制性的规定，并且权利人不得滥用信息权利，不能影响他人合法权利的行使，这是权利人在享有信息权利的同时，也必须承担的最基本的信息义务。权利人的这些义务，也正是义务人的权利。

信息法律关系主体的权利与义务是信息法律的核心。信息法律通过规定信息法律关系主体的权利与义务和权利义务机制来规范信息活动、调整信息关系。因此，信息法律的核心内容是确定信息法律关系主体的信息权利与信息义务，以及不履行信息义务的法律责任。

第四节　信息法律与信息政策的关系

信息政策和信息法律是对社会信息活动实施管理和控制的两种主要手段，它们二者既有区别又有联系。信息问题的解决和信息关系的调节可以通过法律与政策两种途径来实现。

一、信息法律与信息政策的区别

(一) 两者的制定机关和程序不同

信息法律是由国家专门的立法机关即全国人民代表大会及其常务委员会或者拥有立法权限的机关如国务院及各部委等依照法律程序而创制的,其立法权限和创制程序均有严格而复杂的规定,具有明确性、稳定性和执行的强制性。信息政策是按部门、划领域制定的,是国家有关组织和部门制定的,并且制定的程序相对简易,内容原则及解释余地广泛。

(二) 两者的表现形式不同

在我国,信息法律通常采用制定法的形式,主要有民法典、单行法律(如《中华人民共和国著作权法》《中华人民共和国专利法》《中华人民共和国商标法》《中华人民共和国个人信息保护法》)和单行法规(如《计算机软件保护条例》)。信息政策则经常以国家机关制定和颁布的决定、决议、命令、规则、规定、意见及通知、会议纪要等形式出现。

(三) 两者的调整范围、方式不同

信息政策的基本功能是导向,其主要通过思想工作和说服教育的方式来实现;信息法律的主要功能是规范或者控制,其具有普遍的强制约束力。信息政策着眼于宏观调控;信息法律则比较具体详尽,侧重于微观调控。从范围上看,信息政策所调整的社会关系要比信息法律广泛得多;信息法律调整的往往是那些在信息活动中对国家、社会有较大影响的社会关系领域。从方式上看,信息法律一般调整较为稳定的社会关系,所以它侧重于对既有的社会关系的确认、保护或控制;信息政策是应对的手段,它不仅要处理既有的问题,而且要对正在形成或将要出现的问题作出反应,因此它侧重于采取灵活多样的措施,以适应社会形势不断发展的需要。

(四) 两者的稳定性程度不同

信息政策作为社会信息活动的指导原则,往往是宏观的方针性号召,在政策执行中允许有灵活性,而且随着信息环境的变化要不断地修正、补充和完善,动态性较大,因此时效较短。信息法律一般都是在信息政策长期实施以后取得一定经验的基础上确立下来的比较具体的行为规范,时效较长,而且它的制定、修改或废除都要经过严格、复杂的法定

程序, 具有相当的稳定性。信息政策一般在一定的历史时期内发挥作用, 具有阶段性、灵活性和可变性; 信息法律则是成熟的政策转化而来的, 具有较强的稳定性。

(五) 两者的本质属性和功能不同

信息政策代表的是政治组织的利益和意志, 不具备强制力的属性; 信息法律代表的是国家的利益和意志, 具有强制力的属性。信息政策只有通过特定的程序, 被国家机关制定或认可, 才能获得国家强制力的保证, 成为人人必须遵守的规范。从功能上讲, 信息政策的基本功能是"导向", 即运用行政手段, 鼓励和支持社会信息活动以达成信息政策的目标; 信息法律的基本功能是"制约", 即运用法律手段, 限制和约束社会信息行为以保护信息环境健康发展。

知识点

公文的种类

党政机关公文是党政机关实施领导、履行职能、处理公务的具有特定效力和规范体式的文书, 是传达贯彻党和国家的方针政策, 公布法规和规章, 指导、布置和商洽工作, 请示和答复问题, 报告、通报和交流情况等的重要工具。公文的种类主要有以下几种。

（1）决议。适用于会议讨论通过的重大决策事项。

（2）决定。适用于对重要事项作出决策和部署、奖惩有关单位和人员、变更或者撤销下级机关不适当的决定事项。

（3）命令（令）。适用于公布行政法规和规章、宣布施行重大强制性措施、批准授予和晋升衔级、嘉奖有关单位和人员。

（4）公报。适用于公布重要决定或者重大事项。

（5）公告。适用于向国内外宣布重要事项或者法定事项。

（6）通告。适用于在一定范围内公布应当遵守或者周知的事项。

（7）意见。适用于对重要问题提出见解和处理办法。

（8）通知。适用于发布、传达要求下级机关执行和有关单位周知或者执行的事项, 批转、转发公文。

（9）通报。适用于表彰先进、批评错误、传达重要精神和告知重要情况。

（10）报告。适用于向上级机关汇报工作、反映情况, 回复上级机关的询问。

（11）请示。适用于向上级机关请求指示、批准。

（12）批复。适用于答复下级机关请示事项。

（13）议案。适用于各级人民政府按照法律程序向同级人民代表大会或者人民代表大会常务委员会提请审议事项。

（14）函。适用于不相隶属机关之间商洽工作、询问和答复问题、请求批准和答复审批事项。

（15）纪要。适用于记载会议主要情况和议定事项。

资料来源: https://www.gov.cn/zhengce/2013-02/22/content_2640088.htm

二、信息法律和信息政策的联系

（一）信息法律和信息政策具有本质上的同一性

作为上层建筑的组成部分，信息政策和信息法律均建立在一定的经济基础之上。它们的制定和实施，既体现了国家的意志，也是执政党意志的反映。信息法律和信息政策均承担着各自的职能，发挥着各自的作用。同时，它们之间又相互依存、相互配合、相互作用。二者在本质上是完全相同的，都属于国家进行信息资源管理的重要调控手段，具有很强的规范性，而且二者的产生和发展也总是相辅相成的。尽管世界各国的信息政策和信息法律由于价值观和文化传统的不同而存在差异，但是在同一个国家内，其信息政策和信息法律必然是相互一致的。

（二）信息政策对信息立法有指导作用

信息政策对所有社会信息活动进行指导，信息立法作为社会信息活动的重要组成部分，也离不开信息政策的指导。同时，信息政策又是信息法律制定的依据。在信息立法过程中，无论是立法动议的提出，还是法律草案的起草，都应当参考国家和执政党信息政策的总体精神。与此同时，许多行之有效且有长远价值的信息政策逐渐被制度化、固定化为信息法律。但是，信息政策的作用并没有因此而减少，各种各样的信息政策，无论是在调节社会信息关系的针对性上，还是在解决信息环境问题的灵活性上，都具有重要作用。

（三）信息政策需要依靠信息法律贯彻实施

信息政策是信息法律所要体现的一般原则、精神和内容，信息法律是国家和执政党信息政策的定型化、条文化，因此，不仅信息政策对信息法律具有指导作用，反过来，信息法律对信息政策的贯彻落实也有很大的作用。信息法律是实现国家和执政党信息政策最为重要的手段。信息法律具有强制性，而信息政策则不具备这一属性，因此如果没有信息法律的体现和贯彻，仅仅依靠信息政策本身的力量，往往达不到它所要达到的经济、政治目的。信息政策可能造成的负效应还可以通过信息法律来规制。

第五节　信息政策与法律体系

一、信息政策与法律体系的主要内容

体系是指一定范围内或同类的事物按照一定的秩序和内部联系组合而成的整体。一个国家的现行政策法律尽管在形式上多种多样，在具体内容上各不相同，在功能上也存在差异，但它们并不是杂乱无章的。若干相关的政策法律构成了制度；若干相关的制度又构成了一个体系。所有这些政策法律制度之间，既存在着差别，又互相联系和制约，它们共同构成了一个内在协调一致的有机整体。这个有机整体称为"体系"，它表明的是政策与法律的内在关系和外在形式结构。

信息政策与法律体系是指与人类信息活动有关的信息政策和法律法规之间的关系、结构及其分类。信息政策与法律体系的形成源于持续调整信息领域社会关系的需要。体系框架的内容取决于信息技术及信息活动的变化带来的社会问题所引发的政策与法律需求。建构信息政策与法律体系有利于信息政策与立法决策的科学化、完备化和系统化，对于认识和协调信息政策与法律间的关系，有效解决当下和今后的社会矛盾和信息问题，具有重要的意义。

构成信息政策与法律体系的基本要素是与信息活动和信息问题有关的各类规范性文件。依据规范性文件之间是否有衍生和包含关系，可以将信息政策与法律体系的基本框架划分为三个层次：第一个层次是高于一切政策与法律规范的元政策，它在信息政策与法律体系的构造、修改和补充方面发挥规划和指导作用；第二个层次是涉及产业、组织和社会层次的信息技术、信息资源管理、信息产权、信息产业等领域的基本政策与法律；第三个层次是由上述政策和法律制度分解出来的调整范围较狭窄、目标较明确的各种具体政策与法律。

（一）信息元政策

信息元政策又称为总政策、总纲领、总方针、总路线等，在体系中起管总和统摄作用。它反映了信息政策与法律的制定者在相当长的一段时期内，对信息领域所进行的总体规划，对各领域信息政策与法律规范的制定工作起着根本性、全局性、导向性的作用。2016年7月，中共中央办公厅、国务院办公厅印发《国家信息化发展战略纲要》，要求"将信息化贯穿我国现代化进程始终，加快释放信息化发展的巨大潜能。以信息化驱动现代化，加快建设网络强国"。

（二）信息基本政策与法律

信息基本政策与法律又称为领域政策、方面政策，是信息活动的某一领域或某一方面的基本政策与法律规范。具体包括以下内容。

（1）信息技术的政策与法律。这方面的政策与法律主要涉及构成信息资源的信息技术要素，一般包括信息技术促进、信息技术引进和标准化、信息技术成果的应用与转化等方面的法律法规。

（2）信息资源管理的政策与法律。这方面的政策与法律主要涉及信息内容的开发、组织和利用，一般包括对政府、组织、个人、公共和商业等领域内信息资源进行采集、处理、传播、利用等的各项专门政策与法律。

（3）信息产权的政策与法律。信息产权的政策与法律以传统的知识产权法律制度为核心，以保护信息主体的智力投入和财产性权利为主要目的，通常包括著作权法、专利法、商标法、商业秘密保护法、数据库版权保护条例、计算机软件保护条例等。

（4）信息产业的政策与法律。信息产业是将信息转变成商品的行业，是对知识、技术和信息密集的产业部门的统称。信息产业的政策与法律通常包括信息产业规划与发展、信息产业规范与调控、信息工程建设、信息产业主体监管等专门的政策与法律。

（5）信息市场的政策与法律。信息市场是信息产品生产者、信息服务经营者和信息产品需求者在市场上所进行的交换关系的总和，它涵盖了商品化的信息产品从生产到消费之间的整个分配、交换过程与流通领域。信息市场的政策与法律一般包括反不正当竞争、信息商品价格、信息贸易税收、信息服务与信息产品质量监管、信用评价与信用信息管理等具体的政策与法律。

（6）信息机构的政策与法律。信息机构是国家行政机关中对所需要管理的信息进行收集、加工、传递、存储、处理的机构，主要包括图书馆、档案馆、博物馆、信息中心、数据中心等公益性的信息服务机构，从事信息咨询、信息处理、信息传播等活动的商业信息服务机构，以及各类型的信息行业协会等。信息机构的政策与法律通常包括机构的职责和作用、机构的组织和管理、业务内容和规范、从业人员管理与培训等。

（7）信息安全与公开的政策与法律。信息安全就是要保护信息系统或信息网络中的信息资源免受各种类型的威胁、干扰和破坏，确保信息的完整性、可用性、保密性和可靠性。信息公开是指国家行政机关和法律、法规及规章授权和委托的组织，在行使国家行政管理职权的过程中，通过法定形式和程序，主动将政府信息向社会公众或依申请而向特定的个人或组织公开的制度。信息安全与公开的政策与法律通常包括信息网络与系统安全、网络与计算机犯罪、个人信息与隐私保护、信息保密与公开、信息加密与解密管理、政府数据开放与共享等。

（8）信息人才的政策与法律。信息人才是国家信息化成功的核心要素，涉及信息人才的培训、考核晋升、选拔任用、地位待遇、管理与评估等问题。由此，信息人才的政策与法律包括信息人员资格认定条例、信息人才教育规定、信息人才管理办法、信息人员职务晋升条例、信息生产者和经营者资格认定条例、信息经纪人管理规定等内容。

（9）国际信息合作与交流的政策与法律。这方面的政策与法律主要包括涉外信息交流、信息产品出口管理、科技人员对外联系和通信问题、跨国数据传输管理等。

（三）信息具体政策与法律

信息具体政策与法律，是指信息政策与法律的制定者依据现实需要，解决信息问题，调解信息矛盾的具体政策与法律，表现为各项规范性文件。本书的内容是按照产权篇、政府篇、企业篇、个人篇、公共篇、网络篇的编排依次展开的，这实际上也体现了一种对信息政策与法律体系简略分类的思路。

二、我国信息政策与法律体系的产生与发展

知识点　　　　　　　　　　**大陆法系和英美法系**

目前世界各国沿用的法律体系基本上可分为两类：大陆法系和英美法系。

大陆法系一般是以罗马法为基础而形成和发展起来的完整的法律体系的总称。大陆法系首先是在欧洲大陆出现和形成的，它具有法典的特征，因此，大陆法系又称为法典法系（code family）。大陆法系还有一个重要的名称，即民法法系（civil law family）。法国19世纪初编纂的《法国民法典》和德国19世纪末编纂的《德国民法典》对大陆法系的发展具有重要的推动作用，以至于大陆法系又被称为民法法系。欧洲大陆上的法国、德国、意大利、荷兰、西班牙、葡萄牙等国家和拉丁美洲、亚洲许多国家的法律都属于大陆法系。

英美法系是从11世纪起主要以源于日耳曼习惯法的普通法为基础，逐渐形成的一种法律制度以及仿效英国及其他一些国家和地区的法律制度。它产生于英国，后扩大到曾经是英国殖民地、附属国的许多国家和地区。采用英美法系的有美国、加拿大、印度、巴基斯坦、孟加拉国、马来西亚、新加坡、澳大利亚、新西兰及非洲的个别国家和地区。英美法系也称为"普通法系""判例法系""海洋法系"。

两个法系之间的区别如表1-1所示。

表1-1　大陆法系与英美法系的区别

项目	大陆法系	英美法系
法律渊源	法条为主	判例为主
论证方法	演绎	归纳
审判权	审判人员统一行使	法官与陪审员分工
证据来源	书证为主	人证为主
审判模式	法官主导	律师主导

（一）我国的信息政策与法律体系发源于中华人民共和国成立后的情报事业

我国的信息政策始于1956年的《1956—1967年科学技术发展远景规划》。

中华人民共和国成立后，为了系统地引导科学研究为国家建设服务，中共中央在北京召开了关于知识分子问题的会议，会上周恩来总理发出了"向科学进军"的号召，要求国家计划委员会会同有关部门制订1956年至1967年的科学发展远景计划，力求在12年内使我国最急需的科学部门接近世界先进水平。

之后，国务院成立了国家科学规划委员会，负责领导制定自然科学和哲学社会科学远景规划。1956年1月，国家科学规划委员会编制发布《1956—1967年科学技术发展远景规划》。该规划纲要的第57项内容指出，"科学技术情报工作的任务是：报道最近时期在各种重要的科学技术领域内国内外的成就和动向，使科学、技术、经济和高等教育部门及

时获得必要的情报与资料，便于吸收现代科学技术成就，节省人力时间，避免工作重复，促进我国科学技术的发展"。依据该项任务的要求，中国科学院设立了科学情报研究所（1958 年改称中国科学技术情报研究所）。我国的科学技术情报事业由此发端。

1958 年 5 月，国务院批准了国家技术委员会提出的《关于开展科学技术情报工作的方案》，这是我国科技情报工作的第一个政令性文件。

1958 年 11 月，第一次全国科学技术情报工作会议在北京召开。大会报告提出，"科技情报工作必须大力加强，抢先一步，以适应生产和科学研究的需要"，科学技术情报工作必须根据"鼓足干劲，力争上游，多、快、好、省地建设社会主义"的总路线，按照党的技术政策，又广、又快、又精、又准地提供技术情报、资料，为生产建设和科学研究工作服务。此后，政府部门又陆续制定并发布了《关于加强全国科技情报工作的意见》《全国科学技术情报工作条例》等政策文件，进一步明确和规范了我国的科技情报工作，是我国科学技术情报工作领域规范化和标准化的重要体现和依据。

为了落实 1978 年 12 月党的十一届三中全会制定的"一个中心、两个基本点"的基本路线，从有利于发展社会主义市场经济和健全社会主义法律体制的思路出发，与知识产权有关的立法工作开始启动。1982 年 8 月，第五届全国人民代表大会常务委员会第二十四次会议表决通过《中华人民共和国商标法》（1993 年、2001 年、2013 年、2019 年修正）。1984 年 3 月第六届全国人民代表大会常务委员会第四次会议表决通过《中华人民共和国专利法》（1992 年、2000 年、2008 年、2020 年四次修正）。

1984 年 9 月，邓小平同志为新华社《经济参考报》作出了"开发信息资源，服务四化建设"的重要题词，邓小平同志的题词虽然只有 12 个字，但不仅指明了《经济参考报》乃至整个经济新闻报道的方向，而且指明了我国信息化发展的方向。这个题词连同他作出的其他有关我国信息化的论断和思想，深刻地影响着我国信息化事业的发展，对当前和今后我国信息化建设仍然具有重大意义。20 世纪 80 年代初，世界信息技术经历了迅速发展的时期，人们用"第三次浪潮"预言人类将进入信息时代，人们用知识爆炸来形容大量新知识的涌现，信息对各国的综合国力产生了深刻的影响。一方面，信息传播的手段正在发生变化，国际互联网的雏形已经形成；另一方面，大量的信息资源被开发出来，开始运用到西方社会的各个领域。把信息作为一种资源来看待，有着重要的时代意义。信息资源与材料资源、能源资源一起，构成了国民经济和社会发展的三大战略资源。将信息资源的开发与整个四化建设联系起来，反映了邓小平同志对信息问题在我国现代化过程中的重要性的认识。

1986 年 10 月，国家科学技术委员会在第七次全国科技信息工作会议提出《关于加强科技信息工作为经济建设服务的意见》，以政策法规的形式明确了科技信息工作要适应经济发展需要、要投入经济建设主战场的指导思想。

1988 年 4 月，国务院办公厅印发了《信息技术发展政策要点》，并于 1990 年以"中国科学技术蓝皮书第 4 号"——《信息技术发展政策》的名称正式出版。其主要内容包括：①以市场和效益为目标，大力发展信息技术商品的生产；②在国际竞争的环境中，发展信息技术和产业；③选择信息技术和产业的优先发展领域，集中力量，快速推进；④统筹兼顾，做到微电子、通信、计算机和软件技术的协调发展；⑤实现信息产业的规模经济和生产合理化；⑥加强信息技术的研究开发，推动技术创新；⑦应用信息技术，促进经济和社会发展；⑧积极发展信息技术服务业；⑨正确处理信息共享与安全保密的关系；⑩提高信息产业出口创汇能力；⑪普及信息技术知识，加强人才培养。

国家秘密是国家安全和利益的一种信息表现形式，也是国家的重要战略资源。保守国家秘密是一种国家行为，也是一种国家责任。1988 年 9 月，第七届全国人民代表大会常务委员会第三次会议通过《中华人民共和国保守国家秘密法》（该法于 2010 年修订）。该法是保护国家秘密的基本法律，是国家法律体系的重要组成部分，对于保守国家秘密、维护国家安全和利益有重要作用。

为保护文学、艺术和科学作品作者的著作权，以及与著作权有关的权益，鼓励有益于社会主义精神文明、物质文明建设的作品的创作和传播，促进社会主义文化和科学事业的发展与繁荣，1990 年 9 月，第七届全国人民代表大会常务委员会第十五次会议通过《中华人民共和国著作权法》（2001 年、2010 年和 2020 年修正）。至此，由商标法、专利法和著作权法构成的知识产权制度基本成形。

1991 年 11 月，国家科学技术委员会以"中国科学技术蓝皮书第 6 号"的形式正式公布出版的《国家科学技术情报发展政策》详细阐明了 12 个方面共 81 项政策要点。这是我国科技情报发展的总体规划，主要关注、完善和发展国家科技情报体系，是我国国家情报政策的发端。它标志着我国科技事业进入政策管理的轨道，对我国信息技术和情报事业的发展起到了总结经验、调整政策、探索出路的作用。

为适应市场经济发展的需要，进一步加快和深化科技信息体制改革，1992 年 9 月，召开了第八次全国科技情报工作会议，这次会议上国家科学技术委员会正式决定把"科技情报"改为"科技信息"，"国家科委科技情报司"改为"国家科委科技信息司"，"中国科学技术情报研究所"改为"中国科学技术信息研究所"，其相应职能有所扩大。这标志着我国开始建设立足于中国国情，与国际惯例接轨的高水平、分层次的中国信息政策与法规体系。

（二）全面信息化推进我国信息政策与法律体系的顶层设计与规划

计算机和互联网是 20 世纪最先进的科学技术发明之一，对人类的生产活动和社会活动产生了极其重要的影响，并由此引发了深刻的社会变革。

为保护计算机软件著作权人的权益，调整计算机软件在开发、传播和使用中发生的利益关系，鼓励计算机软件的开发与应用，1991 年 6 月，国务院颁布《计算机软件保护条例》。该条例于 2002 年 1 月 1 日废止，同时新的《计算机软件保护条例》（2011 年 1 月、2013 年 1 月修订）即时生效。计算机和互联网的普及，催生了社会对于信息系统和管理的需求。为保护计算机信息系统的安全，促进计算机的应用和发展，1994 年 2 月，国务院颁布《中华人民共和国计算机信息系统安全保护条例》（2011 年 1 月修订）。1996 年 2 月，国务院发布《中华人民共和国计算机信息网络国际联网管理暂行规定》（1997 年修订），以加强对计算机信息网络国际联网的管理，保障国际计算机信息交流的健康发展。1997 年 12 月，公安部发布《计算机信息网络国际联网安全保护管理办法》（2011 年 1 月修订）。

域名是互联网上某一台计算机或计算机组的名称，用于在数据传输时标识计算机的电子方位。为规范互联网络的发展，保障中国互联网络域名系统安全、可靠地运行，2002 年 8 月信息产业部公布《中国互联网络域名管理办法》，并于同年 9 月正式实施，2004 年修订后再次发布。该办法于 2017 年 11 月 1 日废止，同时工业和信息化部发布的新的《互联网域名管理办法》即时生效。互联网信息服务是指通过互联网向上网用户提供信息的服务活动，为规范互联网信息服务活动，促进互联网信息服务的健康有序发展，2000 年 9 月，国务院公布《互联网信息服务管理办法》（2011 年 1 月修订），并同时发布《中华人民共和国电信条例》（2014 年 7 月、2016 年 2 月修订）用以规范电信市场的秩序，维护电信用户和电信业务经营者的合法权益，保障电信网络和信息的安全。同年 12 月，第九届全国人民代表大会常务委员会第十九次会议通过《全国人民代表大会常务委员会关于维护互联网安全的决定》（2011 年 1 月修订）以保障互联网的运行安全和信息安全问题，促进我国互联网的健康发展。2002 年 9 月，国务院公布《互联网上网服务营业场所管理条例》（2011 年 1 月、2016 年 2 月、2019 年 3 月、2022 年 3 月修订）用以加强对互联网上网服务营业场所的管理，规范经营者的经营行为。

随着电子商务的蓬勃兴起，交易安全成为电子商务要解决的核心问题之一。2004 年 8 月，第十届全国人民代表大会常务委员会第十一次会议通过《中华人民共和国电子签名法》（2015 年 4 月、2019 年 4 月修正）用于规范电子签名使用环境，确立其法律效力。2007 年 6 月，公安部等四个部门联合印发《信息安全等级保护管理办法》，用于加快推进信息安全等级保护，规范信息安全等级保护管理，提高信息安全保障能力和水平。继系统安全、网络安全和服务规范后，2012 年 12 月，第十一届全国人民代表大会常务委员会第三十次会议通过《全国人民代表大会常务委员会关于加强网络信息保护的决定》，工业和信息化部于 2013 年 7 月发布《电信和互联网用户个人信息保护规定》，用于保护网络通信中的个人信息安全，保障公民、法人和其他组织的合法权益。

信息化是以信息技术的广泛应用为主导，以信息资源为核心，以信息网络为基础，以信息产业为支撑，以信息人才为依托，法规、政策、标准为保障的综合体系。信息化关系到经济、社会、文化、政治和国家安全的全局，已成为发展的战略制高点。1997 年 4 月，国务院信息化工作领导小组制定《国家信息化"九五"规划和 2010 年远景目标纲要》，提出了国家信息化的发展思路、定义、体系要素、指导方针和原则、奋斗目标和主要任务等。2002 年 10 月，国家信息化领导小组发布《国民经济和社会发展第十个五年计划信息化发展重点专项规划》，明确了信息化的基本形势、发展方针与目标、主要任务和政策措施等。这是我国编制的第一个真正意义上的国家信息化规划，是对全社会加快信息化建设进行规范和指导的纲领性文件。2002 年 11 月，党的十六大报告指出，"信息化是我国加快实现工业化和现代化的必然选择"[①]；提出了"以信息化带动工业化，以工业化促进信息化"[①]的方针策略。2006 年 5 月，中共中央办公厅、国务院办公厅印发《2006—2020 年国家信息化发展战略》，提出大力推进信息化，是覆盖我国现代化建设全局的战略举措，是贯彻落实科学发展观、全面建设小康社会、构建社会主义和谐社会和建设创新型国家的迫切需要

---

① 《江泽民在中国共产党第十六次全国代表大会上的报告》，https://www.gov.cn/test/2008-08/01/content_1061490_4.htm[2023-07-08]。

和必然选择，同时指出信息化是充分利用信息技术，开发利用信息资源，促进信息交流和知识共享，提高经济增长质量，推动经济社会发展转型的历史进程。我国信息化发展的战略方针是：统筹规划、资源共享，深化应用、务求实效，面向市场、立足创新，军民结合、安全可靠。2008年4月，中共中央办公厅、国务院办公厅印发《国民经济和社会发展信息化"十一五"规划》，全面部署了"十一五"时期我国信息化发展的主要任务，明确了加快推进信息化与工业化融合的发展重点，是贯彻落实科学发展观的重要举措。

为了解决我国信息化建设进程中信息资源匮乏的尖锐矛盾，1997年4月，国家科学技术委员会发布《关于加强信息资源建设的若干意见》，提出要充分认识信息资源建设的重要性、加强数据库建设、组织中文科技期刊上网、重视科技文献资源建设、实施"中国信息"工程（ChinaInfo）等工作要求。2004年12月，中共中央办公厅、国务院办公厅发布《关于加强信息资源开发利用工作的若干意见》，明确指出：充分认识信息资源开发利用工作的重要性和紧迫性。高度重视信息资源开发利用对促进经济社会发展的重要作用。信息资源作为生产要素、无形资产和社会财富，与能源、材料资源同等重要。这是我国从国家层面专门针对信息资源开发利用提出的重要指导性文件。

随着改革开放和社会主义现代化建设的进一步推进，我国电子政务建设已经起步。20世纪90年代初以来，国务院有关部门相继建设了一批业务系统，"金关"和"金税"工程取得了显著成效，办公自动化、政务信息化也取得了较大成绩。推行电子政务成为国家信息化工作的重点，是深化行政管理体制改革的重要措施，是支持各级党委、人大、政府、政协、法院、检察院履行职能的有效手段。2002年8月，中共中央办公厅、国务院办公厅转发《国家信息化领导小组关于我国电子政务建设指导意见》，国家信息化领导小组决定，把电子政务建设作为今后一个时期我国信息化工作的重点，政府先行，带动国民经济和社会发展信息化。2006年3月，国家信息化领导小组发布《国家电子政务总体框架》，该框架从战略高度明确了电子政务发展的思路、目标和重点，为我国电子政务的快速推进提供了坚实基础。国家电子政务总体框架的构成包括：服务与应用系统、信息资源、基础设施、法律法规与标准化体系、管理体制。推进国家电子政务建设，服务是宗旨，应用是关键，信息资源开发利用是主线，基础设施是支撑，法律法规、标准化体系、管理体制是保障。2007年10月，党的十七大报告提出要"加快行政管理体制改革，建设服务型政府"[①]，"推行电子政务，强化社会管理和公共服务"[①]。2011年12月，工业和信息化部发布《国家电子政务"十二五"规划》，提出"十二五"期间，电子政务的发展目标是全面支撑政务部门履行职责，满足公共服务、社会管理、市场监管和宏观调控各项政务目标的需要，促进行政体制改革和服务型政府建设的作用更加显著。为加快推进国家电子政务网络的建设和应用，加强对政务信息化工程利用国家电子政务网络的管理，2012年5月，国家发展改革委印发《"十二五"国家政务信息化工程建设规划》，同年7月，国家发展改革委等五个部门联合发布《关于进一步加强国家电子政务网络建设和应用工作的通知》。2014年11月，国务院办公厅发布《关于促进电子政务协调发展的指导意见》，强调

---

① 《高举中国特色社会主义伟大旗帜　为夺取全面建设小康社会新胜利而奋斗——在中国共产党第十七次全国代表大会上的报告》，http://www.npc.gov.cn/zgrdw/npc/xinwen/szyw/zywj/2007-10/25/content_373528.htm[2023-07-08]。

电子政务是复杂的系统工程，需要从推动网络整合、促进信息共享、强化安全保密、健全法律法规、完善标准规范等方面加强顶层设计和统筹协调，为电子政务健康发展创造良好条件。

政府信息公开是一项有利于保障公民知情权、参与权、表达权和监督权，加强对行政权力的制约与监督的制度安排。为了统一规范政府的信息公开工作，强化行政机关公开政府信息的责任，保障公民、法人和其他组织依法获取政府信息，提高政府工作的透明度，促进依法行政，2007年4月，国务院发布《中华人民共和国政府信息公开条例》（2019年4月修订），这标志着政府信息公开制度正式登上历史舞台，在推进依法行政、建设法治政府、提升政府公信力方面发挥积极作用。2013年10月，国务院办公厅《关于进一步加强政府信息公开回应社会关切提升政府公信力的意见》强调：建立政务信息发布和舆情处置联动机制；让政府信息发布成为制度性安排；使政府信息传播更加可视、可读、可感；加强政府网站数据库建设，逐步整合交通、社保、医疗、教育等公共信息资源，以及投资、生产、消费等经济领域数据，方便公众查询。

当今世界，随着知识经济和经济全球化的深入发展，知识产权日益成为国家发展的战略性资源和国际竞争力的核心要素，成为建设创新型国家的重要支撑和掌握发展主动权的关键。2008年6月，国务院印发《国家知识产权战略纲要》。知识产权战略是我国运用知识产权制度促进经济社会全面发展的重要国家战略。《国家知识产权战略纲要》成为今后较长一段时间内指导中国知识产权事业发展的纲领性文件。实施知识产权战略是党中央、国务院在国家发展新时期作出的一项重大战略部署，对于转变我国的经济发展方式，缓解资源环境约束，提升国家核心竞争力，满足人民群众日益增长的物质文化生活需要，具有重大战略意义。该纲要确定了五个方面的战略重点：一是完善知识产权制度；二是促进知识产权创造和运用；三是加强知识产权保护；四是防止知识产权滥用；五是培育知识产权文化。该纲要还分别部署了专利、商标、版权、商业秘密、植物新品种、特定领域知识产权和国防知识产权领域的七大专项任务，提出了各领域要解决的突出问题和要完成的主要任务。

（三）数据、安全与公平成为信息政策与法律体系的重要内容

经过多年的高速发展，我国的互联网基础日趋坚实，创新力、综合实力和国际竞争力不断增强，互联网正成为经济社会发展的新引擎。在全球新一轮的科技革命和产业变革中，互联网与各领域的融合发展具有广阔前景和无限潜力。

新一代信息技术与经济社会各领域的深度融合，引发了数据量的爆发式增长。随着我国经济发展进入新常态，大数据在稳增长、促改革、调结构、惠民生中扮演着越来越重要的角色，在经济社会发展中的基础性、战略性、先导性地位也越来越突出。中共中央和国务院高度重视信息技术产业的发展及其对经济转型升级的促进作用，2015年相继出台《国务院关于促进云计算创新发展培育信息产业新业态的意见》《中国制造2025》《国务院办公厅关于运用大数据加强对市场主体服务和监管的若干意见》《国务院关于积极推进"互联网+"行动的指导意见》等文件，这些文件都将大数据作为支撑、引领各行业领域发展

水平提升的重要抓手。2015年8月，国务院印发了《促进大数据发展行动纲要》，该纲要从国家大数据发展战略全局的高度，提出了我国大数据发展的顶层设计，是指导我国大数据发展的纲领性文件。该纲要部署了三方面主要任务：一是加快政府数据开放共享，推动资源整合，提升治理能力；二是推动产业创新发展，培育新业态，助力经济转型；三是强化安全保障，提高管理水平，促进健康发展。

为加快推动政务信息系统互联和公共数据共享，充分发挥政务信息资源共享在深化改革、转变职能、创新管理中的重要作用，增强政府公信力，提高行政效率，提升服务水平，2016年9月，国务院印发《政务信息资源共享管理暂行办法》。该办法明确了政务信息资源的定义和分类，提出了"以共享为原则、不共享为例外，需求导向、无偿使用，统一标准、统筹建设，建立机制、保障安全"的原则，界定了信息共享的范围和责任，明晰了信息共享的权利和义务，对政务信息资源目录、国家数据共享交换平台体系构建及信息共享工作的管理、协调、评价和监督等作出了硬性规定和要求。

政府部门在履行行政职责的过程中，制作、获取和保存了海量的数据资源。在保障国家秘密、商业秘密和个人隐私的前提下，将政府数据最大限度地开放给社会进行开发利用，释放数据能量，创造社会价值，有利于增加政府的透明度，激发创新活力，提升政府治理水平。2017年2月，中央全面深化改革领导小组第三十二次会议审议通过了《关于推进公共信息资源开放的若干意见》，该意见要求推进公共信息资源开放，要加强规划布局，进一步强化信息资源深度整合，进一步促进信息惠民，进一步发挥数据大国、大市场优势，促进信息资源规模化创新应用，着力推进重点领域公共信息资源开放，释放经济价值和社会效应。

科学数据是国家科技创新发展和经济社会发展的重要基础性战略资源。为进一步加强和规范科学数据管理，保障科学数据安全，提高开放共享水平，更好地为国家科技创新、经济社会发展和国家安全提供支撑，2018年3月，国务院办公厅印发了《科学数据管理办法》，要求"政府预算资金资助形成的科学数据应当按照开放为常态、不开放为例外的原则，由主管部门组织编制科学数据资源目录，有关目录和数据应及时接入国家数据共享交换平台，面向社会和相关部门开放共享"。

市场体系是由商品及服务市场和土地、劳动力、资本、技术、数据等要素市场构成的有机整体。数据等新型生产要素对其他生产要素的效率有倍增作用，已和其他要素一起融入价值创造过程中，形成了新的先进生产力。2020年，中共中央、国务院发布《关于构建更加完善的要素市场化配置体制机制的意见》，提出"加快培育数据要素市场""推进政府数据开放共享""提升社会数据资源价值""加强数据资源整合和安全保护"。

2016年7月，中共中央办公厅、国务院办公厅印发《国家信息化发展战略纲要》，要求"将信息化贯穿我国现代化进程始终，加快释放信息化发展的巨大潜能。以信息化驱动现代化，建设网络强国"。网络安全是建设网络强国的基础保障，没有网络安全就没有国家安全。为了保护网络信息安全，保障公民、法人和其他组织的合法权益，维护国家安全和社会公共利益，2012年12月，第十一届全国人民代表大会常务委员会第三十次会议通过《全国人民代表大会常务委员会关于加强网络信息保护的决定》。2016年11月，第十二届全国人民代表大会常务委员会第二十四次会议通过《中华人民共和国网络安全法》。《中华人民共和国网络安全法》作为我国网络安全的基本法，是网络安全领域"依法治国"的重要体现，对于确立国家网络安全基本管理制度具有里程碑式的意义，它意味着建设网络强国、维护和保障我国国家网络安全的战略任务正在转化为一种可执行、可操作的制度性安排。为了加强和保障国家情报工作，维护国家安全和利益，2017年6月，《中华人民共和国国家情报法》正式实施，这是我国总体国家安全观统领下国家安全法律体系建设的一项成果，对情报工作具有强烈的导向性。

2018年1月，《中共中央 国务院关于实施乡村振兴战略的意见》指出，要实施数字乡村战略，做好整体规划设计，加快农村地区宽带网络和第四代移动通信网络覆盖步伐，开发适应"三农"特点的信息技术、产品、应用和服务，推动远程医疗、远程教育等应用普及，弥合城乡数字鸿沟。保障数字公平，促进城乡一体化成为新时期信息化进程中的焦点问题。2019年5月，中共中央办公厅、国务院办公厅印发《数字乡村发展战略纲要》。该纲要部署了"加快乡村信息基础设施建设""发展农村数字经济""强化农业农村科技创新供给""建设智慧绿色乡村""繁荣发展乡村网络文化""推进乡村治理能力现代化""深化信息惠民服务""激发乡村振兴内生动力""推动网络扶贫向纵深发展""统筹推动城乡信息化融合发展"等十项重点任务。

为解决老年人面临的"数字鸿沟"问题，让老年人更好地享受信息化发展成果，2020年11月，国务院办公厅印发《关于切实解决老年人运用智能技术困难的实施方案》，就"推动解决老年人在民政服务领域运用智能技术方面遇到的困难"作出部署。让广大老年人更好地适应并融入智慧社会，让老年人在信息化发展中有更多获得感、幸福感、安全感。

我国的信息政策与法律体系的特点可概括为"计划先行、政策导向、立法落实"。信息政策和信息法律的形成与20世纪50年代的国家科技情报工作和社科情报工作紧密相关。知识产权保护、互联网的普及和应用、国家安全观、大数据应用、数字鸿沟等问题持续推动信息政策与法规体系的发展与完善。

主导信息政策与法规体系发展和变化的原因：一是与信息社会发展相关的新问题、新矛盾、新情况不断涌现，需要新的政策与法规内容加以解决、调整和规范；二是各国政府对这些新问题、新矛盾、新情况的认识、判断与重视程度。此外，各国信息政策与法规体系立法进程不同与自身的社会影响、活动能力、推动积极性也有重要关系。

思 考 题

1. 查阅文献收集某一国家或地区的信息政策与法律，并进行简要评析。

2. 与工业和农业社会相比较，信息社会对政策与法律的需求有哪些不同？

3. 谈谈你对信息法律、信息道德和信息伦理的作用及三者之间关系的认识。

4. 我国的信息政策与法律的发展经历了一个怎样的过程？你认为我国未来的信息政策和法律重点关注的问题是什么？

参 考 文 献

陈久庚. 1994. 我国发展科技信息事业的总政策[J]. 情报学报，（2）：152-157.

关家麟，张超. 2007. 我国科技信息事业发展的回顾与展望[J]. 情报科学，（1）：1-7.

李长春. 2017. 南粤大地创新篇：世纪之交广东改革发展的探索与实践（上）[M]. 北京：人民出版社.

李毅. 1981. 我国科技情报工作的产生和发展[J]. 情报学刊，（2）：67-70.

马费成，宋恩梅，赵一鸣. 2018. 信息管理学基础[M]. 3 版. 武汉：武汉大学出版社.

马海群. 2002. 信息法学[M]. 北京：科学出版社.

千里. 2003. 我国第一个国家信息化规划出台[J]. 半导体信息，（2）：1.

汪传雷，刘新妍，汪涛. 2012. 科技信息资源开发利用法规政策演进研究[J]. 情报理论与实践，35（1）：123-128.

王超，崔旭. 2012. 我国信息技术政策发展现状与问题研究[J]. 现代情报，32（1）：16-19.

王金祥. 1997. 浅谈我国信息政策的制定[J]. 法律文献信息与研究，（4）：1-2，7.

王永昌. 1989. 新形势下情报研究工作内涵的深化[J]. 情报杂志，（3）：14-18.

王知津，徐芳，潘永超，等. 2010. 我国图书情报学教育三十年（1978～2008）回顾与展望[J]. 图书与情报，（2）：23-30.

吴邦国. 2017. 吴邦国论经济社会发展：全 2 册：下[M]. 北京：人民出版社.

武衡. 1958. 在第一次全国科技情报工作会议上的报告[J]. 科学情报工作，（10）：6-18.

查先进. 2004. 信息政策与法规[M]. 北京：科学出版社.

中共中央文献研究室. 1998. 周恩来文化文选[M]. 北京：中央文献出版社.

中国法制出版社. 2018. 中华人民共和国知识产权法律法规全书[M]. 北京：中国法制出版社.

周恩来. 1994. 关于知识分子问题的报告[C]//中共中央文献研究室. 建国以来重要文献选编：第 8 册. 北京：中央文献出版社：9-38.

周庆山. 2003. 信息法[M]. 北京：中国人民大学出版社.

朱庆华，颜祥林，袁勤俭. 2017. 信息法教程[M]. 3 版. 北京：高等教育出版社.

第二篇 产 权 篇

第二章 从知识产权到数据产权

学习目标

通过本章的学习，了解知识产权的范围、特征、作用等基本问题，并对信息产权和数据产权出现的背景、主要内容有所认识；分析并探讨从知识产权、信息产权到数据产权发展变化的原因和趋势。

本章导语

知识产权源自个人对其智力活动成果享有的专有权。从 17 世纪中叶确立的专利制度开始算起，知识产权制度已经有 300 多年的历史了。随着技术进步和环境变化，知识、信息、数据成为推动经济和社会发展的重要资源。传统的知识产权制度对于某些新型的信息和数据产品无法提供及时有效的保护，对于由信息和数据活动构成的新型社会关系无法作出合理的规范与调整，在新形势下需要对其加以扩展和完善，由此产生了信息产权和数据产权的概念。

第一节 知识产权概述

知识产权（intellectual property）一词最早由法国学者卡尔普佐夫（Carpzov）于 17 世纪中叶提出，后为比利时法学家皮卡第（Picardy）所发展，皮卡第将其定义为"一切来自知识活动的权利"（另一种观点认为知识产权术语产生于 18 世纪的德国）。世界知识产权组织（World Intellectual Property Organization，WIPO）建立后，这一术语开始被国际社会普遍使用。WIPO 对知识产权的解释是基于智力的创造性活动所产生的权利。

知识点	**WIPO 简史**

WIPO 是关于知识产权服务、政策、合作与信息的全球论坛，其使命是领导发展兼顾各方利益的有效国际知识产权制度，让创新和创造惠及每个人。WIPO 的任务、领导机构和程序载于《建立世界知识产权组织公约》。WIPO 根据该公约于 1967 年建立。WIPO 的标志见图 2-1。

1883 年——《保护工业产权巴黎公约》

此项国际协定是帮助创造者确保其智力成果在别国受到保护的重要发端。1873 年在维也纳举办的国际发明展览会（世界博览会前身）上，外国参展人员因担心其创意被窃取，在他国遭到商业利用而拒绝参展。由此凸显出对知识产权进行国际保护的必要性。

图 2-1 WIPO 的标志

1886 年——《保护文学和艺术作品伯尔尼公约》

在法国作家维克多·雨果及其国际文学和艺术协会的一场运动之后，《保护文学和艺术作品伯尔尼公约》达成。其宗旨是授予创作者在国际层面对其创意作品进行控制并收取报酬的权利。

1891 年——《商标国际注册马德里协定》

该协定的通过迎来了第一项国际知识产权申请服务：商标国际注册马德里体系。在随后的几十年里，全系列的国际知识产权服务随着 WIPO 的演变在其主导下应运而生。

1893 年——成立保护知识产权联合国际局（United International Bureau for the Protection of Intellectual Property，BIRPI）

为管理《保护工业产权巴黎公约》和《保护文学和艺术作品伯尔尼公约》而设立的两个秘书处整合形成了 WIPO 的前身——保护知识产权联合国际局。该组织共有七名工作人员，总部设在瑞士伯尔尼。

1970 年——国际知识产权保护联合局更名为 WIPO

1970 年《建立世界知识产权组织公约》生效，保护知识产权联合国际局为 WIPO 所取代。新成立的 WIPO 是由成员国主导的政府间组织，总部设在瑞士日内瓦。

1974 年——WIPO 加入联合国

1974 年 WIPO 加入联合国组织系统，成为联合国的一个专门机构。联合国的所有会员国都有权成为专门机构的成员，但并非必须。

1978 年——启动专利合作条约（Patent Cooperation Treaty，PCT）

1978 年 PCT 国际专利体系开始运作。PCT 迅速发展壮大，成为 WIPO 最大的国际知识产权申请体系。

1994 年——成立仲裁与调解中心

1994 年 WIPO 仲裁与调解中心成立。该中心提供替代性争议解决服务，协助解决私人当事方之间的国际商业争议。

1998 年——WIPO 学院开始运行

1998 年 WIPO 学院成立，提供关于知识产权的综合课程和专业课程。学院在课程设置上采取跨学科的方式，目标受众是广大知识产权从业人员。

2007 年——通过 WIPO 发展议程

2007 年 WIPO 正式通过发展议程，以确保发展问题在整个组织的工作中均得到考虑。

资料来源：https://www.wipo.int/about-wipo/zh

《中华人民共和国民法典》第一百二十三条规定的知识产权是权利人基于自身创造性智力活动的成果依法享有的专有权利的总称。知识产权是一种无形财产权，它保护的客体是没有实体形态的智力成果（知识产品）。智力成果是指人们在科学、技术、艺术等领域通过智力活动创造的精神财富或精神产品。

| 知识点 | 权利人的类型 |

依据《中华人民共和国民法典》，权利人包含自然人、法人和非法人组织三种类型。

（1）自然人是指生物学意义上的基于出生而取得民事主体资格的人。自然人从出生时起到死亡时止，具有民事权利能力，依法享有民事权利，承担民事义务。自然人包含成年人和未成年人。

（2）法人是具有民事权利能力和民事行为能力，依法独立享有民事权利和承担民事义务的组织。法人包含营利法人、非营利法人和特别法人。

（3）非法人组织是不具有法人资格，但是能够依法以自己的名义从事民事活动的组织。非法人组织包括个人独资企业、合伙企业、不具有法人资格的专业服务机构等。

一、知识产权的范围

目前，世界上大多数国家的法律法规或者理论专著，以及国际条约等，都是从划定范围出发来明确知识产权的概念及内容的。从划定范围的结果来看，存在一定差异。

1967年WIPO在《建立世界知识产权组织公约》第二条第八项列举的知识产权包含：①文学、艺术和科学作品；②表演艺术家的表演及唱片和广播节目；③人类一切活动领域内的发明；④科学发现；⑤工业品外观设计；⑥商标、服务标记以及商业名称和标志；⑦制止不正当竞争；⑧在工业、科学、文学或艺术领域内由于智力活动而产生的一切其他权利。

该公约划定的知识产权范围包含科学发现，而一般的国家都不将其划入知识产权的保护范围，也没有在国家法律法规中对科学发现授予任何财产权。上述范围中的第八项属于拾遗条款，几乎无所不包，有了这一条款，今后再出现任何可受保护的新客体，只要符合该项要求，均可纳入知识产权的范围，为知识产权的发展预留了空间。

1986年开始的关贸总协定乌拉圭回合谈判，首次将知识产权纳入议题，形成了《与贸易有关的知识产权协定》（Agreement on Trade-Related Aspects of Intellectual Property Rights，TRIPs）。世界贸易组织（World Trade Organization，WTO）建立以后，TRIPs成为其最重要的协定之一，知识产权作为协定第二部分第一节至第七节的权利统称，具体包括：①版权和相关权利；②商标；③地理标志；④工业品外观设计；⑤专利；⑥集成电路布图设计（拓扑图）；⑦对未披露信息的保护。

上述所划范围中的第三项是识别一货物来源于一成员领土或该领土内一地区或地方的标识。第七项主要是指与商业和贸易活动有关的秘密信息，它是与市场主体间"反不正当竞争"有关的权利中的一部分。

2020年我国颁布的《中华人民共和国民法典》第一百二十三条指出，"知识产权是权利人依法就下列客体享有的专有的权利：（一）作品；（二）发明、实用新型、外观设计；（三）商标；（四）地理标志；（五）商业秘密；（六）集成电路布图设计；（七）植物新品种；（八）法律规定的其他客体"。

上述所划范围中的"植物新品种"是指经过人工培育的或者对发现的野生植物加以开发，具备新颖性、特异性、一致性和稳定性并有适当命名的植物品种。完成育种的单位和个人对其授权的品种，享有排他性的独占权，即拥有植物新品种权，该权利属于工业产权的一种类型。

从上述划分方法看，知识产权存在广义和狭义的范围。广义的知识产权范围，如《建立世界知识产权组织公约》的规定，涵盖了一切人类智力活动的成果。但在各国的立法实践中，却并未将该公约所称的知识产权范围作为法律保护的客体范围。狭义的知识产权范围一般称为传统的知识产权，即版权（著作权）与工业产权两部分。版权以"作品"为核心，主要包括版权及相关权利，保护对象包括：文学、科学、艺术作品；演出、录音、录像、广播制品；计算机软件等。工业产权以"产品"为核心，主要包括专利权、商标权、制止不正当竞争等，保护对象包括：发明、实用新型、外观设计；商标、商号、原产地名称；商业秘密等。

二、知识产权的特征

知识产权保护的客体是一种无形财产，属于人类创造的智力成果，与有形财产在权利客体与权利规则上存在较大差异，具体内容如表 2-1 所示。

表 2-1　智力成果与有形财产的比较

项目	智力成果	有形财产
形态	不具有实物形态	具有实物形态
价值	由其无形性质所创造，必须具有创造性	由其有形性质所创造，来源于其物质特征
范围	著作权、专利权、商标权	物权、债权、股权
权利从属关系	智力成果的取得、使用，具有比较明显的权利从属关系	对有形财产的占有、取得、使用，各权利人的权利状态通常是一种平行关系
权利边界的清晰程度	通常是模糊的，与授权国的立法有紧密联系	通常是明确的，物的边界就是物权的边界
权利人的许可使用意愿	主要目的是许可他人使用	注重对有形财产的所有与使用
权利的明确性	权利内容和权利状态通常并不明确	具有非常明确的权利归属
侵权状态	侵入了权利人的权利边界，未造成实际损害，或者可能马上造成损害	通常给有形财产造成直接的侵害，导致有形财产全部或部分受损

知识产权是一种内容较为复杂，具有经济的和非经济的两方面性质的权利。作为一种特殊的民事权利，一般认为知识产权具有以下法律特征。

（1）专有性。专有性也称排他性或独占性，即除知识产权权利人同意或法律规定外，其他任何人不得享有或使用该项权利。这表明权利人独占或垄断的专有权利受严格保护，不受他人侵犯。

（2）时间性。知识产权是有期限性的权利，即只在规定的期限内对权利人的各项权利予以保护。各国法律对知识产权分别规定了一定的期限，期满后权利自动终止。

（3）地域性。每个国家或地区所授予的权利，其效力是相互独立的。除签有国际公约或双边互惠协定外，经一国法律所保护的知识产权只在该国范围内发生法律效力。

（4）无形性。知识产权的客体是创造性智力活动的成果，它们不具备一定的物质形态（注意区分知识和知识的载体），因此知识产权是一种无形的财产权。

（5）可复制性。知识产权之所以成为某种财产权，是因为这些权利被利用后，能够体现在一定的产品、作品或其他物品的复制活动上。也就是说知识产权的客体虽然是无形之物，但是一般可由一定的有形物去复制。

三、知识产权制度的作用

制度的基本含义是作为社会成员共同遵守的办事规程和行为准则，具有调整社会关系与服务社会需要的功能。知识产权制度是知识产权规范存在形式和基本构成的总和，与知识产权相关的法律和政策是知识产权制度的主要构成。知识产权制度根据不同知识产品的生产成本、自然寿命、外部经济效应等，赋予生产者对其创造的知识产品以一定时间的垄断产权，换取生产者将其创造的知识向社会公开并在知识产权保护期限届满后放弃其产权，从而使其创造的知识进入公共领域。

知识产权制度通过合理确定人们对于知识及其他信息的权利，调整人们在创造、运用知识和信息过程中产生的利益关系，激励创新，推动经济发展和社会进步，是开发和利用知识资源的基本制度。知识产权制度的主要作用具体概括为以下三个方面：①为智力成果完成人的权益提供了法律保障，调动了人们从事科学技术研究和文学艺术作品创作的积极性和创造性；②为智力成果的推广应用提供了法律机制，促进智力成果转化为生产力，进而产生巨大的经济效益和社会效益；③为国际技术经济贸易和文化艺术交流提供了法律准则，促进人类文明进步和经济发展。

▶思考题：谈谈你对"没有合法的垄断就不会有足够的信息被产生出来"这句话的认识。

当今世界，随着知识经济和经济全球化的深入发展，知识产权日益成为国家发展的战略性资源和国际竞争力的核心要素，成为建设创新型国家的重要支撑和掌握发展主动权的关键，我国知识产权制度的相关立法如表 2-2 所示。

表 2-2　我国知识产权制度的相关立法

立法名称	颁布和修正时间	效力级别
《中华人民共和国商标法》	1982 年 8 月颁布，1993 年 2 月、2001 年 10 月、2013 年 8 月、2019 年 4 月修正	法律
《中华人民共和国专利法》	1984 年 3 月颁布，1992 年 9 月、2000 年 8 月、2008 年 12 月、2020 年 10 月修正	法律
《中华人民共和国著作权法》	1990 年 9 月颁布，2001 年 10 月、2010 年 2 月、2020 年 11 月修正	法律
《中华人民共和国反不正当竞争法》	1993 年 9 月颁布，2017 年 11 月修订，2019 年 4 月修正	法律

立法名称	颁布和修正时间	效力级别
《中华人民共和国植物新品种保护条例》	1997 年 3 月公布，2013 年 1 月、2014 年 7 月修订	行政法规
《集成电路布图设计保护条例》	2001 年 4 月公布	行政法规
《计算机软件保护条例》	2001 年 12 月公布，2011 年 1 月、2013 年 1 月修订	行政法规
《农产品地理标志管理办法》	2007 年 12 月公布，2019 年 4 月修正	部门规章
《地理标志产品保护规定》	2005 年 6 月公布	部门规章

第二节　信息产权概述

一、信息产权的由来

信息既不是物质，也不是能量，它是事物存在方式和运动状态的表现形式。人们通过获得、识别自然界和人类社会的不同信息来区别不同的事物，从而认识和改造世界。

20 世纪 90 年代以来，以计算机和互联网为代表的现代信息技术引发了信息革命。经济全球性和社会信息化的趋势日渐明显，特别是信息高速公路建设在全球范围的兴起，带动了信息产业的迅速发展，信息化成为经济全球化的迫切需要和必要保证。信息化是充分利用信息技术，开发利用信息资源，促进信息交流和知识共享，提高经济增长质量，推动经济社会发展转型的历史进程。人类社会由工业社会向信息社会转型成为必然趋势。信息社会又称信息化社会，是信息技术在经济、社会、政治、生活等领域应用到一定程度的一种社会状态，也是信息技术应用不断深化和积累所引起的从量变到质变的一种必然结果，反映了社会发展由可触摸的物质产品起主导作用向难以触摸的信息产品起主导作用的根本性转变。信息资源成为支持和引领信息社会发展的战略性资源。

在农业社会和工业社会中，物质和能源是主要资源，大规模的物质生产是其关键特征。在信息社会中，信息成为比物质和能源更重要的资源，以开发和利用信息资源为目的的信息经济活动迅速扩大，并逐渐取代传统工业生产活动成为国民经济活动的主要内容。美国未来学家托夫勒在《权力的转移》一书中指明，包括数据和知识在内的信息已经成为社会变革的主要力量，并决定着社会变革的方式。随着信息的重要性和财产价值的日益彰显，对信息的开发利用活动成为政策法律重要的调整对象。

就人类社会而言，知识是信息的核心。任何知识都是人类在与客观世界彼此作用的过程中凭借智力活动创造的，其本质是一种特定的优化信息。传统的知识产权只保护作为优化信息的某些智力活动成果，创造性是其核心特征。随着数字化技术与网络环境的发展，人们对信息和知识及其相互关系的认识逐步深化，这使得一些富有价值但是不属于创造性智力活动成果的信息开始进入知识产权的保护范围，并逐渐完成了从关注创造性到关注对象的转变。

早在 20 世纪 70～80 年代，就出现了各种旨在保护电子计算机存储的信息的法律。受法律保护的客体可能是受版权保护的对象，但受法律保护的主体却不是数据和信息的所有人，而是数据信息来源的收集人。一部分原属于公有的或属于靠保密来保持价值的信息，受保护的目的不在于维护信息所有人的专有权，而在于限制所有人扩散某些信息，这种限制是取得可靠信息的保证。因此，集成电路布图设计、未披露的信息、数据库、经营性信息、地理标志、传统知识等一系列不具有创造性劳动的信息，逐渐成为政策法律保护的对象。当传统的制度供给不能完全满足社会发展的需求时，知识产权由保护"知识"向保护"信息"的转变就成为必然趋势。

二、信息产权的界定

信息产权是各种信息产品的法律化表现，是信息所有者对于自己的智力活动成果所享有的权利。1967 年，美国学者艾伦·韦斯廷在其《隐私与自由》一书中提出，应将个人信息视为一种财产。1984 年，在美国拉克尔肖斯诉孟山都公司（Ruckelshaus v. Monsanto）一案中，法官在判决中将尚不被传统知识产权法所保护的实验数据视为一种财产。受该案例的启发，20 世纪 90 年代前后，加利福尼亚大学伯克利分校萨默尔森教授、密歇根大学利特曼教授各自发表论文，讨论那些不受知识产权法保护的数据和个人隐私等信息是否应被视为财产。

1984 年，澳大利亚学者彭德尔顿在《香港的知识产权与工业产权》一书中首次提出了"知识产权的客体是信息"这一论点，并把专利解释为"反映发明创造深度的技术信息"，把商标解释为"贸易活动中使人认明产品标志的信息"，把版权解释为"信息的固定的、长久存在的形式"。1987 年，我国学者郑成思在《计算机、软件与数据的法律保护》一书中对"信息产权"做了全面论述，1988 年又在我国的《工业产权》杂志第 3 期上撰文做了进一步展开。1989 年，牛津出版的《欧洲知识产权评论》第 7 期将该文专门翻译成英文，推荐给西方读者。郑成思指出信息产权指的是知识产权的扩展。这一概念突出了知识产权客体的"信息"本质。

信息产权作为知识产权的扩展，涵盖了传统知识产权和以其他特定有用信息为客体的财产权。将知识产权扩展为信息产权既有利于维持现有的知识产权体系及与相关国际条约的对接，又能适应信息社会的需要，有效地避免、化解信息社会中的利益冲突，逐步建立起信息社会基本的利益关系格局。

产权指的是一种通过社会强制实现的对某种经济物品的多种用途进行选择的权利，包括权利主体按自己认为合适的方式使用财产的权利及在其认为合适的时候卖给合适的人的权利（斯蒂格利茨，2000）。与所有权不同，产权并不是绝对的、普遍的，而是一种相对的权利，是不同的所有权主体在交易中形成的权利关系。在构成上，产权这个概念事实上包含了"一组权利"，包括使用权、排他权和处置权等，这些权利可能属于同一个主体，也可能分属于不同的主体。产权的不同安排会产生不同的激励效果，进而会对资源的配置效率产生影响。

产权制度确认了主体对一定财产的权利，这种确认形成了主体之间进行交易的动机。

从法律实践来看，产权主要包括民法中的财产所有权（一般指物权）和知识产权，具体包括对合法财产的所有权、占有权、支配权、使用权、收益权和处置权等。一种客体资源是否能够成为产权保护的对象，首先取决于其是否具有可界定性、能否为人力所支配，其次它还必须具有稀缺性和有用性。稀缺性是指客体资源的数量相对于人们的需要来说是有限的、不足的，客体的市场供给总是小于人们对它的需求；有用性是指客体资源要具有某种使用效能，能够满足人类的某种需要，并可以在市场中进行等价交换。在信息技术和信息经济飞速发展的今天，信息产品对于人类的有用性已经不言而喻，其稀缺性亦日益凸显。

经济学家哈罗德·德姆塞茨（Harold Demsetz）在其发表的论文《论产权理论》中提到：产权的产生，本质上是一个成本收益权衡的过程，只有在通过界定产权实现外部性内部化的收益大于从事这一行为的成本时，产权才会产生。赋予信息生产者以信息产权对于激励信息的生产具有关键意义，在信息产权的激励下，信息生产者会更有动力生产信息产品，而在产权缺乏保护时，信息生产者的积极性会受到影响，且会产生强烈的保密心理，这可能导致有价值的信息产出不足，甚至阻碍信息的公开与传播。

三、信息产权制度的意义

从信息产权的角度看，知识产权制度保护的作品、发明等知识产品是信息的一种特定类型，具有无形性的特征。信息的无形性意味着信息在没有财产权保护的情况下将难以为信息的最初生产者所占有（垄断），也使得信息在被生产出来后，可以由无数人同时使用并获得收益，而不会给信息的最初生产者带来额外的收益。

与有形财产不同，信息一旦被公开，就具有事实上的非占有性。信息产权制度的设立，除了对智力创造活动的鼓励和保护外，更多的是将信息作为信息社会的重要"产品"加以保护。信息产权制度的目标不仅在于通过产权激励促进人类的知识增长和智慧创造，而且致力于为创造知识提供便捷、高效、安全的信息环境和源源不断的信息资源（李晓辉，2006）。具体来讲，信息产权制度的意义包括：①提高对以信息为核心的无形财产权制度的解释力和包容性，为所有建构在信息客体上的类似权利提供一体化的解释与支撑；②促进信息社会的快速发展，使信息的占有、利用和分配有法可依、有据可循，使信息技术的开发者和传播者可以在产权机制的激励下，开发出越来越多有价值的信息产品；③全面提升国家在信息化建设方面的竞争力，缩小不发达国家及发展中国家与发达国家之间的"数字鸿沟"，快速实现后发优势。

在讨论信息产权的概念时常常会涉及信息权利的概念。《美国统一计算机信息交易法》指出信息权利包括所有存在于信息上的权利，这些权利包括所有根据专利、版权、掩膜作品、商业秘密、商标和公开权的法律所享有的权利。从信息权利包含的具体内容的角度出发，信息权利是指以满足一定条件的信息作为权利客体的法律权利束。这些权利包括信息获取权、信息发布权、信息传播权、信息使用权、信息保护权、信息收益权等，其中有财产性的权利，也有非财产性的权利。

信息权利与信息产权的区别在于，从外延上看，信息权利包含信息产权，同时还包括知情权、隐私权、传播权等非财产性权利。从内涵上来讲，信息产权解决的是信息的初始权利问题，这种权利可以是专有的，也可以是共有的，其实质是信息支配权的归属问题。信息权利确认的是有关信息的一切权利，既通过信息产权解决信息的静态归属问题，也通过知情权、传播权等解决信息的流动问题；既确认有关信息的私权，如隐私权，也确认有关信息的公权，如公开权（杨宏玲和黄瑞华，2003）。

第三节 数据产权的产生

随着物联网、云计算、人工智能等新技术的应用和发展与普及，社会信息化进程进入数据时代，海量数据的产生与流转成为常态。汹涌而来的数字化洪流，将人类社会推入以数据为生产资料的新时代。数据作为生产要素的属性日益凸显，被誉为第四次科技革命的"石油"。世界各国对数据的依赖快速上升，数据已成为国家基础性的战略资源，对经济运行机制、社会生活方式、国家治理能力、国防和军队建设等产生了重要影响，国家竞争焦点正从资本、土地、人口、资源的争夺转向对数据的争夺。未来国家层面的竞争力将部分体现为一国拥有的数据的规模、活性及解释、运用数据的能力。

数据是指任何以电子或其他方式对信息的记录，伴随着人类记录工具的出现而产生。数据活动包括对数据的采集、存储、加工、使用、提供、交易、公开等行为。信息是数据的含义，数据是信息的载体。作为信息载体的数据，可以转化成信息，产生知识和智能，进而支持人的决策和行动。

数据具有如下特性。

（1）广泛性。数据包括任何与人自身和人的行为、心理、精神世界和智力活动及其所产生的成果、物质世界（包括除人之外的任何生物及物质存在）等有关的所有范畴。

（2）无限性。数据存在无形性，且理论上可无限复制，并且复制品与"原物"的价值等同。

（3）数据规模和数据量巨大，且在持续增长。

（4）混合性。很多数据无法明确分割开来，可能是由上亿个不同主体产生的。

（5）复杂性。数据的形成可能需要经过好几轮不同主体的产生与处理。

（6）不确定性。如何使用数据在形成数据的时候往往并不明确，后期通常还会进行层层挖掘，因此数据的价值很难被标准量化。

（7）可复制性。数据方便复制、携带和转移，可以同时存在不同的介质中。

（8）稀缺性。数据的稀缺性体现在获取及控制使用上，而不是数据本身具有很高的直接价值，单个数据往往不具有直接的经济价值。

（9）低智力性。数据往往用于反映某种客观现象，因此通常不具有独创性或创造性。

（10）隐私性。能够识别特定个人信息的数据往往涉及隐私，这是数据具有"敏感性"的根本原因。

以互联网为基础的数字经济，是人类通过对数据（数字化的知识与信息）的识别—选择—过滤—存储—使用，引导并实现资源的快速优化配置与再生，进而实现经济高质量发展的经济形态（蒋岩波，2020）。在数字经济发展的历程中，数据发挥了核心和关键作用。人们对数据价值的认识也由浅入深，由简单趋向复杂。总体来看，数据价值的发展主要分为三个阶段。

第一阶段是数据资源阶段，数据是记录、反映现实世界的一种资源。

第二阶段是数据资产阶段，数据不仅是一种资源，还是一种资产，是个人或组织资产的重要组成部分，是创造财富的基础。

第三阶段是数字资本阶段，数据的资源和资产的特性得到进一步发挥，与价值进行结合，通过交易等各种流动方式，最终变为资本。

> **知识点**　　　　　　　数据作为一种新型的生产要素
>
> 　　2020 年 4 月 9 日，中央第一份关于要素市场化配置的文件《中共中央 国务院关于构建更加完善的要素市场化配置体制机制的意见》（以下简称《意见》）正式发布。《意见》指出了土地、劳动力、资本、技术、数据五个要素领域改革的方向，明确了完善要素市场化配置的具体措施。数据作为一种新型生产要素，成为《意见》中备受关注的内容。
>
> 　　《意见》指出要从以下三方面加快培育数据要素市场。
>
> 　　（1）推进政府数据开放共享。优化经济治理基础数据库，加快推动各地区各部门间数据共享交换，制定出台新一批数据共享责任清单。研究建立促进企业登记、交通运输、气象等公共数据开放和数据资源有效流动的制度规范。
>
> 　　（2）提升社会数据资源价值。培育数字经济新产业、新业态和新模式，支持构建农业、工业、交通、教育、安防、城市管理、公共资源交易等领域规范化数据开发利用的场景。发挥行业协会商会作用，推动人工智能、可穿戴设备、车联网、物联网等领域数据采集标准化。
>
> 　　（3）加强数据资源整合和安全保护。探索建立统一规范的数据管理制度，提高数据质量和规范性，丰富数据产品。研究根据数据性质完善产权性质。制定数据隐私保护制度和安全审查制度。推动完善适用于大数据环境下的数据分类分级安全保护制度，加强对政务数据、企业商业秘密和个人数据的保护。
>
> 　　资料来源：http://www.gov.cn/zhengce/2020-04/09/content_5500622.htm

大量聚合的数据为商业应用和组织创新提供了极大可能，成为市场交易的对象和企业获取竞争优势的重要来源。近些年由数据引发的商业纠纷日渐增多，如新浪微博诉脉脉不正当竞争、顺丰与菜鸟的物流数据之争、华为与微信的数据争夺、hiQ Labs 诉 LinkedIn 不正当竞争等。数据及其驱动的数据产业和数字经济面临着一些新的问题，就像伴随技术发展和知识生产而逐步建立并被普遍认可的知识产权制度和信息产权制度一样，在新的时代我们需要新的制度来解决这些与数据有关的新问题。

对传统工业产品而言，其价值是由完成初始生产制造的所有者赋予的，其他人没有对产品的价值作出贡献，因此，其所有人对产品拥有绝对所有权是毋庸置疑的。但是，在数据产品所有人完成创造使其具有初始价值后，它会随着使用量的增加而不断增值，同样也会因为用户的访问量、使用量的下降而出现价值的贬损。数据用户数量和使用量的增加一般需要其他数据的配合才能实现，因此，特定数据的全部价值并非完全由初创者创造出来，其流动、共享、使用的过程也是数据的增值过程，数据的采集者、管理者、传播者和使用者对数据价值的提升都有贡献。

数据作为一种重要的资源和生产要素，它的各种权利在个人、企业和政府等不同主体之间的配置将会对其使用效率产生很大影响。数据应用和开发离不开数据产权的界定和保护。不确定、不清晰的数据产权给不同主体在数据活动的各个环节带来了不可控的风险成本。一种合理的数据产权安排应当让数据的生产、使用和保护最有效率，从而实现社会福利的最大化。数据产权的制度安排不只是为个人或数据财产的占有者设定一项权利，更旨在构建一个平衡数据主体、数据处理者与社会整体利益的法律框架。

数据产权的客体是特定的数据集，是经过某种投入而获得的具有特定意义或价值的有用数据。从数据产业链条来看，数据主要分为原始数据和二次开发利用数据。原始数据记录的往往是空间物体或个人的初始信息；二次开发利用数据得出的一般是对空间物体或个人更为复杂和深入的分析结果。从数据来源或制作主体来看，数据主要分为政府数据、公共数据、科学数据、商业数据和个人数据。

正如信息产权和信息权利的关系一样，数据权利和数据产权之间的关系也是常常被讨论的问题。一般认为数据权利是数据产权的上位概念。数据权利（right to data）又称数据权，是指权利人依法对特定数据的自主决定、控制、处理、收益、利益损害受偿的权利。而作为其下位概念的数据产权，与数据权利之间具有更多的重合性，它不仅包括采集权、使用权、收益权、占有权与处分权等财产权，也包括可携带权与被遗忘权等人格权。

大数据时代，世界许多国家已经认识到数据资源的重要性，纷纷出台措施保护数据资源的安全。数据权利及其权利体系的构建成为国际通行实践，如欧盟《通用数据保护条例》（General Data Protection Regulation，GDPR）、英国《数据保护法案》和德国《联邦数据保护法》等在确定数据权属与数据权利内容等方面已经有了一定的探索。欧盟的 GDPR 对数据权属的界定是"具有财产权、人格权和国家主权属性"，具体表现为自然人的个人数据所有权、数据要素市场主体合法收集与生产数据的所有权、公共数据的国家所有权三个方面。围绕"数据"生产要素价值利用与开发的制度设计，需要妥善处理个人权利保护、产业发展创新、国家数字竞争力和数据安全的关系，实现三者的科学平衡。

明晰数据产权可有效激励数据开放共享、推动数据高效利用和深度挖掘，是数字经济健康发展的基本保障。数据产权的归属是数据产业发展需要解决的基本问题，它决定着如何在不同主体间分配数据的价值、义务和责任。《中华人民共和国数据安全法》第七条规定：国家保护个人、组织与数据有关的权益，鼓励数据依法合理有效利

经典案例：数据属于谁

用，保障数据依法有序自由流动，促进以数据为关键要素的数字经济发展。该条款确立了数据保护和利用的基本原则，但是尚未对数据产权问题作出清晰明确的规范，须加快有关实施细则和法律解释的制定。

思　考　题

1. 比较知识、信息和数据的关系。
2. 知识产权制度确立的初衷是什么？现代知识产权体系发生了怎样的变化？
3. 信息产权能够解决什么问题？
4. 数据产权要解决的核心问题是什么？
5. 从知识产权到信息产权，再到数据产权，反映了人类认识活动的哪些变化？

参　考　文　献

蒋岩波. 2020-09-08. 明确数据权属更好保护数据产权[N]. 深圳特区报（B04）.

李晓辉. 2006. 信息权利研究[M]. 北京：知识产权出版社.

连玉明. 2018. 数权法 1.0：数权的理论基础[M]. 北京：社会科学文献出版社.

马费成，宋恩梅，赵一鸣. 2018. 信息管理学基础[M]. 3 版. 武汉：武汉大学出版社.

马海群. 2002. 信息法学[M]. 北京：科学出版社.

斯蒂格利茨 J E. 2000. 经济学[M]. 2 版. 梁小民，黄险峰，译. 北京：中国人民大学出版社.

吴汉东. 2019. 知识产权法学[M]. 7 版. 北京：北京大学出版社.

杨宏玲，黄瑞华. 2003. 信息产权的法律分析[J]. 情报杂志，（3）：2-4.

查先进. 2004. 信息政策与法规[M]. 北京：科学出版社.

张莉，中国电子信息产业发展研究院. 2019. 数据治理与数据安全[M]. 北京：人民邮电出版社.

中国法制出版社. 2019. 知识产权法及司法解释新编[M]. 北京：中国法制出版社.

中国法制出版社. 2019. 中华人民共和国知识产权法律法规全书[M]. 北京：中国法制出版社.

周庆山. 2003. 信息法[M]. 北京：中国人民大学出版社.

朱庆华，颜祥林，袁勤俭. 2017. 信息法教程[M]. 3 版. 北京：高等教育出版社.

第三章　专利权法律制度

学习目标

通过本章的学习，了解专利权制度的产生和发展、我国专利法的修订过程及变化；掌握专利权的主体、客体、侵权行为及相应的处罚措施；熟悉专利申请流程及专利宣告无效的各种情形。

本章导语

专利（patent）一词来源于拉丁语，意为公开的信件或公共文献，是中世纪的欧洲君主用来颁布某种特权的证明。1474 年威尼斯共和国颁布了世界上第一部专利法，规定权利人对其发明享有 10 年的垄断权，任何人未经同意不得仿造与受保护的发明相同的设施，否则将赔偿百枚金币，并销毁全部仿造设施。1623 年英国政府为了追求财富和保持国家经济的繁荣，鼓励发明创造，颁布了《垄断法案》（the Statute of Monoplies），这是世界上第一部具有现代意义的专利法。它宣布以往君主授予发明人的特权一律无效，规定了发明专利权的主体和客体、可以取得专利的发明主体、取得专利的条件、专利有效期及在什么情况下专利权将被判为无效等。

专利一词有广义和狭义之分。广义的专利可以指专利技术，也可以指刊载专利技术信息的文献，还可以指获得独占使用权的专利证书，其基本含义是法律授予的专利权；狭义的专利仅指专利权。

专利权是专利制度的核心，它是专利申请人就一项发明创造向国家专利主管部门提出专利申请，经依法审查合格后，向专利申请人授予的在规定时间内对该项发明创造享有的专有权。它具有知识产权最基本的特征：专有性、地域性和时间性。专有性是指权利人对其发明创造享有独占性的制造、使用、销售、许诺销售和进口的权利；地域性是指权利人依照本国专利法享有的专利权，仅在该国法律管辖的范围内有效，对其他国家没有约束力；时间性是指专利权人对其发明创造所拥有的专有权仅在法律规定的时间内有效，期限届满后，专利权人不再享有制造、使用、销售、许诺销售和进口的专有权。

专利制度即依据专利权建立起的保护专利权人权利的法律制度，是科技进步和商品经济发展到一定阶段的产物。我国的第一部专利法于 1985 年 4 月 1 日正式实施，并随着改革开放进程的深入，不断修订完善。2020 年 10 月 17 日，中华人民共和国第十三届全国人民代表大会常务委员会第二十二次会议通过《关于修改〈中华人民共和国专利法〉的决定》，根据该决定新修正的《中华人民共和国专利法》自 2021 年 6 月 1 日起施行。

第一节　专利权的客体

专利权的客体是专利权的权利和义务所指向的对象，即依法取得专利权的发明创造。《中华人民共和国专利法》第二条规定"本法所称的发明创造是指发明、实用新型和外观设计。发明，是指对产品、方法或者其改进所提出的新的技术方案。实用新型，是指对产品的形状、构造或者其结合所提出的适于实用的新的技术方案。外观设计，是指对产品的整体或者局部的形状、图案或者其结合以及色彩与形状、图案的结合所作出的富有美感并适于工业应用的新设计"。以专利的形式保护发明是世界上所有实行专利制度的国家的通常做法，对实用新型和外观设计以什么形式保护，各国的做法不尽相同。《保护工业产权巴黎公约》第一条第二款规定的"专利"，仅指发明专利，不包括实用新型和外观设计。

一、发明

作为专利权客体的发明必须具有技术属性，必须是一种新的技术方案。它不同于科学发现。科学发现是揭示自然界原本存在的客观现象和规律，是对自然界的认识，而新的技术方案是指利用自然规律创造出或提出的解决技术问题的方案。

发明包括产品发明和方法发明。产品发明可以是成品，如机器、设备、用具等独立的产品或一个产品的独立部件，也可以是材料，如化学材料、合成材料等。未经人的加工、属于自然状态的物质不能作为产品发明，如矿物等。方法发明一般可以分为两类：一类是制造某种产品的方法，如制造某种设备或零部件，合成某种物质或材料的方法等；另一类是其他方法，如测量方法、通信方法、分析方法等。

二、实用新型

有些发明创造在技术上是创新，但是还达不到发明专利的水平，不能授予专利。但是如果不对这类智力成果给予法律保护，就会在一定程度上抑制创新主体的积极性，不利于科学技术的发展。为了弥补这一缺陷，德国1891年将工具、器具和日用品等达不到专利要求的小发明作为一种单独的工业产权，称为"实用新型"。这种方式被其他国家所采用。《保护工业产权巴黎公约》第一条第二款把实用新型列入工业产权的保护范围，但以何种方式对其进行法律保护却没有具体规定。日本、澳大利亚、奥地利等国家采用实用新型保护法，颁发相应"实用证书""实用新型"等证书。也有一些国家对实用新型以专利形式加以保护，我国采用的就是这种做法。

实用新型权实质上是与专利权相同的一种独占权。作为专利权客体的实用新型和发明在权利内容、保护范围及权利限制等方面基本相同，但在法律地位、取得方式和保护期限等方面存在一定差异。

发明专利和实用新型专利的主要区别见表 3-1。

表 3-1　发明专利和实用新型专利的主要区别

比较项目	发明专利	实用新型专利
创造性要求	与现有技术比，具有突出的实质性特点和显著的进步	与现有技术比，有实质性特点和进步
保护范围	产品和方法发明	只能是产品，必须是具有一定形状、结构或者形状结构结合的产品

续表

比较项目	发明专利	实用新型专利
申请与审批	经过国务院专利行政部门的形式审查和实质审查，程序复杂	只经过国务院专利行政部门的形式审查
保护期限	自申请日起，专利权的期限为20年	自申请日起，专利权的期限为10年

三、外观设计

外观设计是产品的外观式样，而不是技术方案。外观设计专利应具备下列条件。

（1）与产品相结合。外观设计是产品的外观设计，其载体应当是产品。产品是指通过工业方法制造出来的物品，不能重复生产的手工艺品、农产品、畜产品、自然物不能作为外观设计的载体。外观设计是对产品的外表所做的设计，不是单纯的美术作品。

（2）是产品的形状、图案或者其组合及色彩与形状、图案的组合。构成外观设计的是产品的外观设计要素或要素的结合，其中包括形状、图案或者其组合及色彩与形状、图案的组合。产品的色彩不能独立构成外观设计，除非产品的色彩变化本身已形成一种图案。可以构成外观设计的组合有：产品的形状；产品的图案；产品的形状和图案；产品的形状和色彩；产品的图案和色彩；产品的形状、图案和色彩。形状是指对产品造型的设计，也就是产品外部的点、线、面的移动、变化、组合而呈现的外表轮廓，即对产品的结构、外形等同时进行设计、制造的结果。图案是指由任何线条、文字、符号、色块的排列或组合而在产品的表面构成的图形。图案可以通过绘图或其他能够体现设计者的图案设计构思的手段制作。产品的图案应当是固定、可见的，而不应是时有时无的或者需要在特定的条件下才能看见的。色彩是指用于产品上的颜色或者颜色的组合，制造该产品所用材料的本色不是外观设计的色彩。

（3）富有美感。富有美感是指在判断一个产品是否属于外观设计专利权的保护客体时，关注的是产品的外观给人的视觉感受，而不是产品的功能特性或者技术效果。事实上，运用形状、图案、色彩对产品的外表进行装饰或设计，必然会为产品带来一定的美感。然而由于不同主体的审美标准存在较大差异，对于美感的认识也难以统一，所以一般只要不伤风败俗，不会引发观感上的不适，能为大多数人所接受即认为其具有美感。

（4）适于工业应用的新设计。适于工业应用，是指该外观设计能应用于产业并可以批量生产。如果不能批量生产，则不具有工业实用性。新设计是指该外观设计在现有技术中找不到与之相同或相似的外观设计。

在知识产权的保护对象中，外观设计较为特殊。作为一种发明创造，它可以受到专利法的保护；作为某种美学思想的表述，它可以受到版权法的保护；当它在市场上获得显著性或第二含义后，又可以作为商标得到商标法的保护，或作为商品外观得到反不正当竞争法的保护。外观设计问题涉及专利法、版权法、商标法和反不正当竞争法。

▶思考题·外观设计有何特殊性？它与美术作品、商标、商品外观之间的关系是怎样的？

四、不受专利法保护的客体对象

《中华人民共和国专利法》第五条和第二十五条对不授予专利权的客体作出了明确规定：①科学发现；②智力活动的规则和方法；③疾病的诊断和治疗方法；④动物和植物品种；⑤原子核变换方法以及用原子核变换方法获得的物质；⑥对平面印刷品的图案、色彩或者二者的结合作出的主要起标识作用的设计；⑦违反法律、社会公德或者妨害公共利益的发明创造；⑧违反法律、行政法规的规定获取或者利用遗传资源，并依赖该遗传资源完成的发明创造。

这些客体大体上可以划分为三种类型。

（1）不属于发明创造的智力成果，包括科学发现、智力活动的规则和方法、疾病的诊断和治疗方法。①科学发现，是指对自然界中客观存在的物质、现象、变化过程及其特性和规律的揭示。科学理论是对自然界认识的总结，是更为广义的发现。它们都属于人们认识的延伸。这些被认识的物质、现象、过程、特性和规律不同于改造客观世界的技术方案，不是专利法意义上的发明创造，因此不能被授予专利权。例如，发现卤化银在光照下有感光特性，这种发现不能被授予专利权，但是根据这种发现制造出的感光胶片及此感光胶片的制造方法则可以被授予专利权。②智力活动，是指人的思维运动，它源于人的思维，经过推理、分析和判断产生抽象的结果，或者必须以人的思维运动作为媒介，间接地作用于自然产生结果。智力活动的规则和方法是指导人们进行思维、表述、判断和记忆的规则和方法。其没有采用技术手段或者利用自然规律，也未解决技术问题和产生技术效果，因而不构成技术方案。例如，图书分类规则、字典的编排方法、情报检索的方法、专利分类法，日历的编排规则和方法，计算机的语言及计算规则，速算法或口诀等。③疾病的诊断和治疗方法，是指以有生命的人体或者动物体为直接实施对象，进行识别、确定或消除病因或病灶的过程。出于人道主义的考虑和社会伦理的原因，医生在诊断和治疗过程中应当有选择各种方法和条件的自由，因此疾病的诊断和治疗方法不能被授予专利权。但是，用于实施疾病诊断和治疗方法的仪器或装置，以及在疾病的诊断和治疗方法中使用的物质或材料属于可被授予专利权的客体。

（2）某些特定领域的发明创造，包括动物和植物品种，原子核变换方法以及用原子核变换方法获得的物质，对平面印刷品的图案、色彩或者二者的结合作出的主要起标识作用的设计。①动物和植物品种是人工饲养动物和培育植物过程中产生的新品种。英国、法国、德国、日本等国家可授予植物新品种专利权，美国可授予动物新品种专利权。我国没有给予动植物新品种以专利保护，但是对培育动植物新品种的方法可授予专利权。②原子核变换方法以及用原子核变换方法获得的物质关系到国家的经济、国防、科研和公共生活的重大利益，不宜为单位或私人垄断，因此不能被授予专利权。③对平面印刷品的图案、色彩或者二者的结合作出的主要起标识作用的设计并不限于商标标识或者厂家名称，只要二维印刷品的图案、色彩或者其结合主要用于产生标识作用，就属于被排除的范围。需要指出的是，床单、窗帘、布匹等纺织品也是二维产品，但是不属于"平面印刷品"，纺织品的花色或者图案通常也不是"主要起标识作用"，因此纺织品的外观设计不在被排除的范围。

（3）违反法律、社会公德或者妨害公共利益的发明创造。这一规定符合国际惯例。这些发明创造对社会有害无益，违背专利法的立法宗旨。例如，用于赌博的设备、机器或工具；吸毒的器具；伪造国家货币、票据、公文、证件、印章、文物的设备等都属于违反法律的发明创造，不能被授予专利权。社会公德，是指公众普遍认为是正当的、并被接受的伦理道德观念和行为准则。发明创造与社会公德相违背的，不能被授予专利权。例如，带有暴力凶杀或者淫秽的图片或照片的外观设计，非医疗目的的人造性器官或者其替代物，克隆的人或克隆人的方法等。妨害公共利益，是指发明创造的实施或使用会给公众或社会造成危害，或者会使国家和社会的正常秩序受到影响。例如，发明创造的实施或使用会严重污染环境、严重浪费能源或资源、破坏生态平衡、危害公众健康的，不能被授予专利权；专利申请的文字或者图案涉及国家重大政治事件或宗教信仰、伤害人民感情或民族感情或者宣传封建迷信的，不能被授予专利权。

遗传资源所包含的丰富的生命遗传信息，对生物制药、动植物育种、生命科学研究等具有重要意义。为防止有关主体非法窃取我国遗传资源经技术开发并申请专利的情况发生，2008年修正的《中华人民共和国专利法》把遗传资源保护与专利制度挂钩。《中华人民共和国专利法》第五条第二款规定"对违反法律、行政法规的规定获取或者利用遗传资源，并依赖该遗传资源完成的发明创造，不授予专利权"。《中华人民共和国专利法》所称遗传资源，是指取自人体、动物、植物或者微生物等含有遗传功能单位并具有实际或者潜在价值的材料；《中华人民共和国专利法》所称依赖遗传资源完成的发明创造，是指利用遗传资源的遗传功能完成的发明创造。

第二节　专利权的主体

专利权的主体是指依法能够提出专利申请和获得专利权，并承担相应的义务的人，包括自然人和法人。《中华人民共和国专利法》根据发明创造的性质，规定专利权的主体有非职务发明创造的发明人或设计人、职务发明创造所属单位、符合专利法规定的外国人或外国企业，以及受让人等。同时，《中华人民共和国专利法》还对合作发明创造和委托发明创造的权利归属进行了相应规定。

一、发明人或设计人

发明人或设计人，是指对发明创造的实质性特点作出了创造性贡献的人。在完成发明创造的过程中，只负责组织工作的人、为物质技术条件的利用提供方便的人或者从事其他辅助性工作的人，如试验员、描图员、机械加工人员等，均不是发明人或设计人。其中，发明人是指发明的完成人；设计人是指实用新型或外观设计的完成人。发明人或设计人，只能是自然人，不能是法人或其他社会组织。

发明创造是智力劳动的结果。发明创造活动是一种事实行为，不受民事行为能力的限制，因此，无论从事发明创造的人是否具备完全民事行为能力，只要他完成了发明创造，就应被认定为发明人或设计人。

发明人或设计人包括非职务发明创造的发明人或者设计人和职务发明创造的发明人或者设计人两类。非职务发明创造，是指既不是执行本单位的任务，也没有主要利用本单位提供的物质技术条件所完成的发明创造。对于非职务发明创造，申请的专利权利属于发明人或者设计人。发明人或者设计人对非职务发明创造申请专利，任何单位或者个人不得压制。申请被批准后，该发明人或者设计人即为专利权人。

如果一项非职务发明创造是由两个或两个以上的发明人、设计人共同完成的，则完成发明创造的人称为共同发明人或共同设计人。判断共同发明人或共同设计人的标准，一是看发明人或设计人对发明创造是否作出了创造性的贡献；二是看贡献之间是否存在依存关系，是否仅是整个发明或设计的一部分，即成员的贡献能否分离出来。共同发明创造的专利申请权和取得的专利权归全体共有人共同所有。他们的权利和义务是相等的，排名先后次序没有本质上的区别。

二、职务发明创造所属单位

对于职务发明创造来说，专利权的主体是该发明创造的发明人或者设计人所在的单位。职务发明创造，是指执行本单位的任务或者主要是利用本单位的物质技术条件所完成的发明创造。这里所称的"单位"，包括各种所有制类型和性质的内资企业和在中国境内的中外合资经营企业、中外合作企业及外商独资企业；从劳动关系上讲，既包括固定工作单位，也包括临时工作单位。

职务发明创造分为以下两类。

（1）执行本单位任务所完成的发明创造，具体包括三种情况：①在本职工作中作出的发明创造；②履行本单位交付的本职工作之外的任务时作出的发明创造；③退职、退休或者调动工作后1年内作出的，与其在原单位承担的本职工作或者原单位分配的任务有关的发明创造。在第三种情况中，只有同时具备两个条件才构成职务发明创造：第一，该发明创造必须是发明人或设计人从原单位退职、退休或者调动工作后1年内作出的；第二，该发明创造与发明人或设计人在原单位承担的本职工作或者原单位分配的任务有联系。

（2）主要利用本单位的物质技术条件所完成的发明创造。本单位的物质技术条件，是指本单位的资金、设备、零部件、原材料或者不对外公开的技术资料等。一般认为，如果在发明创造过程中，全部或者大部分利用了单位的资金、设备、零部件、原料及不对外公开的技术资料，这种利用对发明创造的完成起着必不可少的决定性作用，就可以认定为主要利用本单位的物质技术条件所完成的发明创造。如果仅仅是少量利用了本单位的物质技术条件，且这种物质技术条件的利用，对发明创造的完成无关紧要，则不能据此认定是职务发明创造。依据合同优先原则，对于利用本单位的物质技术条件所完成的发明创造，如果单位与发明人或者设计人订有合同，对申请专利的权利和专利权的归属作出约定的，从其约定。

职务发明创造的专利申请权和取得的专利权归发明人或设计人所在的单位。该单位可以依法处置其职务发明创造申请专利的权利和专利权，促进相关发明创造的实施和运用。

被授予专利权的单位应当对职务发明创造的发明人或者设计人给予奖励;发明创造专利实施后,单位应当根据其推广应用的范围和取得的经济效益,对发明人或者设计人给予合理的报酬。国家鼓励被授予专利权的单位实行产权激励,采取股权、期权、分红等方式,使发明人或者设计人合理分享创新收益。

三、外国人

外国人包括具有外国国籍的自然人和法人。按照国际惯例,外国人有权依法在中国申请专利。根据《保护工业产权巴黎公约》的国民待遇原则,在中国有经常居所或真实营业场所的外国人,享有和中国公民或单位同等的专利申请权和专利权。《中华人民共和国专利法》规定:"在中国没有经常居所或者营业所的外国人、外国企业或者外国其他组织在中国申请专利的,依照其所属国同中国签订的协议或者共同参加的国际条约,或者依照互惠原则,根据本法办理。"《中华人民共和国专利法》第十八条规定"在中国没有经常居所或者营业所的外国人、外国企业或者外国其他组织在中国申请专利和办理其他专利事务的,应当委托依法设立的专利代理机构办理"。

四、受让人

受让人是指通过转让、受赠或继承等方式而依法取得专利权的单位或个人。专利具有财产属性,专利申请权和专利权可以转让。专利申请权转让之后,如果获得了专利,那么受让人就是该专利权的主体;专利权转让后,受让人成为该专利权的新主体。继受取得专利申请权或专利权之后,受让人并不因此而成为发明人或设计人,该发明创造的发明人或设计人也不因发明创造的专利申请权或专利权转让而丧失其特定的人身权利。

中国单位或者个人向外国人、外国企业或者外国其他组织转让专利申请权或者专利权的,应当依照有关法律、行政法规的规定办理手续。转让专利申请权或者专利权的,当事人应当订立书面合同,并向国务院专利行政部门登记,由国务院专利行政部门予以公告。

五、委托发明创造

委托是基于委托人与受托人的约定,由受托人处置委托人委托的事务的民事法律关系。委托发明基于当事人的合作关系,通常当事人会签订书面合同或协议,事先约定发明创造权利的归属。《中华人民共和国专利法》第八条规定:"两个以上单位或者个人合作完成的发明创造、一个单位或者个人接受其他单位或者个人委托所完成的发明创造,除另有协议的以外,申请专利的权利属于完成或共同完成的单位或者个人;申请被批准后,申请的单位或者个人为专利权人。"《中华人民共和国民法典》第八百五十九条对委托发明创造的规定是:"委托开发完成的发明创造,除法律另有规定或者当事人另有约定外,申请专利的权利属于研究开发人。研究开发人取得专利权的,委托人可以依法实施该专利。研究开发人转让专利申请权的,委托人享有以同等条件优先受让的权利。"

六、合作发明创造

对合作发明创造的权利归属，《中华人民共和国专利法》第八条仅做了原则性规定："两个以上单位或者个人合作完成的发明创造，一个单位或者个人接受其他单位或者个人委托所完成的发明创造，除另有协议的以外，申请专利的权利属于完成或共同完成的单位或者个人。"《中华人民共和国民法典》第八百六十条的规定更为具体："合作开发完成的发明创造，申请专利的权利属于合作开发的当事人共有；当事人一方转让其共有的专利申请权的，其他各方享有以同等条件优先受让的权利。但是，当事人另有约定的除外。合作开发的当事人一方声明放弃其共有的专利申请权的，除当事人另有约定外，可以由另一方单独申请或者由其他各方共同申请。申请人取得专利权的，放弃专利申请权的一方可以免费实施该专利。合作开发的当事人一方不同意申请专利的，另一方或者其他各方不得申请专利。"

第三节　专利的申请与审批

一、授予专利权的条件

一项发明创造要通过申请获得专利权应当具备实质性条件。发明或者实用新型获得专利权的实质条件为新颖性、创造性和实用性。外观设计获得专利权的实质条件为新颖性和独创性。

（一）发明和实用新型的授权条件

《中华人民共和国专利法》第二十二条规定"授予专利权的发明和实用新型，应当具备新颖性、创造性和实用性"。

1. 新颖性

新颖性是指该发明或者实用新型不属于现有技术；也没有任何单位或者个人就同样的发明或者实用新型在申请日以前向国务院专利行政部门提出过申请，并记载在申请日以后公布的专利申请文件或者公告的专利文件中。

现有技术，是指申请日以前在国内外为公众所知的技术。一项技术一旦向公众公开，即成为现有技术，也就意味着其丧失了新颖性。现有技术的"公开"方式包括出版物公开、使用公开和以其他方式公开三种，均无地域限制。除此之外，损害新颖性的情况还包括由于申请时间的先后而产生的抵触申请。

（1）出版物公开，也称为书面公开。发明和实用新型没有在国内外的出版物上公开发表过才具有新颖性。出版物包括但不限于电子型、网络型和印刷型的书籍、报刊、文献、数据库等。只要一份含有发明创造内容的出版物可以被任何希望看到它的人通过购买、借阅、交换或复制等合法方式而得到，即认为该发明创造已经公开。出版物不受地理位置、语言或者获得方式的限制，也不受年代的限制。印有"内部资料""内部发行"等字样的出版物，确系在特定范围内发行并要求保密的，不属于公开出版物。出版物的印刷日视为公开日，有其他证据证明其公开日的除外。没有透露其具体内容的新闻报道不视为公开。

（2）使用公开。使用技术方案使其公开或者处于公众可以得知的状态，这种公开方式称为使用公开。使用公开的方式包括能够使公众得知其技术内容的制造、使用、销售、进口、交换、馈赠、演示、展出等。只要通过上述方式使有关技术内容处于公众想得知就能够得知的状态，就构成使用公开，而不取决于是否有公众得知。但是，未给出任何有关技术内容的说明，以致所属技术领域的技术人员无法得知其结构和功能或材料成分的产品展示，不属于使用公开。如果使用公开的是一种产品，即使所使用的产品或者装置需要经过破坏才能够得知其结构和功能的，也属于使用公开。此外，使用公开还包括放置在展台上、橱窗内的公众可以阅读的信息资料及直观资料，如招贴画、图纸、照片、样本、样品等。使用公开以公众能够得知该产品或者方法之日为公开日。

（3）其他方式公开。为公众所知的其他方式，主要是指口头公开等。例如，口头交谈、报告、讨论会发言、广播、电视、电影等能够使公众得知技术内容的方式。口头交谈、报告、讨论会发言以其发生之日为公开日。公众可接收的广播、电视或电影的报道，以其播放日为公开日。

（4）抵触申请。在申请日以前，任何单位或个人就同样的技术已向国务院专利行政部门提出过申请，并且记载在申请日以后公布的专利申请文件中，那么这一申请就被称为专利申请的抵触申请。抵触申请意味着前一个申请日提出的申请已经使该项技术方案处于公开状态，成为现有技术，因而导致后一个申请日提出的申请丧失了新颖性。由于一项发明创造只能授予一项专利权，因此，为避免对同样的发明或者实用新型专利申请重复授权，审查员在进行新颖性审查时，应当检索是否存在损害该发明或者实用新型专利申请新颖性的抵触申请。

2. 创造性

创造性是指与现有技术相比，该发明具有突出的实质性特点和显著的进步，该实用新型具有实质性特点和进步。发明有突出的实质性特点，是指对所属技术领域的技术人员来说，发明相对于现有技术是非显而易见的。如果发明是所属技术领域的技术人员在现有技术的基础上仅仅通过合乎逻辑的分析、推理或者有限的试验就可以得到的，则该发明是显而易见的，也就不具备突出的实质性特点。发明有显著的进步，是指发明与现有技术相比能够产生有益的技术效果，有益是指：发明与现有技术相比具有更好的技术效果，如改善质量、提高产量、节约能源、防治环境污染等；发明提供了一种技术构思不同的技术方案，其技术效果能够基本上达到现有技术的水平；发明代表某种新技术的发展趋势；尽管发明在某些方面有负面效果，但在其他方面具有明显积极的技术效果。

作为创造性的判断主体，"所属技术领域的技术人员"应当知晓申请日或者优先权日之前发明所属技术领域所有的现有技术，具有该技术领域中普通技术人员所具有的一般知识和能力，其知识随着时间的不同而不同，但其不具有创造能力。这样一个假设的概念的目的在于通过规范判断者所具有的知识和能力界限，统一对专利申请和现有技术文献的理解，以及对创造性高度的要求，减少创造性判断过程中主观因素的影响。

3. 实用性

实用性是指该发明或者实用新型能够制造或者使用，并且能够产生积极效果。

（1）具备实用性的发明创造应当能够制造或使用，即具备可实施性。一项发明创造要付诸实施，必须具有翔实的具体方案。仅有一个构思，而没有具体实施方案的发明创造被称作未完成发明。未完成发明是不具备可实施性的，故而也就不具备实用性。可实施性的另一层含义则是要求一项发明创造可以重复实施。有些方案尽管翔实、具体，但不可能在产业上重复实施，则其同样也不具备可实施性。

（2）具备实用性的发明创造必须能够带来积极的效果，即具备有益性。这里的有益性是指一项发明创造对社会和经济的发展、对物质和精神文明建设所能够产生的积极效果。通常，这种积极效果可以表现为提高产品质量、改善工作和生产环境、节约能源、减少环境污染、降低生产成本等。在判断有益性时需要特别注意，在申请专利时这种发明创造所带来的积极效果可能还没有产生，只要有产生积极效果的可能就可以。

（二）外观设计的授权条件

根据《中华人民共和国专利法》第二十三条，授予专利权的外观设计，应具备下列条件。

1. 新颖性

授予专利权的外观设计，应当不属于现有设计；也没有任何单位或者个人就同样的外观设计在申请日以前向国务院专利行政部门提出过申请，并记载在申请日以后公告的专利文件中。现有设计，是指申请日以前在国内外为公众所知的设计。可以认为这是对授予专利权的外观设计的新颖性的要求。

2. 创造性

授予专利权的外观设计与现有设计或者现有设计特征的组合相比，应当具有明显区别。这一要求类似发明和实用新型专利的"创造性"标准，用以避免通过模仿现有设计或简单拼凑现有设计特征而形成的外观设计获得专利权。

3. 不得发生权利冲突

授予专利权的外观设计不得与他人在申请日以前已经取得的合法权利相冲突。这里的"合法权利"包括著作权、商标权、肖像权、姓名权等。

知识点　　　不授予外观设计专利权的情形

（1）取决于特定地理条件、不能重复再现的固定建筑物、桥梁等。例如，包括特定的山水在内的山水别墅。

（2）包含有气体、液体及粉末状等无固定形状的物质而导致其形状、图案、色彩不固定的产品。

（3）产品的不能分割或者不能单独出售且不能单独使用的局部设计。例如，袜跟、帽檐、杯把等。

（4）对于由多个不同特定形状或者图案的构件组成的产品，如果构件本身不能单独出售且不能单独使用，则该构件不属于外观设计专利保护的客体。例如，一组由不同形状的插接块组成的拼图玩具，只有将所有插接块共同作为一项外观设计申请时，才属于外观设计专利保护的客体。

（5）不能作用于视觉或者肉眼难以确定，需要借助特定的工具才能分辨其形状、图案、色彩的物品。例如，其图案是在紫外灯照射下才能显现的产品。

（6）要求保护的外观设计不是产品本身常规的形态。例如，手帕扎成动物形态的外观设计。

（7）以自然物原有形状、图案、色彩作为主体的设计，通常指两种情形，一种是自然物本身，另一种是自然物仿真设计。

（8）纯属美术、书法、摄影范畴的作品。

（9）仅以在其产品所属领域内司空见惯的几何形状和图案构成的外观设计。

（10）文字和数字的字音、字义不属于外观设计保护的内容。

（11）与人机交互无关或与实现产品功能无关的产品显示装置所显示的图案。例如，开关机过程中与人机交互和实现产品功能无关的电子屏幕壁纸、画面；与实现产品功能无关的网站网页的图文排版、游戏界面。

（三）新颖性的例外

上述三种新颖性的时间标准均以申请日划分，《中华人民共和国专利法》第二十四条规定"申请专利的发明创造在申请日以前六个月内，有下列情形之一的，不丧失新颖性：（一）在国家出现紧急状态或者非常情况时，为公共利益目的首次公开的；（二）在中国政府主办或者承认的国际展览会上首次展出的；（三）在规定的学术会议或者技术会议上首次发表的；（四）他人未经申请人同意而泄露其内容的"。

国家出现紧急状态或者非常情况，是指出现战争或危及国家安全的紧急状态，或者出现自然灾害或流行疾病等非常情况。为公共利益目的，是指为了国民经济和社会稳定，如公共卫生、人民健康等情况需要。中国政府举办的国际展览会，包括国务院及各部委主办或者国务院批准由其他机关或者地方政府举办的国际展览会。学术会议或者技术会议是指国务院有关主管部门或者全国性学术团体组织召开的学术会议或者技术会议，不包括省以下（或者受国务院各部委、全国性学会委托，或以其名义）组织召开的学术会议或技术会议。他人未经申请人同意而公开发明创造内容，包括他人没有遵守明示的或默示的保密约定将发明创造的内容公开，也包括他人用威胁、欺诈或者经济间谍活动等手段，从发明人或者经其告诉而得知发明创造内容的任何其他人那里获得发明创造内容后的公开。

二、专利申请原则

申请人就一项发明创造要求获得专利权的,应当根据《中华人民共和国专利法》和《中华人民共和国专利法实施细则》的规定向专利局提出专利申请。

(1)书面原则。《中华人民共和国专利法》和《中华人民共和国专利法实施细则》规定申请专利的各项手续,都应当以书面形式或者国家知识产权局规定的其他形式办理,否则不产生效力。国家知识产权局规定的其他形式包括电子文件形式。申请人以书面形式提出专利申请并被受理的,在审批程序中应当以纸件形式提交相关文件,以口头、电话、实物等非书面形式办理各种手续的,或者以电报、电传、传真、电子邮件等通信手段办理各种手续的,均视为未提出,不产生法律效力。申请人以电子文件形式提出专利申请并被受理的,在审批程序中应当通过电子专利申请系统以电子文件形式提交相关文件,另有规定的除外。不符合规定的,该文件视为未提交。

(2)单一性原则。单一性原则也称为一发明一申请原则,单一性是指一件发明或者实用新型专利申请应当限于一项发明或者实用新型,属于一个总的发明构思的两项以上的发明或者实用新型,可以作为一件申请提出。也就是说,如果一件申请包括几项发明或者实用新型,则只有在所有这几项发明或者实用新型之间有一个总的发明构思使之相互关联的情况下该申请才被允许。一件外观设计专利申请应当限于一种产品所使用的一项外观设计。用于同一类别并且成套出售或者使用的产品的两项以上的外观设计,可以作为一件申请提出。

同样的发明创造只能授予一项专利权。同一申请人在同日(指申请日)对同样的发明创造既申请实用新型专利又申请发明专利的,应当在申请时分别说明对同样的发明创造已申请了另一专利;未作说明的,先获得的实用新型专利权尚未终止,且申请人声明放弃该实用新型专利权的,可以授予发明专利权。专利申请应当符合单一性要求的主要原因有两个。一是经济上的原因:为了防止申请人只支付一件专利的费用而获得几项不同发明或者实用新型专利的保护。二是技术上的原因:为了便于专利申请的分类、检索和审查。

(3)先申请原则。同样的发明创造,在理论上只能授予一项专利权。两个或两个以上的申请人分别就同样的发明创造申请专利的,专利权授予最先申请的人。两个以上的申请人同日(指申请日;有优先权的,指优先权日)分别就同样的发明创造申请专利的,应当在收到国务院专利行政部门的通知后自行协商确定申请人。协商不成的,该发明即成为社会公有技术。对于专利申请日的确定,以国务院专利行政部门收到完整专利申请文件的日期为专利申请日。如果申请文件是邮寄的,以寄出的邮戳日为申请日。邮戳日不清晰的,除当事人能够提供证明的外,以专利局收到专利申请文件的日期为申请日。专利申请人享有优先权的,以优先权日为申请日。

(4)优先权原则。专利申请人就其发明创造自第一次提出专利申请后,在法定期限内,又就相同主题的发明创造提出专利申请的,以其第一次申请的日期为其申请日,这种权利称为优先权,此处所谓的法定期限,就是优先权期限。这项权利的实际意义是,以其第一次提出的专利申请日作为判断新颖性的时间标准。

优先权可分为外国优先权和本国优先权。第一，外国优先权。《中华人民共和国专利法》规定，申请人自发明或者实用新型在外国第一次提出专利申请之日起十二个月内，或者自外观设计在外国第一次提出专利申请之日起六个月内，又在中国就相同主题提出专利申请的，依照该外国同中国签订的协议或者共同参加的国际条约，或者依照相互承认优先权的原则，可以享有优先权。第二，本国优先权。申请人自发明或者实用新型在中国第一次提出专利申请之日起十二个月内，或者自外观设计在中国第一次提出专利申请之日起六个月内，又向国务院专利行政部门就相同主题提出专利申请的，可以享有优先权。

申请人要求发明、实用新型专利优先权的，应当在申请的时候提出书面声明，并且在第一次提出申请之日起十六个月内，提交第一次提出的专利申请文件的副本。申请人要求外观设计专利优先权的，应当在申请的时候提出书面声明，并且在三个月内提交第一次提出的专利申请文件的副本。申请人未提出书面声明或者逾期未提交专利申请文件副本的，视为未要求优先权。

（5）诚实信用原则。申请专利权应当遵循诚实信用原则。在专利授权确权行政案件的审判实践中，一定程度上存在专利申请人、专利权人违反诚实信用原则，虚构、编造说明书及附图中的技术内容的情形，扰乱了正常的专利申请、审查和案件审理秩序。当事人有证据证明专利申请人、专利权人违反诚实信用原则，虚构、编造有关技术内容的，司法机关可以根据当事人的请求，依法认定相关权利要求不符合专利法的有关规定，并可据此认定相关权利要求应当被宣告无效，或者相关专利申请应予驳回。

三、专利申请的文件

专利申请就是向专利局提交专利申请文件。申请人可以自行提交，也可以委托专利代理机构办理。办理各种手续应当提交相应的文件，缴纳相应的费用，并且符合相应的期限要求。申请文件对于发明和实用新型与外观设计是有差别的。

（一）申请发明或实用新型专利的文件

《中华人民共和国专利法》第二十六条规定：申请发明或者实用新型专利的，应当提交请求书、说明书及其摘要和权利要求书等文件。

请求书是申请人为了获得发明创造的专利权，在申请时所必须提交的技术文书。请求书必须使用专利局制定的统一表格。请求书中应当写明发明或者实用新型的名称，发明人或设计人的姓名，申请人姓名或者名称、地址，以及其他事项。

说明书是申请文件中最长的部分，应当对发明或者实用新型作出清楚、完整的说明，以所属技术领域的技术人员能够实现为准；必要的时候，应当有附图。也就是说，说明书应当满足充分公开发明或者实用新型的要求。说明书的格式包括技术领域、背景技术、发明内容、附图说明、具体实施方式。说明书的内容应当符合下列条件。第一，清楚。写明发明或者实用新型所要解决的技术问题及其解决技术问题采用的技术方案，并对照现有技术写明发明或者实用新型的有益效果。说明书应当准确地表达发明或者实用新型的技术内容，不得含糊不清或者模棱两可。第二，完整。完整的说明书应当包括有关理解、实现发明或者实用新型所需的全部技术内容。第三，能够实现。说明书应当清楚地记载发明或者实用新型的技术方案，详细地描述发明或者实用新型的具体实施方式，完整地公开对于理解和实现发明或者实用新型必不可少的技术内容，达到所属技术领域的技术人员能够实现该发明或者实用新型的程度。

摘要是说明书记载内容的概述，其目的是使公众快速获得发明或者实用新型的主要内容。它仅是一种技术信息，不具有法律效力。摘要应当简要说明发明或者实用新型的技术要点。

（1）摘要应当写明发明或者实用新型的名称和所属技术领域，并清楚地反映所要解决的技术问题、解决该问题的技术方案的要点及主要用途，其中以技术方案为主；摘要可以包含最能说明发明的化学式。

（2）有附图的专利申请，应当提供或者由审查员指定一幅最能反映该发明或者实用新型技术方案的主要技术特征的附图作为摘要附图，该摘要附图应当是说明书附图中的一幅。

（3）摘要附图的大小及清晰度应当保证在该图缩小到4厘米×6厘米时，仍能清楚地分辨出图中的各个细节。

（4）摘要文字部分（包括标点符号）不得超过300个字，并且不得使用商业性宣传语，也不能用来说明产品的性能。

权利要求书是申请文件中最重要也是最基本的文件，具有直接的法律效力。权利要求书应当以说明书为依据，清楚、简要地限定要求专利保护的范围。权利要求书中的每一项权利要求所要求保护的技术方案应当是所属技术领域的技术人员能够从说明书充分公开的内容中得到或概括得出的技术方案，并且不得超出说明书公开的范围。权利要求书应当记载发明或者实用新型的技术特征，技术特征可以是构成发明或者实用新型技术方案的组成要素，也可以是要素之间的相互关系。权利要求书应当符合以下两个要求。第一，权利要求书应当清楚，一是指每一项权利要求应当清楚，二是指构成权利要求书的所有权利要求作为一个整体也应当清楚。第二，权利要求书应当简要，一是指每一项权利要求应当简要，二是指构成权利要求书的所有权利要求作为一个整体也应当简要。

按照性质划分，权利要求有两种基本类型，即物的权利要求和活动的权利要求，或者简单地称为产品权利要求和方法权利要求。第一种基本类型的权利要求包括人类技术生产的物（产品、设备）；第二种基本类型的权利要求包括有时间过程要素的活动（方法、用途）。属于物的权利要求的有物品、物质、材料、工具、装置、设备等权利要求；属于活动的权利要求的有制造方法、使用方法、通信方法、处理方法及将产品用于特定用途的方法等权利要求。

依赖遗传资源完成的发明创造，申请人应当在专利申请文件中说明该遗传资源的直接来源和原始来源；申请人无法说明原始来源的，应当陈述理由。

（二）申请外观设计专利的申请文件

《中华人民共和国专利法》第二十七条规定：申请外观设计专利的，应当提交请求书、该外观设计的图片或者照片以及对该外观设计的简要说明等文件。

1. 请求书

外观设计很难命名，所以不需要填写外观设计的名称。但是应在请求书中写明使用该外观设计的产品名称及其所属类别。使用该外观设计的产品名称对图片或者照片中表示的外观设计所应用的产品种类具有说明作用，应当与外观设计图片或者照片中表示的外观设计相符合，准确、简明地表明要求保护的产品的外观设计。此外请求书中还应写明设计人、申请人、联系人、代表人等各项内容。

2. 外观设计的图片或者照片

申请人提交的有关图片或者照片应当清楚地显示要求专利保护的产品的外观设计。申请人应当就每件外观设计产品所需要保护的内容提交有关图片或者照片。

（1）就立体产品的外观设计而言，产品设计要点涉及六个面的，应当提交六面正投影视图（图 3-1）；产品设计要点仅涉及一个或几个面的，应当至少提交所涉及面的正投影视图和立体图，并应当在简要说明中写明省略视图的原因。

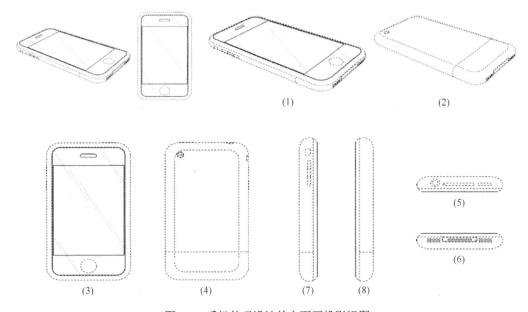

图 3-1　手机外观设计的六面正投影视图

（2）就平面产品的外观设计而言，产品设计要点涉及一个面的，可以仅提交该面的正投影视图；产品设计要点涉及两个面的，应当提交两面正投影视图。必要时，申请人还应当提交该外观设计产品的展开图、剖视图、剖面图、放大图及变化状态图。

（3）申请人请求保护色彩的，应当提交彩色图片或者照片。

3. 简要说明

外观设计专利权的保护范围以表示在图片或者照片中的产品的外观设计为准，简要说明可以用于解释图片或者照片所表示的产品的外观设计。简要说明应当写明外观设计产品的名称、用途，外观设计的设计要点，并指定一幅最能表明设计要点的图片或者照片。省略视图或者请求保护色彩的，应当在简要说明中写明。对同一产品的多项相似外观设计提出一件外观设计专利申请的，应当在简要说明中指定其中一项作为基本设计。简要说明不得使用商业性宣传用语，也不能用来说明产品的性能和内部结构。

四、专利申请的审批

国务院专利行政部门受理专利申请后，必须依照专利法规定的程序进行审查，对符合专利法的规定的，才授予专利权。《中华人民共和国专利法》第二十一条规定："国务院专利行政部门应当按照客观、公正、准确、及时的要求，依法处理有关专利的申请和请求。在专利申请公布或者公告前，国务院专利行政部门的工作人员及有关人员对其内容负有保密责任。"

《中华人民共和国专利法》针对不同的专利权客体采取不同的审查制度，对发明专利采取初步审查和实质审查相结合的审查制度，而对实用新型和外观设计专利采取初步审查的制度。一般情况下，发明专利的申请流程分为受理申请、初步审查、公布申请、实质审查和授权公告五个阶段。

（1）受理申请。专利行政部门收到专利申请后进行审查，如果符合受理条件，专利行政部门将确定申请日，给予申请号，在核实过文件清单后，发出受理通知书，通知申请人。如果申请文件未打字、印刷或字迹不清、有涂改的；或者附图及图片未用绘图工具和黑色墨水绘制、照片模糊不清有涂改的；或者申请文件不齐备的；或者请求书中缺申请人姓名或名称及地址不详的；或专利申请类别不明确或无法确定的，以及外国单位和个人未经专利代理机构直接寄来的专利申请不予受理或者要求在规定期限内补交或补正。

（2）初步审查。经受理的专利申请按照规定缴纳申请费后，自动进入初步审查阶段。初步审查前发明专利申请首先要进行保密审查，需要保密的，按保密程序处理。初步审查时要对申请是否存在明显缺陷进行审查，主要包括审查内容是否属于《中华人民共和国专利法》中不授予专利权的范围，是否明显缺乏技术内容不能构成技术方案，是否缺乏单一性，申请文件是否齐备及格式是否符合要求。如果是外国申请人还要进行资格审查及申请手续审查。对于不合格的，专利行政部门将通知申请人在规定的期限内补正或陈述意见，逾期不答复的，将被视为撤回申请。经答复仍未消除缺陷的，予以驳回。发明专利申请初步审查合格的，将发给初审合格通知书。

（3）公布申请。发明专利申请从发出初审合格通知书起进入公布阶段，如果申请人没有提出提前公开的请求，要自申请日起满18个月才进入公开准备程序。如果申请人请求提前公开的，则申请立即进入公开准备程序。经过格式复核、编辑校对、计算机处理、排版印刷，大约三个月后在专利公报上公布其说明书摘要并出版说明书单行本。申请公布以后，申请人就获得了临时保护的权利。

（4）实质审查。发明专利申请公布以后，如果申请人已经提出实质审查请求并已生效的，专利申请进入实质审查程序。如果申请人自申请日起满三年还未提出实质审查请求，或者实质审查请求未生效的，申请即被视为撤回。在实质审查期间将对专利申请是否具有新颖性、创造性、实用性以及《中华人民共和国专利法》规定的其他实质性条件进行全面审查。经审查认为不符合授权条件的或者存在各种缺陷的，将通知申请人在规定的时间内陈述意见或进行修改，逾期不答复的，被视为撤回申请，经多次答复后仍不符合要求的申请，予以驳回。实质审查中未发现驳回理由的，将按规定进入授权程序。

（5）授权公告。经实质审查未发现驳回理由的，由审查员作出授权通知，申请进入授权登记准备，对授权文本的法律效力和完整性进行复核，对专利申请的著录项目进行校对、修改后，专利行政部门发出授权通知书和办理登记手续通知书，申请人接到通知书后应当在两个月之内按照通知的要求办理登记手续并缴纳规定的费用。按期办理登记手续的，专利行政部门将授予专利权，颁发专利证书，在专利登记簿上记录，并在两个月后于专利公报上公告；未按规定办理登记手续的，视为放弃取得专利权的权利。发明专利权自公告之日起生效。

▶思考题：查阅相关文件，说一说专利申请过程中涉及哪些费用？

专利行政部门受理和审查实用新型和外观设计的专利申请，经初步审查没有发现驳回理由的，作出授予专利权的决定，发给相应的专利证书，同时予以登记和公告。能够授予专利权的外观设计专利申请包括：不需要补正就符合初步审查要求的专利申请，以及经过补正符合初步审查要求的专利申请。申请人在接到授予专利权通知书之后，需要办理以下登记手续：在规定的期限内缴纳专利登记费、授权当年的年费、公告印刷费及专利证书印花税。实用新型专利权和外观设计专利权自公告之日起生效。

针对专利申请过程中被驳回的情况，《中华人民共和国专利法》第四十一条为申请人提供了相应的救济制度："专利申请人对国务院专利行政部门驳回申请的决定不服的，可以自收到通知之日起三个月内向国务院专利行政部门请求复审。国务院专利行政部门复审后，作出决定，并通知专利申请人。专利申请人对国务院专利行政部门的复审决定不服的，可以自收到通知之日起三个月内向人民法院起诉。"

第四节　专利权的法律保护

一、专利权人的权利和义务

专利权人即专利权的所有人，也就是享有专利权的自然人或法人。专利权人在专利权有效期内享有法律赋予的权利，并承担法律规定的义务。

（一）独占实施权

发明和实用新型专利权被授予后，除《中华人民共和国专利法》另有规定的以外，任何单位或者个人未经专利权人许可，都不得实施其专利，即不得为生产经营目的制造、使用、许诺销售、销售、进口其专利产品，或者使用其专利方法及使用、许诺销售、销售、进口依照该专利方法直接获得的产品。外观设计专利权被授予后，任何单位或者个人未经专利权人许可，都不得实施其专利，即不得为生产经营目的制造、许诺销售、销售、进口其外观设计专利的产品。

（二）许可实施权

由于专利权人有时不具备实施发明创造专利的条件，如高等院校、科研单位或者个人等；或者专利权人的实施不能覆盖整个市场，或其他原因，专利权人就可能允许其他单位或者个人实施其专利，并因此得到一定的经济利益。任何单位或者个人实施他人专利的，应当与专利权人订立实施许可合同，向专利权人支付专利使用费。被许可人无权允许合同规定以外的任何单位或者个人实施该专利。专利申请权或者专利权的共有人对权利的行使有约定的，从其约定。没有约定的，共有人可以单独实施或者以普通许可的方式许可他人实施该专利；许可他人实施该专利的，收取的使用费应当在共有人之间分配。除上述情形外，行使共有的专利申请权或者专利权应当取得全体共有人的同意。

《中华人民共和国民法典》第八百六十五至八百六十七条规定"专利实施许可合同仅在该专利权的存续期限内有效。专利权有效期限届满或者专利权被宣告无效的，专利权人不得就该专利与他人订立专利实施许可合同""专利实施许可合同的许可人应当按照约定许可被许可人实施专利，交付实施专利有关的技术资料，提供必要的技术指导""专利实施许可合同的被许可人应当按照约定实施专利，不得许可约定以外的第三人实施该专利，并按照约定支付使用费"。

知识点　　　　　　　　**专利实施许可合同**

专利实施许可合同是技术转让合同的一种，指当事人一方许可另一方在一定的期限，一定的地区，以一定的方式实施其专利技术而订立的技术合同。合同应当注明发明创造的名称、专利申请人和专利权人、申请日期、申请号、专利号及专利权的有效期限。

专利实施许可合同中的当事人应当在合同生效日起3个月内到国家知识产权局或地方知识产权局办理备案。对备案审查合格的专利实施许可合同，国家知识产权局或地方知识产权局将给予备案合格通知书及备案号、备案日期，并将通知书送交当事人。

专利实施许可合同的主要条款一般包括以下几方面：①专利技术的内容和专利的实施方式；②实施许可合同的种类；③实施许可合同的有效期限和地域范围；④技术指导和技术服务条款；⑤专利权瑕疵担保和保证条款；⑥专利许可使用费用及其支付方式；⑦违约责任及违约金或者赔偿损失额的计算方法。除上述内容外，还可以就当事人双方认为必要的其他事项进行约定。

专利实施许可合同可以采取独占实施许可、排他实施许可和普通实施许可等形式。每种许可又可以按照实施方式分为生产许可、使用许可和销售许可及再转让许可等各种形式。

（1）普通许可合同。按照普通实施许可合同，合同的被许可方根据许可方的授权在合同约定的时间和地域范围内，按合同约定的使用方式实施该专利，同时专利权人保留了自己在同一地域和时间实施该专利及许可第三人实施该专利的权利。

（2）独家许可合同。依照这类合同，被许可方在约定的时间和地域范围内以合同约定的使用方式享有对该专利的排他性实施权。在合同约定的时间和地域范围内，专利权人不得再许可任何第三人以此相同的方式实施该项专利，但专利权人可自行实施。

（3）独占许可合同。这种合同是指专利权人许可被许可方在合同约定的时间和地域范围内，以合同约定的使用方式对专利进行独占性实施，从而排斥包括专利权人在内的一切人实施该项专利。

（4）分许可合同。该合同是相对于基本的实施许可合同而言的，在专利实施许可合同中，如果许可方允许被许可方就同一专利再与第三人订立许可合同，由第三人在合同约定的期限和地域范围内实施该项专利，则被许可人与第三人签订的后一种实施许可合同就是分许可合同。分许可合同只能从属于基本的实施许可合同，不得有任何超越行为。

（5）交叉许可合同。交叉许可合同是指许可方与被许可方就相互允许使用彼此的专利而订立的协议，也称相互交换实施许可合同。

（三）专利转让权

专利申请权和专利权可以转让。中国单位或者个人向外国人、外国企业或者外国其他组织转让专利申请权或者专利权的，应当依照有关法律、行政法规的规定办理手续。转让专利申请权或者专利权的，当事人应当订立书面合同，并向国务院专利行政部门登记，由国务院专利行政部门予以公告。专利申请权或者专利权的转让自登记之日起生效。专利转让权一经生效，受让人取得专利权人地位，转让人丧失专利权人地位，专利权转让合同不影响转让方在合同成立前与他人订立的专利实施许可合同的效力。除合同另有约定的外，原专利实施许可合同所约定的权利义务由专利权受让方承担。另外，订立专利权转让合同前，转让方已实施专利的，除合同另有约定的外，合同成立后，转让方应当停止实施。

（四）专利标记权

专利权人有权在其专利产品或者该产品的包装上标明专利标识。常见的专利标识有：采用中文标明专利权的类别，如中国发明专利、中国实用新型专利、中国外观设计专利；国家知识产权局授权专利权的专利号。除上述内容之外，可以附加其他文字、图形标记，但附加的文字、图形标记及其标注方式不得误导公众；专利权被授予前在产品、该产品的包装或者该产品的说明书等材料上进行标注的，应当采用中文标明中国专利申请的类别、专利申请号，并标明"专利申请，尚未授权"字样。

（五）署名权

发明人或者设计人有权在专利文件中写明自己是发明人或者设计人。署名权是一种人身权，与发明人或设计人的人身不可分离，不能转让、继承或赠与。

（六）获得奖励和报酬的权利

当发明创造为职务发明创造时，申请专利的权利归属单位，但是发明人或设计人享有获得奖励和报酬的权利。《中华人民共和国专利法》第十五条规定"被授予专利权的单位应当对职务发明创造的发明人或者设计人给予奖励；发明创造专利实施后，根据其推广应用的范围和取得的经济效益，对发明人或者设计人给予合理的报酬。国家鼓励被授予专利权的单位实行产权激励，采取股权、期权、分红等方式，使发明人或者设计人合理分享创新收益"。如果发明人或设计人的此项权利受到侵犯，可依法请求专利管理机关处理或向人民法院起诉。

（七）诉前保全的权利

专利权人或者利害关系人有证据证明他人正在实施或者即将实施侵犯专利权、妨碍其实现权利的行为，如不及时制止将会使其合法权益受到难以弥补的损害的，可以在起诉前依法向人民法院申请采取财产保全、责令作出一定行为或者禁止作出一定行为的措施。为了制止专利侵权行为，在证据可能灭失或者以后难以取得的情况下，专利权人或者利害关系人可以在起诉前依法向人民法院申请保全证据。

（八）公开发明创造的内容的义务

在专利申请文件中要清楚完整地描述发明创造的内容，以使同行业的技术人员能够理解和实施。这项义务是专利权人获得专利权的一种交换条件，也是专利制度平衡个人利益与公共利益的一种内在要求。如果专利权人不履行此项义务，其发明就无法得到法律的保护。

（九）不得滥用专利权的义务

《中华人民共和国专利法》第二十条规定：不得滥用专利权损害公共利益或者他人合法权益。滥用专利权，排除或者限制竞争，构成垄断行为的，依照《中华人民共和国反垄断法》处理。滥用专利权的主要表现是：专利权人或独占实施的被许可人不正当行使专利权，或者利用其专利优势地位，不正当地限制专利交易或采取不公正的交易方法的行为，与专利制度促进科学技术进步和创新的宗旨相悖。

（十）缴纳年费的义务

《中华人民共和国专利法》第四十三条规定："专利权人应当自被授予专利权的当年开始缴纳年费。"授予专利权当年以后的年费应当在上一年度期满前缴纳。专利权人未缴纳或者未缴足的，国务院专利行政部门应当通知专利权人自应当缴纳年费期满之日起 6 个月内补缴，同时缴纳滞纳金。期满仍未缴纳，自应当缴纳年费期满之日起专利权终止。

　▶思考题：请查阅资料后回答专利权人为何要缴纳年费？缴纳年费的标准是什么？

二、专利权的特别许可

国务院专利行政部门、地方人民政府管理专利工作的部门应当会同同级相关部门采取措施，加强专利公共服务，促进专利的实施和运用。国务院专利行政部门应当加强专利信息公共服务体系建设，完整、准确、及时发布专利信息，提供专利基础数据，定期出版专利公报，促进专利信息的传播与利用。

（一）国有企业事业单位的发明专利经国务院批准后的特别许可

国有企业事业单位的发明专利，对国家利益或者公共利益具有重大意义的，国务院有关主管部门和省、自治区、直辖市人民政府报经国务院批准，可以决定在批准的范围内推广应用，允许指定的单位实施，由实施单位按照国家规定向专利权人支付使用费。

（二）开放许可

专利权人自愿以书面方式向国务院专利行政部门声明愿意许可任何单位或者个人实施其专利，并明确许可使用费的支付方式、标准的，由国务院专利行政部门予以公告，实行开放许可。就实用新型、外观设计专利提出开放许可声明的，应当提供专利权评价报告。专利权人撤回开放许可声明的，应当以书面方式提出，并由国务院专利行政部门予以公告。开放许可声明被公告撤回的，不影响在先给予的开放许可的效力。

任何单位或者个人有意愿实施开放许可的专利的，以书面方式通知专利权人，并依照公告的许可使用费的支付方式、标准支付许可使用费后，即获得专利实施许可。

开放许可实施期间，对专利权人缴纳专利年费相应给予减免。

实行开放许可的专利权人可以与被许可人就许可使用费进行协商后给予普通许可，但不得就该专利给予独占或者排他许可。

当事人就实施开放许可的专利发生纠纷的，由当事人协商解决；不愿协商或者协商不成的，可以请求国务院专利行政部门进行调解，也可以向人民法院起诉。

（三）强制许可

1. 一般强制许可

一般强制许可是指具备实施条件的单位以合理的条件请求发明或实用新型专利权人许可实施其专利，而未能在合理的时间内获得这种许可时，国务院专利行政部门根据该单位的申请，给予该发明专利或者实用新型专利的强制许可。有下列情形之一的，国务院专利行政部门根据具备实施条件的单位或者个人的申请，可以给予实施发明专利或者实用新型专利的强制许可。

（1）专利权人自专利权被授予之日起满三年，且自提出专利申请之日起满四年，无正当理由未实施或者未充分实施其专利的。

（2）专利权人行使专利权的行为被依法认定为垄断行为，为消除或者减少该行为对竞争产生的不利影响的。

（3）适用一般强制许可必须满足如下两个条件。①获得强制许可的申请者是具备实施条件的单位或个人。这里的单位应理解为从事生产经营的单位，行政管理单位不能申请。②申请实施强制许可的对象是发明和实用新型专利，而非外观设计专利。

2. 特殊强制许可

特殊强制许可是当法律规定的特殊情况出现时，为了国家和社会公共利益，国务院专利行政部门有权决定对专利权人的专利给予强制许可使用，以维持社会的稳定和保障公众的利益。

特殊强制许可具体包括以下内容。

（1）在国家出现紧急状态或者非常情况时，或者为了公共利益的目的，国务院专利行政部门可以给予实施发明专利或者实用新型专利的强制许可。

（2）为了公共健康，对取得专利权的药品，国务院专利行政部门可以给予制造并将其出口到符合中华人民共和国参加的有关国际条约规定的国家或者地区的强制许可。

（3）强制许可涉及的发明创造为半导体技术的，其实施限于公共利益的目的和专利权人行使专利权的行为被依法认定为垄断行为，为消除或者减少该行为对竞争产生的不利影响的情形。

3. 交叉强制许可

交叉强制许可又称为相互许可，是指一项取得专利权的发明或者实用新型比之前已经取得专利权的发明或者实用新型具有显著经济意义的重大技术进步，其实施又有赖于前一发明或者实用新型的实施的，国务院专利行政部门根据后一专利权人的申请，可以给予实施前一发明或者实用新型的强制许可。国务院专利行政部门根据前一专利权人的申请，也可以给予实施后一发明或者实用新型的强制许可。

申请获得交叉强制许可的条件如下。

（1）申请的对象只能是发明、实用新型。

（2）后一专利的实施有赖于前一专利的实施，并且后一专利与前一专利相比构成显著经济意义的重大技术进步。

（3）申请人必须是前后两个专利权人，并且前专利权人申请对后一专利的强制许可必须满足自己的专利已被强制许可给后专利权人。

申请强制许可的单位或者个人应当提供证据，证明其以合理的条件请求专利权人许可其实施专利，但未能在合理的时间内获得许可。

国务院专利行政部门作出的给予实施强制许可的决定，应当及时通知专利权人，并予以登记和公告。给予实施强制许可的决定，应当根据强制许可的理由规定实施的范围和时间。强制许可的理由消除并不再发生时，国务院专利行政部门应当根据专利权人的请求，经审查后作出终止实施强制许可的决定。

取得实施强制许可的单位或者个人不享有独占的实施权，并且无权允许他人实施。取得实施强制许可的单位或者个人应当付给专利权人合理的使用费，或者依照中华人民共和国参加的有关国际条约的规定处理使用费问题。付给使用费的，其数额由双方协商；双方不能达成协议的，由国务院专利行政部门裁决。

专利权人对国务院专利行政部门关于实施强制许可的决定不服的，专利权人和取得实施强制许可的单位或者个人对国务院专利行政部门关于实施强制许可的使用费的裁决不服的，可以自收到通知之日起三个月内向人民法院起诉。

三、专利权的期限、终止与无效

（一）专利权的期限

专利权的期限是指专利权从生效到失效的法定期限。从专利权授权公告之日起，无其他事由造成专利权终止的，则该专利权到专利权期限届满之日终止。在这段期限内，任何人未经专利权人许可不得实施其专利。期满后，该发明创造成为公共财产，人们可以无偿使用。我国发明专利权的期限为二十年，实用新型专利权的期限为十年，外观设计专利权的期限为十五年，均自申请日起计算。

自发明专利申请日起满四年，且自实质审查请求之日起满三年后授予发明专利权的，国务院专利行政部门应专利权人的请求，就发明专利在授权过程中的不合理延迟给予专利权期限补偿，但申请人引起的不合理延迟除外。

为补偿新药上市审评审批占用的时间，对在中国获得上市许可的新药相关发明专利，国务院专利行政部门应专利权人的请求给予专利权期限补偿。补偿期限不超过五年，新药批准上市后总有效专利权期限不超过十四年。

（二）专利权的终止

专利权的终止是指专利权保护期届满或其他原因使专利权无效。专利权终止的情形主要有：专利权有效期满自行终止；专利权人死亡，因无继承人自行终止。有下列情形之一的，专利权在期限届满前终止；没有按照规定缴纳年费的；专利权人以书面声明放弃其专利权的。专利权在期限届满前终止的，由国务院专利行政部门登记和公告。专利权终止后，其发明创造进入公共领域，任何人都可以自由利用。

（三）专利权的无效

专利权无效，是在专利权授予之后，被发现其具有不符合专利法及其实施细则中有关授予专利权的规定的条件，并经国务院专利行政部门复审确认后宣告其无效的情形。《中华人民共和国专利法》第四十五条和第四十七条对此作出了规定：自国务院专利行政部门公告授予专利权之日起，任何单位或者个人认为该专利权的授予不符合本法有关规定的，可以请求国务院专利行政部门宣告该专利权无效。宣告无效的专利权视为自始即不存在。请求宣告专利权无效的理由法律有所限定，主要有：发明创造不符合授予专利权的实质性条件；发明创造不符合合法性条件；发明创造属于专利法规定的不授予专利权的领域；专利文件的撰写不符合法定要求；专利权的主体不合法，违反先申请原则。请求宣告专利权无效或者部分无效的，应当向专利复审部门提交专利权无效宣告请求书和必要的证据一式两份。无效宣告请求书应当结合提交的所有证据，具体说明请求无效宣告的理由，并指明每项理由所依据的证据。

国务院专利行政部门在充分听取请求人和权利人双方当事人的意见陈述后，可选择作出三种审查决定：宣告专利权全部无效；宣告专利权部分无效；维持专利权有效。

国务院专利行政部门对宣告专利权无效的请求应当及时审查和作出决定，并通知请求人和专利权人。宣告专利权无效的决定，由国务院专利行政部门登记和公告。对国务院专利行政部门宣告专利权无效或者维持专利权的决定不服的，可以自收到通知之日起三个月内向人民法院起诉。人民法院应当通知无效宣告请求程序的对方当事人作为第三人参加诉讼。

宣告专利权无效的决定，对在宣告专利权无效前人民法院作出并已执行的专利侵权的判决、调解书，已经履行或者强制执行的专利侵权纠纷处理决定，以及已经履行的专利实施许可合同和专利权转让合同，不具有追溯力。不具有追溯力的规定是为了保持经济秩序的稳定，但也存在例外。

（1）因专利权人的恶意给他人造成的损失，应当给予赔偿。

（2）依照上述规定不返还专利侵权赔偿金、专利使用费、专利权转让费，明显违反公平原则的，应当全部或者部分返还。"恶意给他人造成的损失"是指专利权人明知其专利权有瑕疵并且其行为可能给他人造成损失，而希望或放任这种损害后果的发生。"明显违反公平原则"是指专利权人的非善意行为，如专利转让合同签订后，专利受让人履行合同，支付了专利转让费，但不久专利权被宣告无效，受让人还未因取得专利权而受益或受益很少，这明显不公平，也有违诚实守信原则。

四、专利权的限制

专利权的限制是指专利法允许第三方在法定情况下，可以不经专利权人的许可而实施其专利，且其实施行为并不构成侵权的一种法律制度。专利法保护专利权人的独占权，但是，为了平衡专利权人与国家和社会之间的利益，各国专利法都在不同程度上对专利权人的权利做了限制性的规定。我国对专利权的限制主要表现为不视为侵犯专利权的行为，以及专利实施的特别许可。

根据《中华人民共和国专利法》第七十五条和第七十七条的规定，有下列情形之一的，不视为侵犯专利权。

（一）先用权人的实施

在专利申请日前已经制造相同产品、使用相同方法或者已经作好制造、使用的必要准备，并且仅在原有范围内继续制造、使用的，不视为侵权。先用权的成立条件是：①实施行为人在他人取得专利权的专利申请日以前已经制造相同产品、使用相同方法或者已经做好制造、使用的必要准备；②实施行为人所实施的发明创造，或者是行为人自行研究开发或设计出来的，或者是通过合法的受让方式取得的；③在他人就相同的发明创造取得专利权之后，实施行为人只能在原有范围内制造或者使用。先使用人的这种权利称为先用权，其目的在于保证就同一发明创造未获得专利权的单位或个人在投资上得到回报。

（二）专利权的用尽

专利产品或者依照专利方法直接获得的产品，由专利权人或者经其许可的单位、个人售出后，使用、许诺销售、销售、进口该产品的，不再需要得到专利权人的许可或者授权，不构成侵权。这意味着，专利权人只对专利产品的首次销售享有专有权，对已被首次销售的专利产品不具有再销售或者使用的控制权或支配权。该原则是为了保证商品在市场上的自由流通，保障公众的利益。

（三）为科学研究和实验目的的使用

专为科学研究和实验而使用有关专利的，不构成专利侵权。这种使用的目的不是生产经营，而是鼓励开展发明创造，促进科学技术的发展。

（四）临时过境

临时通过中国领陆、领水、领空的外国运输工具，依照其所属国同中国签订的协议或者共同参加的国际条约，或者依照互惠原则，为运输工具自身需要而在其装置和设备中使用有关专利的，无须得到我国专利权人许可，不构成侵权。运输工具包括陆、海、空的各类运输工具。其目的主要是保证国际的交通顺畅。

（五）专利药品或医疗器械

为提供行政审批所需要的信息，制造、使用、进口专利药品或者专利医疗器械的，以及专门为其制造、进口专利药品或者专利医疗器械的，不构成侵权。

（六）善意第三人行为

为生产经营目的使用、许诺销售或者销售不知道是未经专利权人许可而制造并售出的专利侵权产品，能证明该产品合法来源的，不承担赔偿责任。根据此项规定，善意第三人行为仍属于侵权行为，但是与恶意的侵权行为相比具有一定的特殊性，如果行为人能够证明产品的来源合法，就可以不用承担赔偿责任。

五、专利侵权和专利保护

（一）专利权的保护范围

专利权的保护范围是指专利权效力所及的发明创造范围，其意义在于可以使专利权人得到有效的法律保护，减少侵权行为的发生，正确处理专利侵权纠纷。《中华人民共和国专利法》第六十四条规定：发明或者实用新型专利权的保护范围以其权利要求的内容为准，说明书及附图可以用于解释权利要求的内容。外观设计专利权的保护范围以表示在图片或者照片中的该产品的外观设计为准，简要说明可以用于解释图片或者照片所表示的该产品的外观设计。在确定发明和实用新型专利权保护范围时不能脱离权利要求，凡是权利书中没有记载的内容均不在保护范围之内，说明书和附图只能解释权利要求，不能扩大保护范围。外观设计专利的保护范围以申请书中显示的该外观设计的图片或照片为依据，简要说明不具有法律效力。

（二）专利侵权行为

专利侵权行为主要有以下两种情况。

一是除《中华人民共和国专利法》另有规定的以外，任何单位或者个人未经专利权人许可，都不得实施其专利，即不得为生产经营目的制造、使用、许诺销售、销售、进口其专利产品，或者使用其专利方法及使用、许诺销售、销售、进口依照该专利方法直接获得的产品。外观设计专利权被授予后，任何单位或者个人未经专利权人许可，都不得实施其专利，即不得为生产经营目的制造、许诺销售、销售、进口其外观设计专利产品。

二是假冒专利的行为。假冒专利的行为是指：①在未被授予专利权的产品或者其包装上标注专利标识，专利权被宣告无效或者终止后继续在产品或者其包装上标注专利标识，或者未经许可在产品或者产品包装上标注他人的专利号；②销售第①项所述产品；③在产品说明书等材料中将未被授予专利权的技术或者设计称为专利技术或者专利设计,将专利申请称为专利,或者未经许可使用他人的专利号,使公众将所涉及的技术或者设计误认为是专利技术或者专利设计;④伪造或者变造专利证书、专利文件或者专利申请文件;⑤其他使公众混淆,将未被授予专利权的技术或者设计误认为专利技术或者专利设计的行为。

(三) 专利侵权的处理机关

未经专利权人许可,实施其专利,即侵犯其专利权,引起纠纷的,由当事人协商解决;不愿协商或者协商不成的,专利权人或者利害关系人可以向人民法院起诉,也可以请求管理专利工作的部门处理。管理专利工作的部门是指由省、自治区、直辖市人民政府及专利管理工作量大又有实际处理能力的设区的市人民政府设立的管理专利工作的部门。国务院专利行政部门应当对管理专利工作的部门处理专利侵权纠纷、查处假冒专利行为、调解专利纠纷进行业务指导。国务院专利行政部门可以应专利权人或者利害关系人的请求处理在全国有重大影响的专利侵权纠纷。地方人民政府管理专利工作的部门应专利权人或者利害关系人的请求处理专利侵权纠纷,对在本行政区域内侵犯其同一专利权的案件可以合并处理;对跨区域侵犯其同一专利权的案件可以请求上级地方人民政府管理专利工作的部门处理。

管理专利工作的部门不得参与向社会推荐专利产品等经营活动。管理专利工作的部门违反上述规定的,由其上级机关或者监察机关责令改正,消除影响,有违法收入的予以没收;情节严重的,对直接负责的主管人员和其他直接责任人员依法给予处分。

负责专利执法的部门根据已经取得的证据,对涉嫌假冒专利行为进行查处时,有权采取下列措施:①询问有关当事人,调查与涉嫌违法行为有关的情况;②对当事人涉嫌违法行为的场所实施现场检查;③查阅、复制与涉嫌违法行为有关的合同、发票、账簿及其他有关资料;④检查与涉嫌违法行为有关的产品;⑤对有证据证明是假冒专利的产品,可以查封或者扣押。

负责专利执法的部门、管理专利工作的部门依法行使前两款规定的职权时,当事人应当予以协助、配合,不得拒绝、阻挠。

(四) 侵权行为的责任

专利侵权行为需要其行为主体承担的责任有四类:民事责任、行政责任、刑事责任和举证责任。

1. 民事责任

(1) 停止侵权行为。管理专利工作的部门处理时,认定侵权行为成立的,可以责令侵权人立即停止侵权行为,当事人不服的,可以自收到处理通知之日起十五日内依照《中华人民共和国行政诉讼法》向人民法院起诉;侵权人期满不起诉又不停止侵权行为的,管理专利工作的部门可以申请人民法院强制执行。

（2）赔偿经济损失。侵犯专利权的赔偿数额按照权利人因被侵权所受到的实际损失或者侵权人因侵权所获得的利益确定；权利人的损失或者侵权人获得的利益难以确定的，参照该专利许可使用费的倍数合理确定。对故意侵犯专利权，情节严重的，可以在按照上述方法确定的数额的一倍以上五倍以下确定赔偿数额。权利人的损失、侵权人获得的利益和专利许可使用费均难以确定的，人民法院可以根据专利权的类型、侵权行为的性质和情节等因素，确定给予三万元以上五百万元以下的赔偿。赔偿数额还应当包括权利人为制止侵权行为所支付的合理开支。

人民法院为确定赔偿数额，在权利人已经尽力举证，而与侵权行为相关的账簿、资料主要由侵权人掌握的情况下，可以责令侵权人提供与侵权行为相关的账簿、资料；侵权人不提供或者提供虚假的账簿、资料的，人民法院可以参考权利人的主张和提供的证据判定赔偿数额。

2. 行政责任

假冒专利的，除依法承担民事责任外，由负责专利执法的部门责令改正并予公告，没收违法所得，可以处违法所得五倍以下的罚款；没有违法所得或者违法所得在五万元以下的，可以处二十五万元以下的罚款。违反《中华人民共和国专利法》第十九条规定向外国申请专利，泄露国家秘密的，由所在单位或者上级主管机关给予行政处分。

3. 刑事责任

假冒专利构成犯罪的，依法追究刑事责任。违反《中华人民共和国专利法》第十九条规定向外国申请专利，泄露国家秘密构成犯罪的，依法追究刑事责任。从事专利管理工作的国家机关工作人员及其他有关国家机关工作人员玩忽职守、滥用职权、徇私舞弊，构成犯罪的，依法追究刑事责任。

4. 举证责任

举证责任又称"举证的必要"，是指民事诉讼当事人对其提出的主张中须确认的事实依法负有的提出证据的义务。专利侵权纠纷涉及新产品制造方法的发明专利的，制造同样产品的单位或者个人应当提供其产品制造方法不同于专利方法的证明。

专利侵权纠纷涉及实用新型专利或者外观设计专利的，人民法院或者管理专利工作的部门可以要求专利权人或者利害关系人出具由国务院专利行政部门对相关实用新型或者外观设计进行检索、分析和评价后作出的专利权评价报告，作为审理、处理专利侵权纠纷的证据；专利权人、利害关系人或者被控侵权人也可以主动出具专利权评价报告。

思　考　题

1. 专利权的起源是什么？如何认识它和现代专利制度的区别？
2. 应如何理解专利法中的优先权条件？

3.《中华人民共和国专利法》中的特别许可包括哪几种情况？为什么要设置这些许可？

4. 专利侵权行为有哪些？说说你身边的具体事例。

5. 外观设计专利的特殊性体现在哪些地方？

6. 专利无效宣告的流程是怎样的？处理结果会产生怎样的影响？

7. 导致发明专利新颖性丧失的情况有哪些？应如何防范这些情况的发生？

参 考 文 献

崔国斌. 2016. 专利法：原理与案例[M]. 2版. 北京：北京大学出版社.

冯晓青，刘友华. 2010. 专利法[M]. 北京：法律出版社.

吴汉东. 2019. 知识产权法学[M]. 7版. 北京：北京大学出版社.

知识产权出版社. 2013.《专利法》及《专利法实施细则》历次修改对照本[M]. 北京：知识产权出版社.

中国法制出版社. 2019. 中华人民共和国知识产权法律法规全书[M]. 北京：中国法制出版社.

中国法制出版社. 2019. 知识产权法及司法解释新编[M]. 北京：中国法制出版社.

周庆山. 2003. 信息法[M]. 北京：中国人民大学出版社.

朱庆华，颜祥林，袁勤俭. 2017. 信息法教程[M]. 3版. 北京：高等教育出版社.

第四章　商标权制度

学习目标

通过本章的学习，了解我国商标权法律制度的现状；认识商标的概念、功能、种类及与邻近标记之间的关系；熟悉商标注册的法定条件和主体要求；初步掌握商标申请与审批的原则、流程及商标使用管理的各项规定；掌握商标权的权利内容及商标权侵权行为的相关内容。

本章导语

商标在市场经济中扮演着非常特殊和重要的角色。随着商标价值的日益凸显，商标侵权案例也逐渐增多。商标制度的起源最早可追溯至 19 世纪，而现代商标制度则以 1883 年的《保护工业产权巴黎公约》为起点。《中华人民共和国商标法》于 1982 年 8 月颁布，并且在 1993 年 2 月、2001 年 10 月、2013 年 8 月及 2019 年 4 月进行了修正。商标法在维护商品信誉、保障市场公平竞争、促进市场经济飞速发展等方面起到了关键的作用。

第 一 节　商 标 概 述

一、商标的概念和功能

商标是用来区别一个经营者的品牌或服务和其他经营者的商品或服务的标记。商标的起源可追溯到古代社会，当时的工匠或经营者将名字或特殊"标记"印制在其完成的作品或制作的物品上，这种方式逐渐演变成为商标注册和保护制度。

▶思考题：查询资料并说一说我国古代有哪些较早出现的商标。

（一）商标的概念

商标的含义和概念是商标法中最为核心的内容，不同国家的商标法对商标的概念定义是不相同的。比如，《法国知识产权法典》把商标定义为"制造、商业或服务商标，是指用于区别自然人或法人的商品或服务，并可用书写描绘的标记"。《英国商标法》对商标的定义为："在本法中，商标指任何能够以图示表示的，能够将某一企业的商品或服务与其他企业的商品或服务区分开来的标记。"世界贸易组织协定中的规定，即 TRIPs 第十五条第一款规定："任何标记或标记的组合，只要能够将一企业的货物和服务区别于其他企业的货物和服务，即能够构成商标。此类标记，特别是单词，包括人名、字母、数字、图案的成分和颜色的组合以及任何此类标记的组合，均应符合注册为商标的条件。如标记无固有的区别有关货物或服务的特征，则各成员可以由通过使用而获得的显著性作为注册的条件。各成员可要求，作为注册的条件，这些标记应为视觉上可感知的。"《中华人民共和国商标法》第八条规定：任何能够将自然人、法人或者其他组织的商品与他人的商品区别开的标志，包括文字、图形、字母、数字、三维标志、颜色组合和声音等，以及上述要素的组合，均可以作为商标申请注册。商标的主要形式如表 4-1 所示。

表 4-1　平面商标及示例

商标形式	含义	举例
文字商标	商标的构成要素为纯文字，不含有其他图形成分的商标	熊猫
图形商标	由纯图形要素构成的商标	标志汽车公司的徽标
字母商标	由外文字母或中文拼音字母等书写单位构成的商标	Haier
数字商标	由表示数目的文字或符号所构成的商标	555 香烟、101 胶水
颜色商标	我国规定颜色商标须为两种以上的颜色组合	宝马公司蓝白相间的螺旋图案
组合商标	由上述文字、图形、字母、颜色组合而成的商标	七匹狼

（二）商标的功能

一般来说，商标的功能主要表现在以下三个方面。

（1）认知功能。认知功能是指商标可以用来区分商品或服务的来源和种类。认知功能也被称为区别和识别功能。市场上同一种商品和服务的生产厂家或服务者为数众多，正因为商标具有认知功能，才可以让消费者在众多的同类竞争商品或者服务中识别基本的功能和作用及发现优质的产品。

（2）品质保证功能。商标可以标志商品或服务的质量（刘春田，2015）。因为经营者或服务者的经营能力和水平不同，所以产品和服务在质量上存在差异，但是同一经营者或服务者所提供的同一种产品或服务在质量上相对持平，商标则是该经营者或服务者生产或服务质量的代表或标识。消费者可以通过该商标了解经营者或服务者所提供的商品或服务的质量。

（3）广告功能。商标可以用来开拓市场，宣传商品和服务。该功能是由认知功能和品质保证功能延伸和发展出来的，正因为消费者认可该商标所代表的产品和服务的质量，进而认同该生产或服务者所提供的商品和服务，最终才实现了购买行为。

二、商标的分类

从现代市场经济和商业体系来看，商标涉及的范围越来越广泛，使用范围也越来越广泛，按照不同标准可以从不同的角度将商品划分为多种类型，常用的商标分类如下。

（一）按产品类型划分

按产品类型划分，可以将商标划分为商品商标和服务商标。商品商标指的是商品的生产者或经营者为了使自己生产或经营的商品与他人所生产或经营的商品相区分而使用的标志，如体育用品上的"ANTA"标记即为商品商标。服务商标指的是服务的经营者为将自己提供的服务与他人提供的服务相区别而使用的标志，如航空运输业的"南方航空"标记，金融业的"工商银行"标记等均为服务商标。

（二）按表现形式划分

按照商标的表现形式可以将其划分为视觉商标、听觉商标、味觉商标和嗅觉商标。嗅觉商标目前在我国尚不能够注册。

视觉商标指的是其构成要素为可视化的文字、图形、颜色、三维标志及以上要素的组合。视觉商标是商标的常见形式，包括平面商标和立体商标两种。

平面商标主要指的是商品的各种标记要素均呈现在同一水平面上的商标。立体商标是指由三维立体图形所构成的商标，以产品的外形或产品的长、宽、高三维标志为构成要素的商标。我国的商标法于 2001 年后增加了对立体商标的保护，《中华人民共和国商标法》第十二条为防止不适当的注册，对用三维标志申请注册商标进行了一些限制。其中明确规定"仅由商品自身的性质产生的形状、为获得技术效果而需有的商品形状或者使商品具有实质性价值的形状，不得注册"。

2013 年修订后的《中华人民共和国商标法》增加了可以注册的商品要素规定。比如，

经典案例：立体商标
第一案

声音标志可以作为商标注册。声音商标当中较为成功的例子包括米高梅公司的狮子吼声音、苹果的电脑开机声音及摩托罗拉的手机开机音乐等。这些声音商标长期以来在消费者脑中形成了固有印象，即使不看商标标识，也能够从声音中辨识该品牌，其特定的旋律和音色具有极高识别性，在其所属的公司或商家与消费者之间建立了紧密联系。

（三）按使用主体划分

按照使用主体可以将商标划分为制造商标和销售商标。制造商标也称为生产商标，是指生产者在自己制造的商品上使用的商标，其作用是区别于不同的生产厂家及其厂家生产的产品，如蒙牛、伊利等都是制造商标。企业使用制造商标的目的主要在于将其企业特色和其生产的产品与其他厂家所生产的同类产品相区别，以便于增强自身的竞争力，获得更多的市场份额，扩大公司规模。

销售商标指的是商品销售者使用的一种标志。使用销售商标的主要目的是将其和其他厂家生产的产品进行区分，提高商家的信誉。

（四）按组合策略划分

按照商标的重要程度和战略定位，可以将商标划分为主商标和从商标。主商标即对企业最重要的商标，从商标包括联合商标和防御商标。这两种商标的共同点在于它们是主商标的从属商标。

联合商标是相对于主商标而言的卫星商标。卫星商标是商标所有人将近似于主商标并使用于主商标指定的商品或者类似商品上的若干商标申请注册而形成的一系列商标，如"老干妈"公司围绕"老干妈"品牌，注册了"老干爹""老干爸""老大妈"等近 200 个商标，形成了"老干妈"商标护城河，即为联合商标的例子。我国商标法虽然没有对联合商标的明文规定，但是《中华人民共和国商标法实施条例》第三十一条规定：转让注册商标的，商标注册人对其在同一种或类似商品上注册的相同或者近似的商标应当一并转让。

▶思考题：企业注册联合商标的目的是什么？

许多国家的商标法都规定了防御商标制度。商标权人以与其注册商标相同的商标，申请注册使用与该注册商标核定使用的商品既不相同也不类似的商品上，从而在该非类似商品上享有禁止权。由此，防御商标是指同一所有人将与其注册商标相同的商标在非类似商品上分别申请注册并经核准的商标，如我国的 TCL 集团不仅在彩电、空调等产品上注册了 TCL 商标，而且在其他类别商品上也注册了 TCL 商标。又如，德国宝马公司不仅在汽车上申请注册了 BMW 商标，还在服装、自行车等商品上注册了 BMW 商标。建立防御商标制度，不仅能够保护企业的驰名商标，还可以维护消费者的利益。

（五）按照特殊作用划分

按照商标的特殊作用划分，能够将其划分为集体商标和证明商标。集体商标指的是以团体协会或者其他组织的名义注册，供该组织成员在商事活动中使用，以表明使用者在该组织中的成员资格的标志。其使用的目的更加强调向公众表明产品的性质、特征和同一集团成员的商品质量，注重集体信誉和公众形象。

证明商标和其他商标的区别较大。《中华人民共和国商标法》中第三条第三款对证明商标进行了相关表述，"是指由对某种商品或者服务具有监督能力的组织所控制，而由该组织以外的单位或者个人使用于其商品或者服务，用以证明该商品或者服务的原产地、原料、制造方法、质量或者其他特定品质的标志"。这种商标通常归某个具有监督功能的组织所有（如行业协会），其主要目的就是区分市场上的优质产品，为消费者提供一种高质量产品的认知区分服务。证明商标与集体商标有一个共同的特点，就是商标注册人虽然享有商标所有权，但是商标注册人自己不使用该商标，而是由商标注册人以外的主体按照规定的条件和手续使用该商标，但是证明商标的使用人不是商标注册人所属的成员。

此外，《中华人民共和国商标法实施条例》第四条指出："商标法第十六条规定的地理标志，可以依照商标法和本条例的规定，作为证明商标或者集体商标申请注册。以地理标志作为证明商标注册的，其商品符合使用该地理标志条件的自然人、法人或者其他组织可以要求使用该证明商标，控制该证明商标的组织应当允许。以地理标志作为集体商标注册的，其商品符合使用该地理标志条件的自然人、法人或者其他组织，可以要求参加以该地理标志作为集体商标注册的团体、协会或者其他组织，该团体、协会或者其他组织应当依据其章程接纳为会员；不要求参加以该地理标志作为集体商标注册的团体、协会或者其他组织的，也可以正当使用该地理标志，该团体、协会或者其他组织无权禁止。"

知识点　　　　　　　　　　**绿色食品标志**

图 4-1　绿色食品标志

　　绿色食品标志（图 4-1）作为特定的产品质量证明商标，1996 年已由中国绿色食品发展中心在国家市场监督管理总局注册，从而使绿色食品标志商标专用权受《中华人民共和国商标法》保护，这样既有利于约束和规范企业的经济行为，又有利于保护广大消费者的利益。绿色食品商标的具体特征包括：①强调产品出自最佳生态环境。绿色食品生产从原料产地的生态环境入手，通过对原料产地及其周围的生态环境因子的严格监测，判定其是否具备生产绿色食品的基础条件。②对产品实行全程质量控制。绿色食品生产实施"从土地到餐桌"全程质量控制。通过产前环节的环境监测和原料检测；产中环节具体生产、加工操作规程的落实，以及产后环节产品质量、卫生指标、包装、保鲜、运输、储藏、销售控制，确保绿色食品的整体产品质量，并提高整个生产过程的技术含量。③对产品依法实行标志管理。绿色食品标志是一个质量证明商标，属知识产权范畴，受《中华人民共和国商标法》保护。

　　　　　资料来源：http://www.greenfood.agri.cn/tzgg

（六）按知名度划分

　　按照商标的知名度，可以将商标划分为驰名商标和非驰名商标及一般商标。知名度是商标在公众当中的响应程度，或者说公众对商标所代表的产品质量或服务质量的认可程度。我国国家工商行政管理总局 2014 年 7 月所发布的《驰名商标认定和保护规定》第二条指出：驰名商标是在中国为相关公众所熟知的商标。相关公众包括与使用商标所标示的某类商品或者服务有关的消费者，生产前述商品或者提供服务的其他经营者以及经销渠道中所涉及的销售者和相关人员等。

　　我国对驰名商标的具体保护措施包括：一方面，规定就相同或者类似商品申请注册的商标，是复制、摹仿或者翻译他人未在中国注册的驰名商标，容易导致混淆的，不予注册并禁止使用；另一方面，对已经注册的驰名商标进行了特殊的保护。例如，《中华人民共和国商标法》第十三条第三款规定：就不相同或者不相类似商品申请注册的商标是复制、摹仿或者翻译他人已经在中国注册的驰名商标，误导公众，致使该驰名商标注册人的利益可能受到损害的，不予注册并禁止使用。

为了便于对驰名商标的认定,《中华人民共和国商标法》第十四条特别规定:"认定驰名商标应当考虑下列因素:(一)相关公众对该商标的知晓程度;(二)该商标使用的持续时间;(三)该商标的任何宣传工作的持续时间、程度和地理范围;(四)该商标作为驰名商标受保护的记录;(五)该商标驰名的其他因素。"

《中华人民共和国商标法实施条例》中还进一步细化了驰名商标的保护程序。比如,近年来企业争创驰名商标的积极性非常高,有些地方甚至把驰名商标作为政绩,由此引发了驰名商标注册狂潮,其中不乏一些误导或滥用的商标,包括一些不符合实际情况的商标,它们扰乱了市场,欺骗了消费者,因此。从 2014 年 5 月起,这些做法被明令禁止,《中华人民共和国商标法》第十四条明确规定:生产、经营者不得将"驰名商标"字样用于商品、商品包装或者容器上,或者用于广告宣传、展览以及其他商业活动中。

第二节 商 标 注 册

一、商标注册的法定条件

申请注册的商标,也就是商标权客体需要具备法定条件,否则无法注册。《中华人民共和国商标法》对具体条件和情况进行了详细规定和说明。

(一)商标的基本法定要素

商标的构成要素应当依据法律规定,不得任意选取。《中华人民共和国商标法》第八条规定:任何能够将自然人、法人或者其他组织的商品与他人的商品区别开的标志,包括文字、图形、字母、数字、三维标志、颜色组合和声音等,以及上述要素的组合,均可以作为商标申请注册。该规定排除了味觉和电子数据传输等作为商标的构成要素。

(二)商标的显著性要求

商标的显著性是指消费者可借助其区别商品的出处的独特性或可识别性。商标的特征越显著,其区别作用就越大。商标的独特性和可识别性是商标的根本属性。

《中华人民共和国商标法》第九条规定:"申请注册的商标,应当有显著特征,便于识别,并不得与他人在先取得的合法权利相冲突。"商标的显著性有以下两种来源。

(1)商标所固有的显著特征,如许多商标的题材涉及中外历史、人物、地理、文学及生物等,而且无论是选用哪种题材都能立意新颖,文字和图形各具特色,从而可以起到商标的识别作用,这类商标占注册商标的绝大多数。

(2)商标的构成要素本身缺乏显著特性,但通过较长时期的使用和凭借所标记商品的优良质量,为公众所熟知,进而使之具有识别商品出处的功能,这一来源即《中华人民共和国商标法》第十一条所述的"经过使用取得显著特征,并便于识别的,可以作为商标注册"。这类商标占注册商标的极少数,因此准予其注册只是商标注册的一种例外,如美国可口可乐公司的可口可乐商标，仅包含了制作该饮料的主要原料名称，本身不具有固有的显著特性，但因长期使用而为广大消费者所熟知，具有区别商品来源的识别功能，所以该商标在包括我国在内的100多个国家和地区获得注册。另外，在判断商标的显著特征时，可以将下列标准作为参考依据：①应区别于极其简单的符号；②应区别于他人及行业通用、共用的标志；③应区别于指定商品的标志。

（三）商标中不能使用的标志

不是所有符合商标构成要素且具有显著性的商标都能获得注册。《中华人民共和国商标法》第十条至十二条规定了禁止作为商标使用的标志。

（1）同中华人民共和国的国家名称、国旗、国徽、国歌、军旗、军徽、军歌、勋章等相同或者近似的，以及同中央国家机关的名称、标志、所在地特定地点的名称或者标志性建筑物的名称、图形相同的。

（2）同外国的国家名称、国旗、国徽、军旗等相同或者近似的，但经该国政府同意的除外。

（3）同政府间国际组织的名称、旗帜、徽记等相同或者近似的，但经该组织同意或者不易误导公众的除外。

（4）与表明实施控制、予以保证的官方标志、检验印记相同或者近似的，但经授权的除外。

（5）同"红十字""红新月"的名称、标志相同或者近似的。

（6）带有民族歧视性的。

（7）带有欺骗性，容易使公众对商品的质量等特点或者产地产生误认的。

（8）有害于社会主义道德风尚或者有其他不良影响的。

（9）县级以上行政区划的地名或者公众知晓的外国地名，不得作为商标。但是，地名具有其他含义或者作为集体商标、证明商标组成部分的除外；已经注册的使用地名的商标继续有效。

（10）仅有本商品的通用名称、图形、型号的。

（11）仅直接表示商品的质量、主要原料、功能、用途、重量、数量及其他特点的。

（12）其他缺乏显著特征的。上述所列标志经过使用取得显著特征，并便于识别的，可以作为商标注册。

（13）以三维标志申请注册商标的，仅由商品自身的性质产生的形状、为获得技术效果而需有的商品形状或者使商品具有实质性价值的形状，不得注册。

二、注册申请的主体

（一）一般性规定

《中华人民共和国商标法》第四条规定："自然人、法人或者其他组织在生产经营活动中，对其商品或者服务需要取得商标专用权的，应当向商标局申请商标注册。"商品的生产者、经销者和服务提供者，一般都可以申请商标注册成为商标权人，而生产者、经销者和服务提供者可以包括自然人、法人或者其他组织。

由于商标可以作为一种无形资产进行经营，因而在我国出现了背离商标法立法宗旨的现象，即部分自然人并无意将其申请注册的商标用于实际的生产、经营或服务活动，或者根本没有自己的生产、经营或服务活动，其目的在于待价而沽，进行商标的投机买卖。为遏制个人恶意抢注商标，稳定商标市场秩序，有关部门出台了《自然人办理商标注册申请注意事项》（2007 年 2 月 12 日开始执行）限制以自然人名义申请注册商标。其中第四条规定："自然人提出商标注册申请的商品和服务范围，应以其在营业执照或有关登记文件核准的经营范围为限，或者以其自营的农副产品为限。"

（二）共有人规定

两个以上的自然人、法人或者其他组织可以共同向国家知识产权局商标局申请注册同一商标，共同享有和行使该商标专用权。《中华人民共和国商标法实施条例》第十六条规定："共同申请注册同一商标或者办理其他共有商标事宜的，应当在申请书中指定一个代表人；没有指定代表人的，以申请书中顺序排列的第一人为代表人。"由于商标本身具有专有性的要求，因而商标共同申请通常是各方协商的结果。同时针对商标的特性，还应注意一些特殊问题，如共有商标转让、质押时，应征得每个共有人同意。

（三）外国主体规定

外国人或外国企业可以成为中国的商标权人，但必须符合《中华人民共和国商标法》第十七条规定的条件：应当按其所属国和中华人民共和国签订的协议或者共同参加的国际条约办理，或者按对等原则办理。这里的"外国人或外国企业"是指在中国没有经常居所或者营业所的外国人或者外国企业，在中国境内依据中国法律设立的外资企业、中外合资经营企业的法人是中国法人，不按外国人对待，同时外国人或者外国企业在中国申请商标注册和办理其他商标事宜的，应当委托国家认可的具有商标代理资格的组织代理。

三、申请的原则与程序

商标注册是指商标申请人为了取得商标专用权，将其使用和准备使用的商标，依照法定的条件原则和程序，向国家知识产权局商标局提出注册申请，经国家知识产权局商标局审查核准，予以注册的法律制度。

（一）自愿注册与强制注册相结合的原则

是否需要取得商标专用权，由自然人、法人或者其他组织自己决定。未注册商标允许使用，但不具有商标专用权。国家规定必须使用注册商标的商品，必须申请商标注册，未经核准注册的不得在市场销售。我国规定必须注册的商品包括人用药品、烟草制品等。这些商品对国家经济或人民健康有重要的影响，对其采取商标强制注册，对宏观管理和监督有一定的益处。

　　▶思考题：请查阅相关资料后回答哪些商品必须使用注册商标？为什么？

（二）申请在先与使用在先相结合的原则

　　申请在先原则是确定商标授权的主要原则，而使用在先是对申请在先原则的补充，以使其完善。当两个或两个以上当事人申请具有权益冲突的商标时，如在同一种商品或者类似商品上具有相同或者近似商标，按申请在先原则将商标权授予申请在先的一方。若同时申请则授权使用在先的一方。若均未使用，则通过抓阄决定。而对于高知名度商标，尤其是驰名商标，在商标授权方面给予特别的保护，不仅驳回不正当的抢先申请，还可以请求撤销不当注册。

（三）书面表现原则

　　《中华人民共和国商标法》第二十二条第三款规定："商标注册申请等有关文件，可以以书面方式或者数据电文方式提出。"申请商标注册，应当按照公布的商品和服务分类表填报。每一件商标注册申请时应当向国家知识产权局商标局提交《商标注册申请书》1份、商标图样1份；以颜色组合或者着色图样申请商标注册的，应当提交着色图样，并提交黑白稿1份；不指定颜色的，应当提交黑白图样；以三维标志申请商标注册的，应当在申请书中予以声明，说明商标的使用方式并提交能够确定三维形状的图样，提交的商标图样应当至少包含三面视图；以颜色组合申请商标注册的，应当在申请书中予以声明，说明商标的使用方式；以声音标志申请商标注册的，应当在申请书中予以声明，提交符合要求的声音样本，对申请注册的声音商标进行描述，说明商标的使用方式，应当以五线谱或者简谱对申请用作商标的声音加以描述，并附加文字说明，无法以五线谱或者简谱描述的，应当以文字加以描述，商标描述与声音样本应当一致。

　　商标注册的申请日期以国家知识产权局商标局收到申请书件的日期为准，但申请手续不齐全或者未按规定填写申请书件的予以退回，申请日期不予保留。申请手续基本齐全或者申请书件基本符合规定，但是需要补正的，国家知识产权局商标局通知申请人予以补正，按期补正并交回国家知识产权局商标局的保留申请日，未做补正或者超过期限补正的予以退回，申请日不予保留。

（四）优先权原则

　　《中华人民共和国商标法》第二十五条明确了优先权原则："商标注册申请人自其商标在外国第一次提出商标注册申请之日起六个月内，又在中国就相同商品以同一商标提出商标注册申请的，依照该外国同中国签订的协议或者共同参加的国际条约，或者按照相互承认优先权的原则，可以享有优先权。依照上述规定要求优先权的，应当在提出商标注册申请的时候提出书面声明，并且在三个月内提交第一次提出的商标注册申请文件的副本；未提出书面声明或者逾期未提交商标注册申请文件副本的，视为未要求优先权。"

（五）其他注册情况

（1）另行注册。注册商标需要在核定使用范围之外的同一商品上使用的，应当另行提出注册申请。商标权以核定使用的商品为限，商标权人不得擅自扩大使用商品的范围，即使是同一类商品也不能例外。随着企业经营范围的扩大，商标权人有时需要把注册商标扩大使用到原来没指定的商品上，这时必须重新办理申请手续。

（2）重新注册。注册商标需要改变其标志的，应当重新提出注册申请。因为一个商标中任何的改变都会使商标不再是原来的商标。商标权人只对原来已注册的商标享有专用权，而对改变了的商标没有专用权。如果要取得改变后商标的专用权，必须重新申请注册。

（3）变更注册。注册商标需要变更注册人名义地址或者其他注册事项的，应当提出变更申请。行政区划变更、企业联营、行业调整、厂址迁移等引起企业名称、地址、邮编等注册事项变化的，商标注册人应向国家知识产权局商标局交送变更申请书，并交回原《商标注册证》。经国家知识产权局商标局核准后，将原《商标注册证》加注发还。

四、商标与邻近标记

邻近标记指的是除商标以外的用于标示商品或服务的标记，如企业的商品名称、企业产品的外包装、企业总部的装潢、企业的商号，还有企业产品的产地等其他与商标之间有密切联系的元素，当然商标和邻近标记之间也存在一定的区别。

（一）商标与商品名称

商品名称是指用以区别其他商品而使用在本商品上的称谓，以达到将两种商品区别开的目的，一般可分为商品的通用名称和特有名称。商品的通用名称是对同一类商品的一般称呼，如汽车、电视机、电脑等；商品的特有名称是用以表明该商品的产地、性能、特点的商品名称，如泸州老窖、五粮液酒、云南白药牙膏等。

商标与商品名称既有联系又有区别。一般而言，当某一商标丧失表明其自身特征的标识时，该商标就逐渐退化为商品的通用名称，如"阿司匹林""凡士林""吉普"等。因此，没有商标就没有商品名称，如果只有商品名称而没有商标，则说明商标已经失了去其原有的功能，不能起到标示商品特征的作用。

商标与商品名称有着非常明显的区别。商品的通用名称不得作为商标注册。符合法律规定的特有名称可注册为商标。

（二）商标与商品装潢

商品装潢是用来装饰、美化、宣传商品的附着物或包装物，其目的是保护和美化商品，引起消费者的需求欲望。商标与商品装潢都可以由文字、图形、字母、数字、三维标志和颜色组合等要素构成，且都用于标识商品，二者结合得非常紧密。二者的主要区别在于以下方面。

（1）使用商标的目的在于区别不同经营者的商品，而使用商品装潢则是为了美化、宣传商品，以吸引更多的消费者。

（2）商标具有专有性和排他性，在设计上不仅要保持商标的显著性，还要保持稳定性，一经核准注册不得擅自改变。商品的装潢可以根据审美标准、营销策略和消费者的需要不断改进和升级。

（3）商标不能用直接表示商品原料、功能、重量、质量等方面的文字图形或者其组合来设计，但是商品的装潢则没有这种限制。

（4）商标主要受到《中华人民共和国商标法》的保护，而商品装潢主要受到《中华人民共和国著作权法》和《中华人民共和国反不正当竞争法》的保护。

（三）商标与商号

商号（或字号）又称厂商名称。在我国有关企业名称登记的法律中，商号是企业名称中的一部分，它是用于区别一家企业的营业与另一家企业的营业的标记。古代的招牌或幌子就是用于辨别不同的作坊与店铺的。在相关的国际公约如《保护工业产权巴黎公约》中，企业对其商号拥有商号权，这项权利归属工业产权范畴。在我国，对商号权的保护主要通过《企业名称登记管理规定》实现。

与商标相比，商号有自己的特点。例如，商号的时间期限一般为企业的存续时间，因为商号对商业组织具有绝对的从属性；在我国，商标不注册也可以使用，而商号不经登记不得使用，商业组织要进行正常的商业活动就必须有自己的商号；商号的使用具有明显的地域性，商号的登记实行区域管理；一般商号的识别性不太强，因为商号仅为文字；对于知名度较高的商号或商标，有时尽管使用商标与商号的商品或服务不同，但是由于商号或商标的知名度，极有可能使消费者认为使用商号与商标的经济组织为一方或有业务上的关联；一个企业可以拥有多个商标，但只能有一个商号。

商标与商号均是企业经营活动中不可缺少的要素，两者之间联系密切，尤其是 20 世纪 90 年代以来，许多企业将其驰名商标与企业名称相统一，以起到既标志商品或服务又代表企业形象的双重作用。

经典案例：中国国际信托投资公司诉四川中信旅行社不正当竞争、商标侵权案

（四）商标与产地标记/原产地名称

产地标记又称货源标记，它是用于表明一种产品来源于某一特定的

国家、地区、地方或场所，而由表示一个国家、地区、地方或场所的名称、符号或图形构成的标记，如"中国制造"等。其目的仅仅是指明产品或服务的来源地。19 世纪下半叶以来，国际社会就开始重视对产地标记的保护。例如，《保护工业产权巴黎公约》中就将产地标记列入知识产权的保护范围。在我国主要适用的法律为《中华人民共和国反不正当竞争法》，该法第八条规定：经营者不得对其商品的性能、功能、质量、销售状况、用户评价、曾获荣誉等作虚假或者引人误解的商业宣传，欺骗、误导消费者。经营者不得通过组织虚假交易等方式，帮助其他经营者进行虚假或者引人误解的商业宣传。

原产地名称又称地理名称。1958 年的《保护原产地名称及其国际注册里斯本协定》使用了"原产地名称"一词，并在第二条中对其进行了界定。TRIPs 中使用了"地理标识"一词，该协定第二十二条对地理标识的定义是："识别一货物来源于一成员领土或该领土内一地区或地方的标识，该货物的特定质量、声誉或其他特性主要归因于其地理来源。"《中华人民共和国商标法》第十六条第二款指出"地理标志"是指：标示某商品来源于某地区，该商品的特定质量、信誉或者其他特征，主要由该地区的自然因素或者人文因素所决定的标志，具体如"山西汾酒""杭州丝绸""烟台苹果"等。

由于原产地名称代表着商品的质量和声誉，具有产地标记所不具备的品质保证的特点，它能够直接影响消费者的消费决策。因此，对原产地名称的保护也就显得更为重要。目前来看，各国的立法以及有关国际条约对原产地名称都提供了更为完备的保护。TRIPs 第二十二条规定："就地理标识而言，各成员应向利害关系方提供法律手段以防止：（一）在一货物的标志或说明中使用任何手段标明或暗示所涉货物来源于真实原产地之外的一地理区域，从而在该货物的地理来源方面使公众产生误解。"《中华人民共和国商标法》第十六条第一款也有类似规定："商标中有商品的地理标志，而该商品并非来源于该标志所标示的地区，误导公众的，不予注册并禁止使用；但是，已经善意取得注册的继续有效。"

原产地名称虽然具有标识特定商品的作用，但与商标存在一定区别。两者标识的对象范围不同，商标标识的是某一企业与其他企业的同类产品和服务，而原产地名称则是用以区别一地区与任何其他地区出产的同种产品，因此同一种商品或类似商品的特定商标只能为一个主体所专用，而某一原产地名称则可由该地域范围内的经营具有同一特点的同种产品的所有企业共用，这些企业除了使用共同的原产地名称以外，又独自拥有自己的商标。

五、审查与核准

商标注册申请提出后，还需要进行一定的审查，其目的是判断申请的商标是否符合法律规定，是否违反禁用条款，是否与已经注册的商标在同一商品或者类似商品上相同或者近似，是否有损于社会公德和公共利益，政治上是否有不良的影响等。

我国的商标审查既进行形式审查又进行实质审查。形式审查是指对商标注册的申请进行审查，确认其是否具备法定条件和手续，从而确定是否受理该申请。审查内容包括：申请人的资格和申请程序；申请人提交的申请文件是否齐全，所填写的内容是否符合要求；是否已缴纳了有关费用；是否符合商标申请的有关原则；商标的申请日期等。实质审查是指对申请注册商标的构成要素是否符合法定条件，以及商标是否混同等进行审查。

实质审查是决定商标申请能否取得授权的关键环节。审查内容包括：商标的种类和显著特征是否符合《中华人民共和国商标法》的规定，违者驳回申请，不予注册；商标的构成要素是否符合《中华人民共和国商标法》规定的禁用条款，违者予以驳回；商标是否与他人在同一种或类似商品上注册的商标相同或相似。对申请注册的商标，国家知识产权局商标局应当自收到商标注册申请文件之日起九个月内审查完毕。符合《中华人民共和国商标法》有关规定的，予以初步审定公告。对初步审定公告的商标，自公告之日起三个月内，先权利人、利害关系人或者其他人认为违反《中华人民共和国商标法》相关规定的，可以向国家知识产权局商标局提出异议。公告期满无异议的予以核准注册，发给商标注册证。商标注册申请人此时就享有了该商标的专用权。

第三节　注册商标的使用和管理

一、注册商标使用管理

注册商标的使用管理是指商标管理机关对注册商标使用人是否依法在核定使用的商品上正确使用其核准注册的商标进行监督，同时对注册商标的商品的质量进行监督的行政管理行为。我国现行《中华人民共和国商标法》及其实施条例对注册商标使用管理规定的内容主要有四点。

（一）方法使用是否正确

《中华人民共和国商标法实施条例》第六十三条规定："使用注册商标，可以在商品、商品包装、说明书或者其他附着物上标明'注册商标'或者注册标记。注册标记包括⊛或®。使用注册标记，应当标注在商标的右上角或者右下角。"这是注册商标专用权的标志，商标管理以此为依据。

（二）行为开展是否合理

《中华人民共和国商标法》第四十九条规定："商标注册人在使用注册商标的过程中，自行改变注册商标、注册人名义、地址或者其他注册事项的，由地方工商行政管理部门责令限期改正；期满不改正的，由商标局撤销其注册商标。注册商标成为其核定使用的商品的通用名称或者没有正当理由连续三年不使用的，任何单位或者个人可以向商标局申请撤销该注册商标。商标局应当自收到申请之日起九个月内做出决定。有特殊情况需要延长的，经国务院工商行政管理部门批准，可以延长三个月。"

（三）已撤销/注销商标的管理

注册商标被撤销或注销后，商标专用权终止，但商标在市场上的影响还存在。为了避免消费者误认这类商标，《中华人民共和国商标法》第五十条规定："注册商标被撤销、被宣告无效或者期满不再续展的，自撤销、宣告无效或者注销之日起一年内，商标局对与该商标相同或者近似的商标注册申请，不予核准。"

（四）商标注册证的管理

《商标注册证》是注册商标所有人的法律凭证。《商标注册证》遗失或者破损的，应当向国家知识产权局商标局申请补发。《中华人民共和国商标法实施条例》第六十四条第三款规定："伪造或者变造《商标注册证》或者其他商标证明文件的，依照刑法关于伪造、变造国家机关证件罪或者其他罪的规定，依法追究刑事责任。"

二、未注册商标的使用和管理

我国商标注册的原则是自愿注册与强制注册相结合。我国允许未注册的商标存在和使用，但是并不意味着未注册的商标能够任意使用，从保护注册商标专用权和维护消费者利益的角度出发，商标管理机关仍然要对未注册商标的使用进行管理。

（一）不得冒充注册商标

使用未注册的商标时，不得冒充注册商标标上"注册商标"或注册标记。将未注册商标冒充注册商标使用的，由地方工商行政管理部门予以制止，限期改正，并可以予以通报或者处以罚款。

（二）不得违反《中华人民共和国商标法》禁止的条款

未注册商标可以使用，但其标志不得违反《中华人民共和国商标法》第十条的禁用规定。对违反上述规定的，工商行政管理部门应予以制止，限期改正，并可以予以通报或者处以罚款。

（三）不得隐藏法规规定披露的信息

为了更有效地对商品的质量进行监督，维护消费者的权益，国家工商行政管理总局曾在 1985 年 7 月 15 日发出通知：未注册商标应当在商品和包装上标明企业名称和地址。商品上不便标明的，必须在包装上标明，违反者要从严查处，没收其违法所得。

第四节　商标权及其保护

商标权是商标法确认和保护的商标权人对其注册商标享有的专用权。其主体是商标权人（即注册商标的所有人），客体是注册商标。《中华人民共和国商标法》第五十六条规定："注册商标的专用权，以核准注册的商标和核定使用的商品为限。"核准注册的商标是指经相关部门核准注册商标的文字、图形、字母、数字、三维标志、颜色组合和声音等，以及上述要素的组合；核定使用的商品是指经批准使用该注册商标的商品。

一、商标权的内容

商标权的概念不是单一概念，从内涵和外延看，商标权是一个集合概念，涵盖了商标所有权和与之相联系的商标专用权、续展权、许可使用权、转让权等权利的概念。

（一）专用权

专用权是商标权中最重要的权利，即商标权人对其注册商标享有独占性使用权。商标使用是指把注册商标用于商品、商品包装或者容器上，或者出于商业目的把商标用于各种广告宣传及商品交易文书上，或者用于展览及其他商品营销活动中。商标权人除了自己使用商标外，也可以将注册商标转让给他人或者允许他人使用，其他人未经许可的使用属于侵权行为。

（二）续展权

注册商标的有效期为十年，自核准注册之日起计算。注册商标有效期满需要继续使用的，商标注册人应当在期满前十二个月内按照规定办理续展手续；在此期间未能办理的可以给予六个月的宽展期。每次续展注册的有效期为十年，自该商标上一届有效期满次日起计算。

（三）许可使用权

商标的许可使用是指商标权人将注册商标许可他人使用，但被许可人要支付一定的使用费，该权利是一项从属权利，是从专用权中派生出来的。商标许可制度是国际上通行的一种制度。《中华人民共和国商标法》第四十三条赋予商标权人许可使用权，同时规定了一些限制性条件："商标注册人可以通过签订商标使用许可合同，许可他人使用其注册商标。许可人应当监督被许可人使用其注册商标的商品质量。被许可人应当保证使用该注册商标的商品质量。经许可使用他人注册商标的，必须在使用该注册商标的商品上标明被许可人的名称和商品产地。许可他人使用其注册商标的，许可人应当将其商标使用许可报商标局备案，由商标局公告。商标使用许可未经备案不得对抗善意第三人。"

最高人民法院《关于审理商标民事纠纷案件适用法律若干问题的解释》第三条列明了商标许可使用合同的三种形式。

（1）独占使用许可，是指商标注册人在约定的期间、地域和以约定的方式，将该注册商标仅许可一个被许可人使用，商标注册人依约定不得使用该注册商标。

（2）排他使用许可，是指商标注册人在约定的期间、地域和以约定的方式，将该注册商标仅许可一个被许可人使用，商标注册人依约定可以使用该注册商标但不得另行许可他人使用该注册商标。

（3）普通使用许可，是指商标注册人在约定的期间、地域和以约定的方式，许可他人使用其注册商标，并可自行使用该注册商标和许可他人使用其注册商标。

（四）转让权

商标权人在商标有效期内，可依法将注册商标转让给他人。转让经核准后，转让人丧失专用权，受让人获得专用权。转让注册商标时，转让人和受让人应当共同向国家知识产权局商标局提出申请，且转让时需满足下列条件：商标注册人要将其在同一种或类似商品上注册的相同或近似商标一并办理转让，以防止商品出处混淆；商标注册人如果已许可他人使用其注册商标，必须征得被许可人的同意，才能将注册商标转让给第三者，否则不能申请转让注册；为了维护商标的信誉，受让人必须保证使用该注册商标的商品的质量；转让人用药品、烟草制品注册商标时，必须附送主管机关的证明文件等。

二、注册商标专用权的保护

注册商标专用权的保护是指国家运用法律手段制定一整套包括行政和司法程序在内的保护措施，防范、制止和制裁各种侵权行为，以确保注册商标所有人的商标专用权得以实现，不被侵害。此外，保护商标专用权是《中华人民共和国商标法》的核心，也是商标管理机关的主要任务和司法机关的重要任务。

（一）商标权保护范围

注册商标专用权以核准注册的商标和核定使用的商品为限。对商标权人而言，只在核准注册的商标和核定使用的商品范围内享有专用权。这个范围是严格限定的。法律不允许商标权人擅自改变注册商标的文字、图形等或将注册商标用到核定商品以外的其他商品上。而商标专用权的保护却大大超出了这一范围，扩大到了核准注册商标的近似商标及核定使用商品的类似商品上，造成商标权人专用权与对他人的禁止权不完全一致的情况。禁止权的范围比专用权大，只有形成权利范围的差异，才能对商标专用权进行有效的保护，因为不同人在同一种商品或类似商品上使用与注册商标相同或近似的商标都有可能造成商品来源的误认。

（二）一般商标侵权行为

商标侵权行为是指未经商标所有人同意，擅自使用与注册商标相同或近似的标志，或者妨碍商标所有人使用注册商标，并可能造成消费者产生混淆的行为。依据《中华人民共和国商标法》第七章和《中华人民共和国商标法实施条例》第七章的有关规定，侵害他人注册商标专用权的行为分为两种，一是一般商标侵权行为，二是构成犯罪的商标侵权行为。前者只承担行政或民事制裁责任，后者触犯刑律须要承担刑事责任。

依据《中华人民共和国商标法》第五十七条、《中华人民共和国商标法实施条例》第七十五条和第七十六条的规定，商标侵权主要表现为以下几种：①未经商标注册人的许可，在同一种商品上使用与其注册商标相同的商标的。②未经商标注册人的许可，在同一种商品上使用与其注册商标近似的商标，或者在类似商品上使用与其注册商标相同或者近似的商标，容易导致混淆的，如在同一种商品或者类似商品上，将与他人注册商标相同或者近似的标志作为商品名称或者商品装潢使用，误导公众的。③销售侵犯注册商标专用权的商品的。④伪造、擅自制造他人注册商标标识或者销售伪造、擅自制造的注册商标标识的。⑤未经商标注册人同意，更换其注册商标并将该更换商标的商品又投入市场的。⑥故意为侵犯他人商标专用权行为提供便利条件（如仓储、运输、邮寄、印制，隐匿、经营场所，网络商品交易平台等），帮助他人实施侵犯商标专用权行为的。⑦给他人的注册商标专用权造成其他损害的。

此外，《中华人民共和国商标法》第五十八条规定："将他人注册商标、未注册的驰名商标作为企业名称中的字号使用，误导公众，构成不正当竞争行为的，依照《中华人民共和国反不正当竞争法》处理。"同时，《中华人民共和国商标法》第六十一条规定：对侵犯注册商标专用权的行为，工商行政管理部门有权依法查处；涉嫌犯罪的，应当及时移送司法机关依法处理。《中华人民共和国商标法实施条例》第七十七条规定：对侵犯注册商标专用权的行为，任何人可以向工商行政管理部门投诉或者举报。

对于侵犯注册商标专用权的，依据《中华人民共和国商标法》第六十条和第六十三条规定，工商行政管理机关可采取下列三项措施予以处罚。①责令停止侵权。包括责令立即停止侵权行为，没收、销毁侵权商品和主要用于制造侵权商品、伪造注册商标标识的工具。②处以罚款。违法经营额五万元以上的，可以处违法经营额五倍以下的罚款。没有违法经营额或者违法经营额不足五万元的，可以处二十五万元以下的罚款。对五年内实施两次以上商标侵权行为或者有其他严重情节的，应当从重处罚。但也有例外的情形，即销售不知道是侵犯注册商标专用权的商品，能证明该商品是自己合法取得并说明提供者的，由工商行政管理部门责令停止销售。③责令赔偿被侵权人的经济损失。工商行政管理机关可以应被侵权人的请求，责令侵权人赔偿损失。赔偿数额，按照权利人因被侵权所受到的实际损失确定；实际损失难以确定的，可以按照侵权人因侵权所获得的利益确定；权利人的损失或者侵权人获得的利益难以确定的，参照该商标许可使用费的倍数合理确定。对恶意侵犯商标专用权，情节严重的，可以在按照上述方法确定的数额的一倍以上五倍以下确定赔偿数额。赔偿数额应当包括权利人为制止侵权行为所支付的合理开支。权利人因被侵权所受到的实际损失、侵权人因侵权所获得的利益、注册商标许可使用费难以确定的，由人民法院根据侵权行为的情节判决给予五百万元以下的赔偿。人民法院审理商标纠纷案件，应权利人请求，对属于假冒注册商标的商品，除特殊情况外，责令销毁；对主要用于制造假冒注册商标的商品的材料、工具，责令销毁，且不予补偿；或者在特殊情况下，责令禁止前述材料、工具进入商业渠道，且不予补偿。假冒注册商标的商品不得在仅去除假冒注册商标后进入商业渠道。

（三）构成犯罪的商标侵权行为

《中华人民共和国商标法》第六十七条规定："未经商标注册人许可，在同一种商品上使用与其注册商标相同的商标，构成犯罪的，除赔偿被侵权人的损失外，依法追究刑事责任。伪造、擅自制造他人注册商标标识或者销售伪造、擅自制造的注册商标标识，构成犯罪的，除赔偿被侵权人的损失外，依法追究刑事责任。销售明知是假冒注册商标的商品，构成犯罪的，除赔偿被侵权人的损失外，依法追究刑事责任。"

在《中华人民共和国刑法》分则第三章第七节"侵犯知识产权罪"中确定了三种侵犯商标权罪。

（1）假冒注册商标罪。《中华人民共和国刑法》第二百一十三条规定："未经注册商标所有人许可，在同一种商品、服务上使用与其注册商标相同的商标，情节严重的，处三年以下有期徒刑或者拘役，并处或者单处罚金；情节特别严重的，处三年以上十年以下有期徒刑，并处罚金。"构成犯罪的假冒注册商标行为都属于情节严重或者特别严重。例如，假冒商标的商品造成人身伤害甚至危及生命的；假冒数量大、次数多、持续时间长、牟取非法利润较大或者手段恶劣的；假冒行为造成了严重的国际、国内影响等。如果假冒情节不严重，则只属于一般商标侵权行为。

（2）销售假冒注册商标商品罪。《中华人民共和国刑法》第二百一十四条规定："销售明知是假冒注册商标的商品，违法所得数额较大或者有其他严重情节的，处三年以下有期徒刑，并处或者单处罚金；违法所得数额巨大或者有其他特别严重情节的，处三年以上十年以下有期徒刑，并处罚金。""违法所得数额较大或巨大的"是区分罪与非罪的重要界限，如果违法所得数额不大，构不成犯罪，则属于一般的商标侵权。

（3）非法制造、销售非法制造的注册商标标识罪。《中华人民共和国刑法》第二百一十五条规定："伪造、擅自制造他人注册商标标识或者销售伪造、擅自制造的注册商标标识，情节严重的，处三年以下有期徒刑，并处或者单处罚金；情节特别严重的，处三年以上十年以下有期徒刑，并处罚金。"该罪为伪造、擅自制造他人注册商标标识或销售伪造、擅自制造的他人注册商标标识，情节严重或特别严重的。上述后两种犯罪与前一种联系紧密，有时把它们统称为假冒商标罪。

思 考 题

1. 简述商标与商号的区别与联系。
2. 系统比较联合商标与防御商标的异同。
3. 简述注册商标应该具备的条件。
4. 法律规定的商标侵权行为有哪些？结合案例，试分析并归纳这些行为背后的原因。

5. 请选择一个侵权案例，分别从原告与被告的视角，针对有关问题展开对话。

6. 请设计一个商标，并以第一人称视角，讲述你和你的商标之间的故事。

参 考 文 献

安建. 1999. 商标·商号及其权利冲突的法律调整[J]. 中华商标，（1）：13-16.

崔林林. 2004. 外国法制史[M]. 北京：北京大学出版社.

黄晖. 1999. 法国知识产权法典：法律部分[M]. 北京：商务印书馆.

刘春田. 2015. 知识产权法[M]. 5 版. 北京：高等教育出版社.

赵克，吴莹迪. 2006. 驰名商标淡化及反淡化保护[J]. 河南公安高等专科学校学报，（4）：78-81.

朱庆华，颜祥林，袁勤俭. 2017. 信息法教程[M]. 3 版. 北京：高等教育出版社.

第五章　著作权法律制度

学习目标

通过本章的学习，了解著作权法的主要内容；熟悉我国著作权的客体、主体和内容；重点掌握著作权中人身权和财产权的内容及限制；认识邻接权及各类邻接权人的权利和义务；了解著作权的侵权行为及需要承担的民事责任、行政责任和刑事责任。

本章导语

著作权，也称版权（copyright），是作者或其他著作权人依法对文学、艺术或科学作品所享有的各项专有权利的总称。在印刷术尚未普及的时代，社会认为附随于著作物最重要的权利就是印刷出版权，因此称之为版权。随着时代演进，著作的种类随之增加，载体及传播形式等发生了重大改变，著作权制度在其产生后的三百多年的时间里，经历了从"印刷版权"到"电子版权"再到"数字版权"的发展历程，但仍有部分人习惯使用版权这一称谓。

世界上第一部版权法是 1709 年英国颁布的《安娜法令》，该法令不仅保护出版者的权利，而且保护作者的各项权利。1791 年，法国颁布了《表演权法》，开始重视保护作者的表演权。1793 年又颁布了《作者权法》，作者的精神权利得到了进一步重视。1910 年，我国历史上第一部著作权法律《大清著作权律》，最早使用了"著作权"一词。1990 年《中华人民共和国著作权法》颁布，沿用了"著作权"这一称谓。我国著作权发展的简要历程如表 5-1 所示。本章主要对我国著作权法涉及的著作权客体、主体和内容，著作权的利用和管理，以及著作权的保护等内容进行介绍。

表 5-1　我国著作权发展的简要历程

法律及法规	颁布时间	实施时间
《中华人民共和国著作权法》	1990 年 9 月 7 日	1991 年 6 月 1 日
《中华人民共和国著作权法实施条例》	1991 年 5 月 30 日	1991 年 6 月 1 日
《中华人民共和国著作权法》（2001 年修正）	2001 年 10 月 27 日	2001 年 10 月 27 日
《中华人民共和国著作权法实施条例》	2002 年 8 月 2 日	2002 年 9 月 15 日
《著作权集体管理条例》	2004 年 12 月 28 日	2005 年 3 月 1 日
《中华人民共和国著作权法》（2010 年修正）	2010 年 2 月 26 日	2010 年 4 月 1 日
《著作权集体管理条例》（2011 年修订）	2011 年 1 月 8 日	2011 年 1 月 8 日
《中华人民共和国著作权法实施条例》（2013 年修正）	2013 年 1 月 30 日	2013 年 3 月 1 日
《著作权集体管理条例》（2013 年修订）	2013 年 12 月 7 日	2013 年 12 月 7 日
《中华人民共和国著作权法》（2020 年修正）	2020 年 11 月 11 日	2021 年 6 月 1 日

第一节　著作权的客体

著作权的客体是指受著作权法保护的作品。《中华人民共和国著作权法》第三条规定："本法所称的作品，是指文学、艺术和科学领域内具有独创性并能以一定形式表现的智力成果。"作品是具有独创性的智力表达。创作是指直接产生文学、艺术和科学作品的智力活动。为他人创作进行组织工作，提供咨询意见、物质条件，或者进行其他辅助工作，均不视为创作。

一、成为著作权客体的条件

并不是任何作品都能受到著作权法的保护，要成为受著作权法保护的客体需要具备以下法定的条件。

（一）作品具有独创性

作品应当是作者创作完成的智力成果。"独创性"包含独立完成和创造性两个方面。独立完成并不是不允许合作和借鉴，而是指不能抄袭、剽窃他人成果。独立创作与专利法中的创造性有很大区别。创造是前所未有的创新，《中华人民共和国著作权法》中的作品是强调创作过程的相对独立性，并不要求作品是前所未有的。任何人在作品创作过程中都很难完全脱离前人的成果而提出新观点和新思想。因此，作品创作允许有适当的借鉴，但不能从他人的作品中照搬、照抄，而应在掌握素材的基础上，运用自己的创作手段，经过精心安排，将自己的创意融会其中，形成独特风格的表现形式。

（二）作品属于文学、艺术和科学等领域

作品应当是"文学、艺术和科学等领域"的智力成果。法院常有以不属于文学、艺术和科学领域为由拒绝其作品受著作权法保护的案例，如工业产品及其组成部分。此外，著作权保护的真正领域是被私人所占有的领域，不被保护的领域是公有领域。例如，客观事实是客观存在的，不是任何人独立创作的结果，不能作为作品享有专有权。

（三）作品具有表达性

语无伦次的乱写或仅是对客观事实的简单描述，而不具备作者思想的表达的不能称之为作品，不受著作权法保护。作品必须能够表达作者的某种思想或情感，可以向读者传达作者的想法或创意，作品是表达信息的一种工具。表达与思想有界限。各国的著作权法都明确规定只保护思想观念的表达，而不保护思想观念本身。也就是说作品的独创性只要求对于某一思想观念的表达方式具有独创性，而不要求表达的思想观念必须是独创的。另

外，如果某智力成果的表达形式非常单一，很难有其他创作融入，如药品的说明书，表达形式单一，创作空间小，那么无论它是否具有独创性都将被排除在著作权保护的范围之外。著作权只保护技术的表达，而不保护技术本身，对技术的保护适用于专利权。

（四）作品具有可表现性

作品是一项无形的智力成果，需要通过一定的方式进行表达，如复印、印刷、录像、临摹等，一般都会固定在一定的物质载体上。如果作者有无数的创新思想却无法表达，也不能将其以一定形式表现出来，隐藏于内心的思想是无法成为著作权法保护的作品的。但是作品不一定必须固定在某载体上才称之为作品，只要是"可以"以一定形式展现出来，就可受法律保护。例如，作者口头创作的作品尚未记载，也受著作权法保护，未经允许录制就是侵犯作者的著作权。因为作者的口头讲述也是一种表现形式，可以表达出作者内心的思想，并且可以转换为其他的表现形式，因此口述也是智力成果的表现形式，受著作权保护，无论是以录音的形式表达还是以印刷的形式表达，著作权归口述人所有。

（五）作品具有合法性

《中华人民共和国著作权法》第四条规定："著作权人和与著作权有关的权利人行使权利，不得违反宪法和法律，不得损害公共利益。国家对作品的出版、传播依法进行监督管理。"创作作品的内容、形式、思想应该符合国家法律的规定及具有正确的道德观念。违反宪法及其他法律法规并且损害社会公共利益的作品不受著作权保护。例如，宣传封建迷信、邪教思想等一系列法律禁止出版和传播的内容。

（六）作品必须是著作权法意义上的作品

《中华人民共和国著作权法》中列举了以下三类不受保护的作品，不属于著作权法意义上创作而产生的作品，不能成为著作权保护的客体。

（1）法律、法规，国家机关的决议、决定、命令和其他具有立法、行政、司法性质的文件，及其官方正式译文。

（2）单纯事实消息。

（3）历法、通用数表、通用表格和公式。

立法、行政、司法文件是民生的保障，涉及公众利益，必须要促进其广泛传播和利用。单纯事实消息、通用数表等因表达受限不具独创性，不受著作权保护。

二、作品的类别及含义

《中华人民共和国著作权法》所称的作品是指文学、艺术和科学领域内具有独创性并能以一定形式表现的智力成果。受著作权法保护的作品类型主要包括以下几种。

（1）文字作品是指小说、诗词、散文、论文等以文字形式表现的作品。

（2）口述作品是指即兴的演说、授课、法庭辩论等以口头语言形式表现的作品。

（3）音乐作品是指歌曲、交响乐等能够演唱或者演奏的带词或者不带词的作品。

（4）戏剧作品是指话剧、歌剧、地方戏等供舞台演出的作品。

（5）曲艺作品是指相声、快书、大鼓、评书等以说唱为主要形式表演的作品。

（6）舞蹈作品是指通过连续的动作、姿势、表情等表现思想情感的作品。

（7）杂技艺术作品是指杂技、魔术、马戏等通过形体动作和技巧表现的作品。

（8）美术作品是指绘画、书法、雕塑等以线条、色彩或者其他方式构成的有审美意义的平面或者立体的造型艺术作品。

（9）建筑作品是指以建筑物或者构筑物形式表现的有审美意义的作品。

（10）摄影作品是指借助器械在感光材料或者其他介质上记录客观物体形象的艺术作品。

（11）视听作品是指通过机械装置能直接为人的视觉和听觉所感知的作品。

（12）图形作品是指为施工、生产绘制的工程设计图、产品设计图，以及反映地理现象、说明事物原理或者结构的地图、示意图等作品。

（13）模型作品是指为展示、试验或者观测等用途，根据物体的形状和结构，按照一定比例制成的立体作品。

（14）计算机软件。

（15）符合作品特征的其他智力成果。

第二节　著作权的主体

著作权的主体也就是著作权人，是指依法对文学、艺术和科学作品等享有著作权的自然人、法人或其他组织。著作权人包括作者及其他依照著作权法享有著作权的自然人、法人或者非法人组织。在特殊情况下，国家也有可能成为著作权人。著作权的主体根据权利产生的先后分为原始主体和继受主体。原始主体享有原始的著作权和完整的著作权，其他的公民、法人或其他组织在一定条件下，通过转让、继承、接受馈赠等法律行为可以获得著作权中特定的发表权、财产权从而成为继受主体。

一、著作权原始主体

（一）一般作品作者

著作权归属的一般原则是作者，自然人、法人以及其他社会组织都可以是作者。作者通过自己的独创性劳动创作出智力成果是著作权最基本的原始主体。《中华人民共和国著作权法实施条例》第三条对创作的解释是：直接产生文学、艺术和科学作品的智力活动。为他人创作进行组织工作，提供咨询意见、物质条件，或者进行其他辅助工作，均不视为创作。但有的作品的创作并不是自然人的独立思想，而是经过组织委托，代表组织的整体意愿并以组织的名义进行创作的，抑或是整个组织协作完成的作品，那么该组织可"视为作者"。《中华人民共和国著作权法》第十一条规定："著作权属于作者，本法另有规定的除外。创作作品的自然人是作者。由法人或者非法人组织主持，代表法人或者非法人组织意志创作，并由法人或者非法人组织承担责任的作品，法人或者非法人组织视为作者。"所以著作权意义上的作者还包括被法律规定"视为作者"的法人或非法人组织。"视为作者"的法人或非法人组织与作者一样，享有完整的著作权。《中华人民共和国著作权法》第十二条规定："在作品上署名的自然人、法人或者非法人组织为作者，且该作品上存在相应权利，但有相反证明的除外。作者等著作权人可以向国家著作权主管部门认定的登记机构办理作品登记。"

（二）特殊作品作者

1. 演绎作品

演绎作品就是对原创作品进行改编、翻译、注释、整理等而产生的作品。《中华人民共和国著作权法》第十三条规定："改编、翻译、注释、整理已有作品而产生的作品，其著作权由改编、翻译、注释、整理人享有，但行使著作权时不得侵犯原作品的著作权。"《中华人民共和国著作权法》第十六条规定："使用改编、翻译、注释、整理、汇编已有作品而产生的作品进行出版、演出和制作录音录像制品，应当取得该作品的著作权人和原作品的著作权人许可，并支付报酬。"演绎作品的著作权归演绎者所有，行使权力时不可侵犯原作品的著作权。如果第三人使用演绎作品创作时，必须征求原作品著作权人和演绎作品著作权人的双重授权，否则就会构成侵权行为。

2. 合作作品

合作作品是指两人及以上合作完成的作品，其著作权由合作作者共同享有。没有参加创作的人，不能成为合作作者。合作作品的著作权由合作作者通过协商一致行使；不能协商一致，又无正当理由的，任何一方不得阻止他方行使除转让、许可他人专有使用、出质以外的其他权利，但是所得收益应当合理分配给所有合作作者。合作作品可以分割使用的，作者对各自创作的部分可以单独享有著作权，但行使著作权时不得侵犯合作作品整体的著作权。

3. 汇编作品

汇编作品是指汇编若干作品、作品的片段或者不构成作品的数据或者其他材料，对其内容的选择或者编排体现独创性的作品。汇编作品的著作权由汇编者享有，但行使著作权时，不得侵犯原作品的著作权。

（三）特殊作品的主体

1. 视听类作品

《中华人民共和国著作权法》第十七条规定："视听作品中的电影作品、电视剧作品的著作权由制作者享有，但编剧、导演、摄影、作词、作曲等作者享有署名权，并有权按照与制作者签订的合同获得报酬。上述规定以外的视听作品的著作权归属由当事人约定；没有约定或者约定不明确的，由制作者享有，但作者享有署名权和获得报酬的权利。视听作品中的剧本、音乐等可以单独使用的作品的作者有权单独行使其著作权。"

2. 职务作品

职务作品是自然人为完成法人或者非法人组织的工作任务而创作的作品，主要有以下三种情形：①主要是利用法人或者非法人组织的物质技术条件创作，并由法人或者非法人组织承担责任的工程设计图、产品设计图、地图、示意图、计算机软件等职务作品；②报社、期刊社、通讯社、广播电台、电视台的工作人员创作的职务作品；③法律、行政法规规定或者合同约定著作权由法人或者非法人组织享有的职务作品。

有以上情形之一的职务作品，作者享有署名权，著作权的其他权利由法人或者非法人组织享有，法人或者非法人组织可以给予作者奖励。除上述的情形以外，著作权由作者享有，但法人或者非法人组织有权在其业务范围内优先使用。作品完成两年内，未经单位同意，作者不得许可第三人以单位使用的相同方式使用该作品。

3. 委托作品

委托作品是指根据作者与某一个人或法人签订的委托合同创作的作品。受委托创作的作品，著作权的归属由委托人和受托人通过合同约定。合同未作明确约定或者没有订立合同的，著作权属于受托人。

二、著作权继受主体

著作权的继受主体是相对于原始主体的概念而言的，继受主体是指通过继承、遗赠、赠与、转让等继受方式取得著作权的主体，是基于著作权权利转让程序或继承而取得著作权的主体。自然人、法人、国家都可以成为继受主体。著作权继受主体主要包括下列六类。

（1）继承人。原始著作权属于自然人的，自然人死亡后，其作品在保护期内的权利，依照《中华人民共和国继承法》第三条的规定转移给继承人，包括遗嘱继承人和法定继承人。

（2）承受人。原始著作权属于法人或者非法人组织的，法人或者非法人组织变更、终止后，其作品在保护期内的权利，由承受其权利义务的法人或者非法人组织享有。

（3）受让人。著作权人可以全部或者部分转让规定的权利，并依照约定或者著作权法的有关规定获得报酬。受让人成为著作权继受主体。

（4）受馈赠人。这类继受主体包括法定继承人以外的公民、法人或其他非法人组织。

（5）作品原件的合法所有人。作者生前未发表的作品，如果作者未明确表示不发表，作者死亡之后 50 年内，其发表权可由继承人或者受遗赠人行使；没有继承人又无受遗赠人的，由作品原件的合法所有人行使。

（6）国家。国家可以通过多种方式成为公民、法人或其他组织原始著作权的继受主体。

《中华人民共和国著作权法》第二十条规定："作品原件所有权的转移，不改变作品著作权的归属，但美术、摄影作品原件的展览权由原件所有人享有。"

三、获得著作权的方式

（一）原始主体自动获得

根据作品著作权自动保护原则，原始著作权是自动获得的，不需要经过法律认证程序注册。这就意味着著作权的登记不决定著作权权属，只是证明著作权归属的证据。《中华人民共和国著作权法实施条例》第六条规定："著作权自作品创作完成之日起产生。"《中华人民共和国著作权法》第二条规定："中国公民、法人或者非法人组织的作品，不论是否发表，依照本法享有著作权。外国人、无国籍人的作品根据其作者所属国或者经常居住地国同中国签订的协议或者共同参加的国际条约享有的著作权，受本法保护。外国人、无国籍人的作品首先在中国境内出版的，依照本法享有著作权。未与中国签订协议或者共同参加国际条约的国家的作者以及无国籍人的作品首次在中国参加的国际条约的成员国出版的，或者在成员国和非成员国同时出版的，受本法保护。"也就是说，作品一旦创作完成，不论发表与否，著作权即刻生效，无须履行任何法律程序。

（二）继受主体依法获得

继受主体主要通过继承或转让两种方式获得著作权。著作权中的人身权是不能继承和转让的，因此通过继承、遗赠、赠与、转让等继承方式获得著作权的继受主体一般只享有著作权中的财产权，是不完整的著作权主体，并且继受主体在行使财产权时不能损害原始主体的人身权利。《中华人民共和国著作权法》第二十一条规定："著作权属于自然人的，自然人死亡后，其本法第十条第一款第五项至第十七项规定的权利在本法规定的保护期内，依法转移。著作权属于法人或者非法人组织的，法人或者非法人组织变更、终止后，其本法第十条第一款第五项至第十七项规定的权利在本法规定的保护期内，由承受其权利义务的法人或者非法人组织享有；没有承受其权利义务的法人或者非法人组织的，由国家享有。"

（三）著作权的转让和许可使用

1. 著作权的转让

著作权的转让是指著作权人将其著作财产权的部分或者全部转让给他人所有的法律行为，可以是有偿转让，也可以无偿转让。权利的转让通常通过买卖、互易、赠与等方式完成。权利转让后，著作权人将丧失所转让的权利，受让人将获得此部分权利，成为新的著作权人。著作权中的人身权不可转让，财产权可以部分或全部转让。转让需要订立书面的权利转让合同，合同内容包括：①作品的名称；②转让的权利种类、地域范围；③转让价金；④交付转让价金的日期和方式；⑤违约责任；⑥双方认为需要约定的其他内容。

2. 著作权的许可使用

转让是对著作权的买断，而许可使用则是在一定时间和地域范围内对著作权的部分购买。不同于著作权的转让，著作权的许可使用并不改变权利的归属，著作权仍然属于著作权人。被许可人的权利受合同制约，所获得的仅是在一定时间和约定范围内，以一定的方式对作品的使用权。被许可人如果擅自超出权利的适用范围，即对著作权人构成侵权。

使用他人作品应当同著作权人订立许可使用合同，合同内容包括：①许可使用的权利种类；②许可使用的权利是专有使用权或者非专有使用权；③许可使用的地域范围、期间；④付酬标准和办法；⑤违约责任；⑥双方认为需要约定的其他内容。此外，著作权法中部分许可使用是不需要订立合同而直接使用其他人的作品的（详见本章第三节著作权的内容及限制）。

许可使用合同和转让合同中著作权人未明确许可、转让的权利，未经著作权人同意，另一方当事人不得行使。

第三节　著作权的内容及限制

著作权的内容就是著作权人依法享有的各项权利。《中华人民共和国著作权法》规定的著作权是一项"权利束"，共有十七项权利，分别为：发表权、署名权、修改权、保护作品完整权、复制权、发行权、出租权、展览权、表演权、放映权、广播权、信息网络传播权、摄制权、改编权、翻译权、汇编权、其他权利。

著作权属于民事权利，通常包括人身权和财产权两类，但是著作权法中并没有对人身权和财产权进行明确界定。《中华人民共和国著作权法》第十条第二款和第三款允许著作权人对第五项到第十七项权利进行许可转让，可以认为这几项权利属于财产权，而发表权、署名权、修改权和保护作品完整权则属于人身权。

一、著作权中的人身权

人身权，也称精神权利，是作者通过创作表现个人风格的作品而依法享有的获得名誉、声望和维护作品完整性的权利。著作权中的人身权是作者对其作品所享有的各种与人身相联系或者密不可分而又无直接财产内容的权利。人身权与个人身份有关，著作权中的四项人身权是不可以转让、许可和继承的，当事人约定转让人身权或放弃著作人身权的合同都是无效的。著作权中的人身权主要有以下四种。

（一）发表权

发表权，即决定作品是否公之于众的权利。《中华人民共和国著作权法》所称已经发表的作品，是指著作权人自行或者许可他人公之于众的作品。

此处需要做两点说明。第一，发表权作为著作权人人身权是基于作品的。即便所要发表的作品需要征求他人的许可，作品的著作权人仍旧享有发表权，但是在著作权人行使发表权时不得侵害他人的权利。例如，为他人拍摄照片，若没有经过当事人许可，不可以发表，但这并不能说明著作权人没有发表权，或是发表权低于肖像权，只是我国法律规定权利主体在行使个人权利时不得妨碍他人权利。第二，公之于众是指著作权人对作品是否公开的一种主观意愿。向特定的人公开不能算作公之于众，这里"特定的人"是指具有紧密联系，并有义务保守著作权人的作品内容不外泄的人。例如，向亲友或专家征求作品意见、学位论文答辩面向的导师等。

作者生前未发表的作品，如果作者未明确表示不发表，作者死亡后 50 年内，其发表权可由继承人或者受遗赠人行使；没有继承人又无人受遗赠的，其发表权由作品原件的所有人行使。

（二）署名权

署名权，即表明作者身份，在作品上署名的权利。署名权中的表明作者身份是指证明作者创作作品的真实性，没有参与作品创作的人不享有署名权，署名权也是一种排他权。署名权维护的是作者与作品之间的关系，是作者创作完作品自然享有的权利。

署名权不等于署名，即使没有在作品上署名，也享有署名权。在自己的作品上错误地署名不属于违法行为，如作者在作品上签写笔名，但是如果错误地表示他人与该作品之间的关系就属于侵犯署名权。如果著作权人没有规定他人在使用自己作品时必须署名，那么他人在使用该作品时可以没有作者署名。合作作者之一发表合作作品时应按约定署名，如无约定，则依照社会惯例为其他合作作者署名，否则将构成侵权。

（三）修改权

修改权，即修改或者授权他人修改作品的权利。修改权不是绝对地不允许他人对作品进行修改，如去除漫画的题文而只使用漫画，改变美术的作品颜色等，未经著作权人授权也不侵犯著作权人的修改权。也就是说，如果改动没有涉及作品内容，未改变作品的意思表达，则不侵犯修改权。但是作品名称是作品意义的重要表达部分，因此对作品名称的私自修改侵犯了作者的修改权。

（四）保护作品完整权

保护作品完整权，即保护作品不受歪曲、篡改的权利。例如，裁剪作品、改编作品要素的相互关系等属于歪曲、篡改作品，侵犯了保护作品完整权。保护作品完整权的意义在于保护作者的声誉不受损害，故通常情况下只有实质性地改变了作者在作品中原本要表达的思想感情，从而导致作者的声誉受到了损害时，才可认定其构成对保护作品完整权的侵犯。

二、著作权中的财产权

著作权中的财产权也称经济权利，是指著作权人可以通过许可他人使用或他人依法使用其作品而获得经济利益的权利。著作权的财产权主要是指《中华人民共和国著作权法》中第十条第一款的第五项到第十七项。

（1）复制权，即以印刷、复印、拓印、录音、录像、翻录、翻拍、数字化等方式将作品制作一份或者多份的权利。

（2）发行权，即以出售或者赠与的方式向公众提供作品的原件或者复制件的权利。

（3）出租权，即有偿许可他人临时使用视听作品、计算机软件的原件或者复制件的权利，计算机软件不是出租的主要标的的除外。

（4）展览权，即公开陈列美术作品、摄影作品的原件或者复制件的权利。

（5）表演权，即公开表演作品，以及用各种手段公开播送作品的表演的权利。

（6）放映权，即通过放映机、幻灯机等技术设备公开再现美术、摄影、视听作品等的权利。

（7）广播权，即以有线或者无线方式公开传播或者转播作品，以及通过扩音器或者其他传送符号、声音、图像的类似工具向公众传播广播的作品的权利，但不包括本款第十二项规定的权利。

（8）信息网络传播权，即以有线或者无线方式向公众提供，使公众可以在其选定的时间和地点获得作品的权利。

（9）摄制权，即以摄制视听作品的方法将作品固定在载体上的权利。

（10）改编权，即改变作品，创作出具有独创性的新作品的权利。

（11）翻译权，即将作品从一种语言文字转换成另一种语言文字的权利。

（12）汇编权，即将作品或者作品的片段通过选择或者编排，汇集成新作品的权利。

（13）应当由著作权人享有的其他权利。

与人身权不同的是，这些权利可以全部转让或部分转让或许可使用。《中华人民共和国著作权法》第十条第二款规定："著作权人可以许可他人行使前款第五项至第十七项规定的权利，并依照约定或者本法有关规定获得报酬。"《中华人民共和国著作权法》第十条第三款："著作权人可以全部或者部分转让本条第一款第五项至第十七项规定的权利，并依照约定或者本法有关规定获得报酬。"财产权中的各项权利是可以相互独立许可和转让的，法律上没有笼统地规定"著作财产权"也是为了便于交易，这样可以按照对作品不同的利用方式，单独议价。著作权许可合同可以规定权利许可范围，未规定的部分作者仍然具有法律权利。

三、著作权的保护期

著作权除了署名权、修改权、保护作品完整权外，其他各项权利都设有保护期限。在法定期限内，著作权人享有完整的著作权。

作者的署名权、修改权、保护作品完整权的保护期不受限制。但是著作权人的发表权仅享有一次。作品一经发表，即代表作品公之于众，即便发生抄袭现象，侵犯的也不再是发表权。《中华人民共和国著作权法》第二十条规定："作者将未发表的美术、摄影作品的原件所有权转让给他人，受让人展览该原件不构成对作者发表权的侵犯。"

自然人的作品，其发表权、《中华人民共和国著作权法》第十条第一款第五项至第十七项规定的权利的保护期为作者终生及其死亡后五十年，截止于作者死亡后第五十年的 12 月 31 日；如果是合作作品，截止于最后死亡的作者死亡后第五十年的 12 月 31 日。

法人或者非法人组织的作品、著作权（署名权除外）由法人或者非法人组织享有的职务作品，其发表权的保护期为五十年，截止于作品创作完成后第五十年的 12 月 31 日；《中华人民共和国著作权法》第十条第一款第五项至第十七项规定的权利的保护期为五十年，截止于作品首次发表后第五十年的 12 月 31 日，但作品自创作完成后五十年内未发表的，著作权法不再保护。

视听作品，其发表权的保护期为五十年，截止于作品创作完成后第五十年的 12 月 31 日；《中华人民共和国著作权法》第十条第一款第五项至第十七项规定的权利的保护期为五十年，截止于作品首次发表后第五十年的 12 月 31 日，但作品自创作完成后五十年内未发表的，著作权法不再保护。

四、著作权的限制

为了平衡著作权人、作品传播及社会公众的利益关系，法律对著作权人的权利行使给予了一定的限制，主要是对著作权中财产权的限制，包括：一是对著作权的行使期限进行限制，也就是对著作权保护期的规定；二是对著作权地域范围的限制，外国人和无国籍人的作品首先在境内发表的也享有著作权；三是对著作权行使范围的限制，具体包括"合理使用"和"法定许可"两种情形。

（一）合理使用

《中华人民共和国著作权法》第二十四条规定：在下列情况下使用作品，可以不经著作权人许可，不向其支付报酬，但应当指明作者姓名或者名称、作品名称，并且不得影响该作品的正常使用，也不得不合理地损害著作权人的合法权益。

（1）为个人学习、研究或者欣赏，使用他人已经发表的作品。

（2）为介绍、评论某一作品或者说明某一问题，在作品中适当引用他人已经发表的作品。

（3）为报道新闻，在报纸、期刊、广播电台、电视台等媒体中不可避免地再现或者引用已经发表的作品。

（4）报纸、期刊、广播电台、电视台等媒体刊登或者播放其他报纸、期刊、广播电台、电视台等媒体已经发表的关于政治、经济、宗教问题的时事性文章，但著作权人声明不许刊登、播放的除外。

（5）报纸、期刊、广播电台、电视台等媒体刊登或者播放在公众集会上发表的讲话，但作者声明不许刊登、播放的除外。

（6）为学校课堂教学或者科学研究，翻译、改编、汇编、播放或者少量复制已经发表的作品，供教学或者科研人员使用，但不得出版发行。

（7）国家机关为执行公务在合理范围内使用已经发表的作品。

（8）图书馆、档案馆、纪念馆、博物馆、美术馆、文化馆等为陈列或者保存版本的需要，复制本馆收藏的作品。

（9）免费表演已经发表的作品，该表演未向公众收取费用，也未向表演者支付报酬，且不以营利为目的。

（10）对设置或者陈列在公共场所的艺术作品进行临摹、绘画、摄影、录像。

（11）将中国公民、法人或者非法人组织已经发表的以国家通用语言文字创作的作品翻译成少数民族语言文字作品在国内出版发行。

（12）以阅读障碍者能够感知的无障碍方式向其提供已经发表的作品。

（13）法律、行政法规规定的其他情形。

上述规定适用于对与著作权有关的权利的限制。（与著作权有关的权利详见本章第四节邻接权）

（二）法定许可

法定许可是指在著作权法规定的特定情形内，未经著作权人许可而使用其作品，但应当按照规定向其支付报酬的行为。法定许可的前提是作者已经公开发表其作品，且未声明"不可使用"。《中华人民共和国著作权法》中与法定许可有关的条款及其情形主要包括以下内容。

（1）图书、报刊的法定许可。作品刊登后，除著作权人声明不得转载、摘编的外，其他报刊可以转载或者作为文摘、资料刊登，但应当按照规定向著作权人支付报酬。

（2）录音录像法定许可。录音制作者使用他人已经合法录制为录音制品的音乐作品制作录音制品，可以不经著作权人许可，但应当按照规定支付报酬；著作权人声明不许使用的不得使用。

（3）广播电台、电视台播放的法定许可。广播电台、电视台播放他人已发表的作品，可以不经著作权人许可，但应当按照规定支付报酬。

（4）教育法定许可。为实施义务教育和国家教育规划而编写出版教科书，可以不经著作权人许可，在教科书中汇编已经发表的作品片段或者短小的文字作品、音乐作品或者单幅的美术作品、摄影作品、图形作品，但应当按照规定向著作权人支付报酬，指明作者姓名或者名称、作品名称，并且不得侵犯著作权人依照本法享有的其他权利。

▶思考题：辨析法定许可与合理使用的关系。

第四节　邻　接　权

一、邻接权的界定

邻接权（neighboring right）又称作品传播权。作品创作完成后，在向公众传播的过程中融入了传播者的创造性劳动，这种劳动也应受到法律保护。该项权利的产生与著作权密切相关，因此称为著作权的邻接权。在《中华人民共和国著作权法》中这项权利被描述为"与著作权有关的权利"。《中华人民共和国著作权法实施条例》第二十六条规定："著作权法和本条例所称与著作权有关的权益，是指出版者对其出版的图书和期刊的版式设计享有的权利，表演者对其表演享有的权利，录音录像制作者对其制作的录音录像制品享有的权利，广播电台、电视台对其播放的广播、电视节目享有的权利。"邻接权依赖于著作权，因为著作权保护作品的创作，创作作品是一种生产行为，而传播作品是一种流通行为，没有作品创作，也就不需要传播，因此邻接权是以著作权为基础的。

邻接权和著作权都属于知识产权的范畴，两者的关系如表 5-2 所示。

表 5-2　著作权和邻接权的差异

项目	著作权	邻接权
权利主体	智力作品的创作者，包括自然人、法人和其他非法人组织	智力作品的传播者。邻接权的主体是出版者、表演者、音像制作者、广播电视组织，除表演者外，几乎都是法人
权利客体	保护的对象是文学、艺术和科学领域的作品。具有独创性，体现作者的创造性劳动	保护的对象是经传播者艺术加工后的作品。体现了传播者的创造性劳动
保护内容	主要指作者对其作品享有发表、署名等人身权和复制、发行等财产权	主要是出版者对其出版的书刊的权利，表演者对其表演的权利、音像制作者对其音像制品的权利，广播电视组织对其广播、电视节目的权利等
保护前提	作品只要符合法定条件，一经产生就可获得著作权保护	一般情况下，邻接权的取得须以著作权人的授权及对作品的再利用为前提

《中华人民共和国著作权法》第三十一条规定："出版者、表演者、录音录像制作者、广播电台、电视台等依照本法有关规定使用他人作品的，不得侵犯作者的署名权、修改权、保护作品完整权和获得报酬的权利。"

拓展阅读　　　　　　　　邻接权的产生

对邻接权的保护并不是与著作权同时产生的。如果说印刷技术的发展促进了著作权的产生与发展，那么也可以说，录音录像、无线电传播技术的发展促进了邻接权的产生与发展。

在 19 世纪末爱迪生发明留声机之前，音乐戏剧的表演只能由演员在舞台上和音乐厅或其他地方现场演出，一般观众看戏、听音乐都要到剧场或音乐厅去，如果想多次欣赏，就得多次去剧场或音乐厅。留声机发明以后，特别是第一次世界大战后，录音、电影和无线电传播技术迅速发展，演员的表演实况不仅可以用唱片将其声音固定下来，用电影将形象和声音固定下来，通过无线传播到遥远的地方，而且还可以将唱片、电影片大量复制，广泛发行。同时，由于录音录像技术的发展，复制他人的唱片和录制他人的广播节目越来越方便，靠复制和发行此类唱片牟取暴利的企业也越来越多。

自然，唱片制作者和广播组织者的利益因此受到了严重损害，于是，就像演员要求保护自己的艺术表演一样，唱片制作者要求保护自己的唱片，反对别人擅自复制他们的唱片，要求广播或以其他形式公开使用唱片时向他们支付报酬；广播组织要求保护自己的广播节目，反对其他类似的广播组织转播此类节目，反对他人录制他们的节目并复制成唱片出售牟利。在这种情况下，要求保护传播者权利的呼声日益高涨，邻接权制度首先在西欧应运而生。1961 年，第一部保护邻接权的国际公约在罗马缔结，即《保护表演者、音像制品制作者和广播组织罗马公约》，开辟了邻接权保护的先河，随后，邻接权制度逐渐成为各国著作权法中的重要组成部分。

资料来源：王辉（2005）。

二、出版者的权利和义务

在图书、报刊的出版过程中，出版者具有相应的权利和应遵循的义务。《中华人民共和国著作权法》第三十二条规定："图书出版者出版图书应当和著作权人订立出版合同，并支付报酬。"

（一）出版者的权利

1. 版式设计专有权

出版者有权许可或者禁止他人使用其出版的图书、期刊的版式设计。该权利的保护期为十年，截止于使用该版式设计的图书、期刊首次出版后第十年的 12 月 31 日。版式设计是指出版者对其出版的图书、期刊的版面和外观装饰所做的设计。版式设计是出版者，包括图书出版者（如出版社）和期刊出版者（如杂志社、报社）的创造性智力成果，出版者依法享有专有使用权，即有权许可或者禁止他人使用其出版的图书、期刊的版式设计。

2. 专有出版权

图书出版者对著作权人交付出版的作品，按照合同约定享有的专有出版权受法律保护，他人不得出版该作品。这意味着未经许可，其他出版者不得出版同一作品，著作权人也不得将作品一稿多投。一般情况下专有出版权是指图书出版者享有在合同有效期内及在合同约定的地域范围内以同种文字的原版、修订版出版图书的专有权利。

3. 删改权

图书出版者经作者许可，可以对作品进行修改、删节。报社、期刊社可以对作品作文字性的修改、删节。对内容的修改，应当经作者许可。出版者有权对作品进行技术性的修改、删节，修改作品内容需取得著作权人的许可。对稿件严格审改是为了更好地展现作品，但是编辑删改不可改变作者的观点，不可以破坏作品的完整性。

4. 摘编权

有些作品虽然没有整体发表的价值，但有部分观点具有价值，出版者可以在作者的许可下，以简明扼要的方式将有意义、有价值的观点或内容摘编发表。这体现了出版者对作者和读者的双重尊重。

5. 转载权

作品刊登后，除著作权人声明不得转载、摘编的外，其他报刊可以转载或者作为文摘、资料刊登，但应当按照规定向著作权人支付报酬。著作权人如果没有声明不得转载，则期刊出版者可以以转载的形式再次刊登，但要标明转载、注明出处并给予作者一定的报酬。

（二）出版者的义务

1. 准确、完整地发表经审定的作品

编辑应当具有极强的责任心，做好审定作品的工作，避免将妄改、误改、漏校、失校严重的出版物推向市场。出版者具有准确、完整地发表经过严格审定的作品，保护作品完整权的义务。如果出现篡改、妄改，而未经作者同意就发表的，作者有权向有关编辑部追究法律责任。编辑、校对失责，发表作品错误百出的，消费者有权就出版物的质量瑕疵向销售者或出版者要求赔偿。

2. 标注作者身份

正确地将作者的署名置于作品的明显位置。合作的作品，署名的次序应当依据原稿提供的信息或全体作者签署认可的更改声明而定。如果编辑假借曾为作品的发表做过工作而加署自己的名字，应当视为对作者署名权的侵犯。

3. 保护作品完整

未经作者同意，编辑不得对作品观点进行删改。编辑对作品的删改一般都出于善意，但是，编辑绝不能把自己的意志强加给作者，更不能以自己的无知与轻率滥用删改权。

4. 履行告知义务

《中华人民共和国著作权法》第三十五条第一款："著作权人向报社、期刊社投稿的，自稿件发出之日起十五日内未收到报社通知决定刊登的，或者自稿件发出之日起三十日内未收到期刊社通知决定刊登的，可以将同一作品向其他报社、期刊社投稿。双方另有约定的除外。"出版者应在法定或约定的时限内将审稿意见通知作者。报社审稿期为15日、杂志社审稿期为30日，同时出版者有向投稿人约定通知审稿意见期限的权利。

5. 及时向作者发送样刊、支付稿酬

支付稿酬的时间应在刊载作品后一个月内，发送样刊的时间应当不晚于稿酬，数量应当不少于 2 册。

6. 不得利用编辑工作特定的优先阅知权，使用投稿人尚未发表的作品

编辑不能在自己的作品中抢先使用尚未发表的稿件，即使注明出处地引用自己在审稿中获知的内容，也不符合编辑的职业道德。

三、表演者的权利和义务

（一）表演者的权利

表演者是著作权法律关系的重要主体，具有传播者和创作者双重身份。表演者拥有人身权和财产权。人身权包括：一是姓名受尊重权，即身份权，指表演者的身份与他的表演相连，在表演中，或在对表演的录制、播放中，表演者均有权要求其身份得到确认和尊重；二是表演受尊重权，即保护表演形象不受歪曲的权利，该权利旨在保护表演者的艺术声誉。财产权是指表演者依法获得报酬的权利。具体来说，表演者对其表演享有下列权利。

（1）表明表演者身份。

（2）保护表演形象不受歪曲。

（3）许可他人从现场直播和公开传送其现场表演，并获得报酬。

（4）许可他人录音录像，并获得报酬。

（5）许可他人复制、发行、出租录有其表演的录音录像制品，并获得报酬。

（6）许可他人通过信息网络向公众传播其表演，并获得报酬。

第一项、第二项规定的权利的保护期不受限制，第三项至第六项规定的权利的保护期为五十年，截止于该表演发生后第五十年的 12 月 31 日。

对于职务表演的表演者具有的权利，《中华人民共和国著作权法》第四十条规定："演员为完成本演出单位的演出任务进行的表演为职务表演，演员享有表明身份和保护表演形象不受歪曲的权利，其他权利归属由当事人约定。当事人没有约定或者约定不明确的，职务表演的权利由演出单位享有。职务表演的权利由演员享有的，演出单位可以在其业务范围内免费使用该表演。"

（二）表演者的义务

表演者使用他人作品进行表演时，需要履行应尽的义务。《中华人民共和国著作权法》第三十八条规定："使用他人作品演出，表演者应当取得著作权人许可，并支付报酬。演出组织者组织演出，由该组织者取得著作权人许可，并支付报酬。"使用他人作品时不得侵犯作者的署名权、修改权、保护作品完整权和获得报酬的权利。

四、音像制作者的权利和义务

(一) 音像制作者的权利

音像制作者是指将声音、形象或两者之间的结合首次固定于物质载体上的人。音像制作者的权利是指录制者对其原始录音、录制的作品享有的许可他人复制、发行并获得报酬的权利。《中华人民共和国著作权法》第四十四条规定："录音录像制作者对其制作的录音录像制品，享有许可他人复制、发行、出租、通过信息网络向公众传播并获得报酬的权利；权利的保护期为五十年，截止于该制品首次制作完成后第五十年的 12 月 31 日。被许可人复制、发行、通过信息网络向公众传播录音录像制品，应当同时取得著作权人、表演者许可，并支付报酬；被许可人出租录音录像制品，还应当取得表演者许可，并支付报酬。"对于音像制作者的财产权，《中华人民共和国著作权法》第四十五条规定："将录音制品用于有线或者无线公开传播，或者通过传送声音的技术设备向公众公开播送的，应当向录音制作者支付报酬。"

(二) 音像制作者的义务

(1) 录音录像制作者使用他人作品制作录音录像制品时，应取得著作权人同意并支付报酬，无论作品是否发表。

(2) 录音录像制作者使用演绎作品时，应取得演绎作品著作权人和原作品著作权人许可并支付报酬。

(3) 录音制作者使用他人已经合法录制为录音制品的音乐作品制作录音制品时，可以不经著作权人许可，但应当按照规定支付报酬，著作权人声明不许使用的不得使用。

(4) 被许可人复制、发行、通过信息网络传播录音录像制品时，应取得著作权人、表演者许可并支付报酬。

(5) 音像制作者制作发行作品时还应尊重表演者的权利，与其订约并付酬。

五、广播组织的权利和义务

(一) 广播组织的权利

广播组织的权利是指广播组织依法对其制作的广播节目享有的权利。权利的保护期为五十年，截止于该广播、电视首次播放后第五十年的 12 月 31 日。

保护期限内，广播电台、电视台有权禁止未经其许可的下列行为：①将其播放的广播、电视以有线或者无线方式转播；②将其播放的广播、电视录制及复制；③将其播放的广播、电视通过信息网络向公众传播。

广播电台、电视台行使上述规定的权利，不得影响、限制或者侵害他人行使著作权或者与著作权有关的权利。

（二）广播组织的义务

（1）对著作权人的义务。①广播电台、电视台使用他人尚未发表的作品制作广播、电视节目时，应当取得著作权人的许可，并且按照规定或约定支付报酬；②广播电台、电视台使用他人改编、翻译、注释、整理已有作品的演绎作品制作广播、电视节目时，可以不经著作权人许可，但应分别向演绎作品著作权人和原作品著作权人支付报酬。

（2）对表演者的义务。广播电台、电视台制作广播、电视节目时，应当同表演者订立合同，并按照规定或者合同约定向表演者支付报酬。

（3）对音像制作者和影视制作者的义务。广播电台、电视台播放他人未发表的作品时，应当取得著作权人的许可，并支付报酬。广播电台、电视台播放他人已发表的作品时，可以不经著作权人许可，但应当按照规定支付报酬。

第五节　著作权的管理和保护

一、著作权的管理

（一）著作权行政管理

著作权的行政管理是指国家著作权行政管理机关通过行政行为，代表国家对著作权的行使、转让及侵犯他人著作权的行为进行管理的活动。著作权行政管理机关分为两级：一是国家著作权主管部门，负责全国的著作权管理工作，主要通过制定方针政策进行管理；二是县级以上地方政府，主管著作权的部门负责本行政区域的著作权管理工作。

（二）著作权集体管理

著作权集体管理是指著作权集体管理组织经权利人授权，集中行使权利人的有关权利并以自己的名义进行的下列活动：①与使用者订立著作权或者与著作权有关的权利许可使用合同；②向使用者收取使用费；③向权利人转付使用费；④进行涉及著作权或者与著作权有关的权利的诉讼、仲裁等。

著作权集体管理组织是指为权利人的利益依法设立，根据权利人授权、对权利人的著作权或者与著作权有关的权利进行集体管理的社会团体。《中华人民共和国著作权法》第八条第一款规定："著作权人和与著作权有关的权利人可以授权著作权集体管理组织行使著作权或者与著作权有关的权利。依法设立的著作权集体管理组织是非营利法人，被授权后可以以自己的名义为著作权人和与著作权有关的权利人主张权利，并可以作为当事人进行涉及著作权或者与著作权有关的权利的诉讼、仲裁、调解活动。"

除依照条例规定设立的著作权集体管理组织外，任何组织和个人不得从事著作权集体管理活动。国务院著作权管理部门主管全国的著作权集体管理工作。著作权集体管理组织的设立方式、权利义务、使用费的收取和分配，以及对其监督和管理等由国务院规定。

权利人可以与著作权集体管理组织以书面形式订立著作权集体管理合同，授权该组织对其依法享有的著作权或者与著作权有关的权利进行管理。权利人符合章程规定加入条件的，著作权集体管理组织应当与其订立著作权集体管理合同，不得拒绝。

著作权集体管理组织许可他人使用其管理的作品、录音录像制品等的，应当与使用者以书面形式订立许可使用合同（非专有许可使用合同）。许可使用合同的期限不得超过 2 年；合同期限届满可以续订。使用者以合理的条件要求与著作权集体管理组织订立许可使用合同的，著作权集体管理组织不得拒绝。

著作权集体管理组织根据授权向使用者收取使用费。使用费的收取标准由著作权集体管理组织和使用者代表协商确定，协商不成的，可以向国家著作权主管部门申请裁决，对裁决不服的，可以向人民法院提起诉讼；当事人也可以直接向人民法院提起诉讼。

著作权集体管理组织应当将使用费的收取和转付、管理费的提取和使用、使用费的未分配部分等的总体情况定期向社会公布，并应当建立权利信息查询系统，供权利人和使用者查询。国家著作权主管部门应当依法对著作权集体管理组织进行监督、管理。

目前我国的著作权集体管理组织主要有：中国音乐著作权协会、中国音像著作权集体管理协会、中国文字著作权协会、中国摄影著作权协会、中国电影著作权协会等（表 5-3）。

表 5-3　我国的著作权集体管理组织

成立时间	名称	保护主体
1992 年 12 月	中国音乐著作权协会	作曲者、作词者和其他音乐著作权人
2005 年 12 月	中国音像著作权集体管理协会	录音录像 MV 及其他音像制品的制作者
2008 年 10 月	中国文字著作权协会	文字作品的复制权、广播权、网络传播权等
2008 年 11 月	中国摄影著作权协会	摄影作品的作者
2010 年 4 月	中国电影著作权协会	电影制作者及其著作权人

二、著作权的保护

为了保护著作权人的合法权益，著作权法不仅界定了著作权保护的内容，还对违反著作权法的侵权行为进行了规定。

（一）著作权的侵权行为

《中华人民共和国著作权法》第五十二条规定："有下列侵权行为的，应当根据情况，承担停止侵害、消除影响、赔礼道歉、赔偿损失等民事责任：（一）未经著作权人许可，发表其作品的；（二）未经合作作者许可，将与他人合作创作的作品当作自己单独创作的作品发表的；（三）没有参加创作，为谋取个人名利，在他人作品上署名的；（四）歪曲、篡改他人作品的；（五）剽窃他人作品的；（六）未经著作权人许可，以展览、摄制视听作品的方法使用作品，或者以改编、翻译、注释等方式使用作品的，本法另有规定的除外；（七）使用他人作品，应当支付报酬而未支付的；（八）未经视听作品、计算机软件、录音录像制品的著作权人、表演者或者录音录像制作者许可，出租其作品或者录音录像制品的原件或者复制件的，本法另有规定的除外；（九）未经出版者许可，使用其出版的图书、期刊的版式设计的；（十）未经表演者许可，从现场直播或者公开传送其现场表演，或者录制其表演的；（十一）其他侵犯著作权以及与著作权有关的权利的行为。"

《中华人民共和国著作权法》第五十三条规定："有下列侵权行为的，应当根据情况，承担本法第五十二条规定的民事责任；侵权行为同时损害公共利益的，由主管著作权的部门责令停止侵权行为，予以警告，没收违法所得，没收、无害化销毁处理侵权复制品以及主要用于制作侵权复制品的材料、工具、设备等，违法经营额五万元以上的，可以并处违法经营额一倍以上五倍以下的罚款；没有违法经营额、违法经营额难以计算或者不足五万元的，可以并处二十五万元以下的罚款；构成犯罪的，依法追究刑事责任：（一）未经著作权人许可，复制、发行、表演、放映、广播、汇编、通过信息网络向公众传播其作品的，本法另有规定的除外；（二）出版他人享有专有出版权的图书的；（三）未经表演者许可，复制、发行录有其表演的录音录像制品，或者通过信息网络向公众传播其表演的，本法另有规定的除外；（四）未经录音录像制作者许可，复制、发行、通过信息网络向公众传播其制作的录音录像制品的，本法另有规定的除外；（五）未经许可，播放、复制或者通过信息网络向公众传播广播、电视的，本法另有规定的除外；（六）未经著作权人或者与著作权有关的权利人许可，故意避开或者破坏技术措施的，故意制造、进口或者向他人提供主要用于避开、破坏技术措施的装置或者部件的，或者故意为他人避开或者破坏技术措施提供技术服务的，法律、行政法规另有规定的除外；（七）未经著作权人或者与著作权有关的权利人许可，故意删除或者改变作品、版式设计、表演、录音录像制品或者广播、电视上的权利管理信息的，知道或者应当知道作品、版式设计、表演、录音录像制品或者广播、电视上的权利管理信息未经许可被删除或者改变，仍然向公众提供的，法律、行政法规另有规定的除外；（八）制作、出售假冒他人署名的作品的。"

（二）著作权的侵权责任

著作权的侵权责任包括民事责任、行政责任和刑事责任。

1. 民事责任

《中华人民共和国著作权法》第五十二条列举的侵权行为需要承担民事责任，可以通过停止侵害、消除影响、赔礼道歉等方式承担责任。①停止侵害是最大限度减少著作权人损失的措施。停止侵害包括：停止出版发行、封存处理、终止侵权产品传播等。②消除影响和公开赔礼道歉是恢复名誉的一种方法，可以是一定范围的口头声明，也可通过发表道歉声明的方式消除对著作权人的不利影响。③对于受侵害人的损失，侵害人应当给予赔偿。《中华人民共和国著作权法》第五十四条规定："侵犯著作权或者与著作权有关的权利的，侵权人应当按照权利人因此受到的实际损失或者侵权人的违法所得给予赔偿；权利人的实际损失或者侵权人的违法所得难以计算的，可以参照该权利使用费给予赔偿。对故意侵犯著作权或者与著作权有关的权利，情节严重的，可以在按照上述方法确定数额的一倍以上五倍以下给予赔偿。权利人的实际损失、侵权人的违法所得、权利使用费难以计算的，由人民法院根据侵权行为的情节，判决给予五百元以上五百万元以下的赔偿。赔偿数额还应当包括权利人为制止侵权行为所支付的合理开支。人民法院为确定赔偿数额，在权利人已经尽了必要举证责任，而与侵权行为相关的账簿、资料等主要由侵权人掌握的，可以责令侵权人提供与侵权行为相关的账簿、资料等；侵权人不提供，或者提供虚假的账簿、资料等的，人民法院可以参考权利人的主张和提供的证据确定赔偿数额。人民法院审理著作权纠纷案件，应权利人请求，对侵权复制品，除特殊情况外，责令销毁；对主要用于制造侵权复制品的材料、工具、设备等，责令销毁，且不予补偿；或者在特殊情况下，责令禁止前述材料、工具、设备等进入商业渠道，且不予补偿。"

2. 行政责任

《中华人民共和国著作权法》第五十三条列举的侵权行为情节和后果都更为严重，除了民事责任外，还要施以行政处罚。①警告。警告是行政机关对违法行为人提出的告诫和谴责，主要适用于情节比较轻微的违法行为。②责令停止制作和发行侵权复制品。这种处罚形式的作用是使侵权人不能继续通过制作和发行侵权复制品营利，但没有触及侵权人通过制作和发行侵权复制品获得的收益。因而在侵权人已获得收益的情况下，单独使用此处罚形式是不合适的。③没收非法所得。没收非法所得是指将侵权人通过侵权行为所获得的全部收益收缴国库。这种处罚形式是前一种处罚形式的补充，二者结合起来可使侵权人无利可得。④没收侵权复制品。为防止侵权人将制作出来的侵权复制品发行，继续对受害人造成损害，有必要没收侵权复制品。⑤没收侵权复制品的制作设备。对那些可能继续侵权的侵权人，为从根本上消除其继续制作侵权复制品的可能性，有必要没收其制作侵权复制品的设备。⑥罚款。《中华人民共和国著作权法实施条例》第三十六条规定：有著作权法第四十八条所列侵权行为，同时损害社会公共利益，非法经营额5万元以上的，著作权行政管理部门可处非法经营额1倍以上5倍以下的罚款。

3. 刑事责任

侵权行为情节严重构成犯罪的，需要承担刑事责任。《中华人民共和国刑法》第二百一十七条规定："以营利为目的，有下列侵犯著作权或者与著作权有关的权利的情形之一，违法所得数额较大或者有其他严重情节的，处三年以下有期徒刑，并处或者单处罚金；违法所得数额巨大或者有其他特别严重情节的，处三年以上十年以下有期徒刑，并处罚金：（一）未经著作权人许可，复制发行、通过信息网络向公众传播其文字作品、音乐、美术、视听作品、计算机软件及法律、行政法规规定的其他作品的；（二）出版他人享有专有出版权的图书的；（三）未经录音录像制作者许可，复制发行、或者通过信息网络向公众传播其制作的录音录像的；（四）未经表演者许可，复制发行录有其表演的录音录像制品，或者通过信息网络向公众传播其表演的；（五）制作、出售假冒他人署名的美术作品的；（六）未经著作权人或者与著作权有关的权利人许可，故意避开或者破坏权利人为其作品、录音录像制品等采取的保护著作权或者与著作权有关的权利的技术措施的。"

（三）著作权纠纷处理

著作权纠纷处理的方式有调解、仲裁和诉讼三种方式。

《中华人民共和国著作权法》第六十条规定："著作权纠纷可以调解，也可以根据当事人达成的书面仲裁协议或者著作权合同中的仲裁条款，向仲裁机构申请仲裁。当事人没有书面仲裁协议，也没有在著作权合同中订立仲裁条款的，可以直接向人民法院起诉。"

调解是指发生纠纷时，在调解组织的主持下，当事人达成和解协议的纠纷解决方式。调解组织可以是著作权行政管理部门和其他部门，也可以是其他社会团体和群众组织。著作权侵权纠纷和合同纠纷都可以通过调解解决。调解协议不具有法律上的强制性，不能予以强制执行。达成协议后，一方反悔，不同意按调解协议执行的，调解协议即失去效力，当事人可通过诉讼来解决纠纷。

仲裁是指仲裁机构依照一定的仲裁程序对当事人的纠纷进行裁决的纠纷解决方式。著作权的仲裁由著作权仲裁机构进行，主要适用于对著作权合同纠纷的解决，而且在著作权合同中必须订有仲裁条款或者事后达成书面仲裁协议，如果没有仲裁条款或者事后未达成书面仲裁协议的，不能进行仲裁。著作权仲裁机构所作出的仲裁具有法律上的强制力，一方不履行仲裁裁决的，另一方可以申请人民法院强制执行。

诉讼是指通过向人民法院起诉，利用诉讼程序解决著作权纠纷的一种方式。诉讼是《中华人民共和国著作权法》所规定的解决著作权纠纷的主要方式。当事人可以直接向人民法院起诉或者当事人之间调解不成及调解达成协议后一方反悔的，也可向人民法院起诉，此外，执行仲裁申请的人民法院发现仲裁裁决违法的，有权不予执行，当事人也可以就合同纠纷向人民法院起诉。当事人向人民法院请求保护著作权的诉讼时效期间为两年，时效期间从著作权人知道或者应当知道权利被侵犯时开始计算。人民法院在审理案件过程中，对于侵犯著作权或者与著作权有关的权利的，可以没收违法所得、侵权复制品及进行违法活动的财物。

拓展阅读　　　　　　　　知识共享组织

1. 什么是知识共享组织？

知识共享是 Creative Commons 的通用译名，一般简称为 CC。CC 既是该国际组织名称的缩写，也是一种版权授权协议的统称，其标识如图 5-1 所示。CC 协议发源于美国，是网络上的数字作品（文学、美术、音乐等）许可授权机制，它致力于让任何创造性作品都有机会被更多人分享和再创造，共同促进人类知识作品在其生命周期内产生最大价值。

图 5-1 知识共享组织标识

2001 年，以美国斯坦福大学法学院教授劳伦斯·莱斯格（Lawrence Lessig）为首的知识产权专家共同成立了知识共享组织。这个组织是一个非营利组织，其主要理念是遵从现有的法律框架，利用互联网的技术手段，力图克服传统著作权保护方式的不足，通过向公众免费提供一系列独特的许可协议，为创造性成果提供一种更加灵活并且行之有效的保护与使用方法。

2002 年该组织发布了知识共享许可协议，这是该组织所提供一系列弹性著作权授权方式的名称，并在全球越来越多的地区被广泛采纳，目前的协议版本为 4.0 版本（CC 协议 4.0）。在目前网络上流行的授权许可证主要有 BSD（伯克利软件发行版，Berkeley Software Distribution）及其系列、GNU 系列、Copy Left 系列（事实上这个概念包括前两者）及 CC 系列。其中，BSD 许可证和 GNU 系列许可证更广泛地应用于软件及其源码方面，而 CC 系列许可证主要用于文字或艺术类的创作内容上。

2. 为什么要使用 CC 协议？

由于网络世界的公开性与匿名性，创作者的版权内容难以得到恰当的保护，创作者也没有一个恰当的、合乎法律的主动声明去保护自己的创作内容。知识共享组织设计了一系列协议，目的是在作者保留相关版权权利的前提下，作品在满足特定条件的情况下便可以被自由复制、传播，在不违反版权保护法律的情况下获得、分享更多创作素材。

选择 CC 协议能达到以下目的。

（1）作者版权仍得到保留。

（2）主动宣告他人在协议限定范围内的分享行为可以不向作者告知。分享行为包括：网络上的发表、转载、二次发布，实体中的转载、印刷、使用、展览等，一般而言，这些行为被概括为"转载""使用""二次演绎"三种形式。

（3）主动宣告不允许的使用行为。不允许的使用行为包括：商业性使用、二次创作、改变授权方式的再次分享。

思 考 题

1. 什么是著作权？著作权有什么作用？
2. 试述著作权的分类及其意义。
3. 简述法定许可和合理使用的关系。

4. 请以第一人称视角讲述一个著作权侵权的案例，并作简要分析。

5. 著作权和邻接权有何关系？邻接权保护的是什么权利？

参 考 文 献

金眉. 1994. 论图书出版者的权利与义务[J]. 江海学刊，（4）：64-67.

李永明. 2002. 论表演者权利的法律保护[J]. 浙江大学学报（人文社会科学版），（4）：45-51.

汤啸天. 2000. 论编辑的法律意识及其权利义务[J]. 编辑学报，（2）：66-69.

王辉. 2005. 著作邻接权初论[J]. 牡丹江教育学院学报，（3）：114-116.

袁博. 2018. 著作权法解读与应用[M]. 北京：知识产权出版社.

钟鸣. 2020. 著作权及其他裁判规则[M]. 北京：法律出版社.

朱庆华，颜祥林，袁勤俭. 2017. 信息法教程[M]. 3 版. 北京：高等教育出版社.

第六章　数字信息的产权保护

学习目标

通过本章的学习，了解商业方法的相关概念，商业方法专利的必要性、主要类型及发展趋势；对域名和商标的性质及两者之间的关系、域名与商标冲突的表现及保护有一定的理解；重点把握数字化作品和数据库的版权问题。

本章导语

计算机和互联网被认为是改变人类历史的重大发明。奔腾在互联网世界中的比特流在不断地改变着人类的认知与社会的发展，从网络化向数字化、智能化发展已经成为信息社会的一个重要趋势。随着数字技术的不断发展，传统的知识产权制度开始面临更多挑战，出现了一些传统专利、商标和著作权制度难以保护或者保护不力的新客体，如商业方法软件、域名和数据库等，这就要求我们用更广阔的视野来认识知识产权。

第一节　涉及商业方法的专利申请

一、商业方法的相关概念

美国专利分类第 705 类对商业方法的定义如下：装置及对应的方法，用于商业运作、政府管理、企业管理或财务资料报表的生成，它使资料在经过处理后有显著的改变或完成运算操作；装置及对应的方法，用于改变货物或服务提供时的资料处理或运算操作。

欧洲专利局（European Patent Office，EPO）认为：商业方法涉及人、社会与金融之间关系的任何主题。具体可以包括以下内容：调查用户习惯的方法；市场营销方法；引导用户消费方法；商品及服务的方法；记账方法；开发新市场和新交易的方法；产品及服务的分配方法；产品与制作方法的利用（如一种集装生产线使用的想法，快速生产的方法等）。在金融服务和与互联网有关的电子商务活动中有更多的商业方法的专利。

WIPO 认为：商业方法是指借助数字化网络经营商业的、有创造性的方法。

商业方法专利，也叫商业模式专利，由于绝大多数的商业方法专利与计算机软件相结合，因此商业方法专利也称为商业方法软件专利。一般认为其既包含了普通的商业方法专利，又包含了与计算机软件有关的商业方法专利，在多数情况下特指后者，因此也称为电子商务商业方法。根据《中华人民共和国专利法》的规定，普通的商业方法通常被视为智力劳动的规则，专利法不予以保护，而与计算机软件相关的商业方法专利与技术相结合，可能能够解决一定的技术问题，达到一定的技术效果，可能具有"可专利性"。我国《专利审查指南》给出的具体说明是："如果一项权利要求在对其进行限定的全部内容中既包含智力活动的规则和方法的内容,又包含技术特征,则该权利要求就整体而言并不是一种智力活动的规则和方法,不应当依据专利法第二十五条排除其获得专利权的可能性。"

《中华人民共和国专利法》并没有同一些国家的专利法那样规定计算机程序本身、商业经营方法不能授予专利权,这给我国扩大授予专利权的主题范围预留了空间。2004年10月,国家知识产权局发布了《商业方法相关发明专利申请的审查规则(试行)》,对商业方法作出了进一步解释:商业的含义是广义的,包括金融、保险、证券、租赁、拍卖、投资、营销、广告、旅游、娱乐、服务、房地产、医疗、教育、出版、经营管理、企业管理、行政管理、事务安排等。商业方法是指实现各种商业活动和事务活动的方法,是一种对人的社会和经济活动规则和方法的广义解释。商业方法相关发明专利申请是指以利用计算机和网络技术完成商业方法为主题的发明专利申请。单纯商业方法的发明专利申请与计算机和网络技术没有任何关联,主要是通过人的行为来实现商业运作的方法,属于商业方法本身,因此这种单纯商业方法的发明专利申请属于专利法第二十五条第一款第二项规定的"智力活动的规则和方法",不是专利法保护的客体。

商业方法相关发明专利申请是一种特殊性质的专利申请,其既具有计算机程序的共性,又具有计算机和网络技术与商业活动和事务结合所带来的特殊性。专利申请必须首先构成专利法意义上的"技术方案"。判断其是否为技术方案需要从三个方面进行:①所解决的问题是否为"技术问题";②是否运用了"技术手段";③是否由此获得了"技术效果"。技术问题、技术手段、技术效果缺一不可,称为"三要素判别法"。

国家知识产权局2019年12月对《专利审查指南》作出修改。新的《专利审查指南》对商业方法发明的解释是:"如果涉及计算机程序的发明专利申请的解决方案执行计算机程序的目的是解决技术问题,在计算机上运行计算机程序从而对外部或内部对象进行控制或处理所反映的是遵循自然规律的技术手段,并且由此获得符合自然规律的技术效果,则这种解决方案属于专利法第二条第二款所说的技术方案,属于专利保护的客体。"

商业方法相关发明专利申请的审查包括客体审查、新颖性审查和创造性审查。客体审查是判断其是否属于保护客体。进行新颖性审查时,应当考虑权利要求记载的全部特征,所述全部特征既包括技术特征,也包括算法特征或商业规则和方法特征。进行创造性审查时,应将与技术特征在功能上彼此相互支持、存在相互作用关系的算法特征或商业规则和方法特征与所述技术特征作为一个整体考虑。

知识点 | ## 《专利审查指南》中属于专利保护客体的情形

(1)执行计算机程序的目的是实现一种工业过程,如"一种控制橡胶模压成型工艺的方法"。

(2)执行计算机程序的目的是处理一种外部技术数据,如"一种去除图像噪声的方法"。

（3）执行计算机程序的目的是改善计算机系统内部性能，如"一种扩充移动计算设备存储容量的方法"。

申请内容举例如下。

（1）一种物流配送方法。申请内容概述：在货物配送过程中，如何有效地提高货物配送效率及降低配送成本，是发明专利申请所要解决的问题。在物流人员到达配送地点后，可以通过服务器向订货用户终端推送消息的形式同时通知特定配送区域的多个订货用户进行提货，达到了提高货物配送效率及降低配送成本的目的。

（2）一种共享单车的使用方法。申请内容概述：发明专利申请提出了一种共享单车的使用方法，通过获取用户终端设备的位置信息和对应一定距离范围内的共享单车的状态信息，使用户可以根据共享单车的状态信息准确地找到可以骑行的共享单车进行骑行，并通过提示引导用户进行停车，该方法方便了共享单车的使用和管理，节约了用户的时间，提升了用户体验。

（3）一种消费返利的方法。申请内容概述：发明专利申请提出了一种消费返利的方法，通过计算机执行设定的返利规则给予消费的用户现金券，从而提高用户的消费意愿，为商家获得更多的利润。

（4）一种区块链节点间通信方法及装置。申请内容概述：发明专利申请提出了一种区块链节点通信方法和装置，区块链中的业务节点在建立通信连接之前，可以根据通信请求中携带的 CA（Certificate Authority，证书颁发机构）证书及预先配置的 CA 信任列表，确定是否建立通信连接，从而减少业务节点泄露隐私数据的可能性，提高区块链中存储数据的安全性。

二、商业方法专利的必要性

（1）通过授予发明人一定期限内的独占使用权来保障商业方法专利发明人的投资回报，并通过对侵权行为的制裁来提供强有力的法律保护，能够激励电子商务创新。

（2）信息技术的特点决定了电子商务商业方法极易被模仿。与传统商业方法相比，电子商务商业方法的技术含量较高，发明者所付出的成本或面临的风险更大。如果未能获得专利制度的保护的话，发明人会因此而付出较大的代价，会抑制技术创新的积极性。

（3）电子商务商业方法在以美国为首的网络经济发达国家获得专利保护，导致全球电子商务商业方法专利侵权诉讼案件数量急剧增加，也使得未实行这种专利制度的国家的网络企业面临日益增高的侵权被诉风险。因此，我国应尽快建立电子商务商业方法专利制度，这样有利于惩戒和防范侵权，激励创新，从而促进电子商务的发展。

三、商业方法专利的主要类型

从目前世界各国商业方法类的申请和授权情况来看，围绕着网络经济和金融活动的商业方法专利大体可以分为以下几类。

（一）网络交易类

网络交易类商业方法专利包括利用互联网进行买卖、拍卖等活动所使用的方法和系统申请的专利。在商业方法专利中，此类申请量和授权量最多。比较著名的有亚马逊网站的"一次点击"（"1-click"）专利，亚马逊网站持有的"1-click"专利，全称是通过电信网络处置购买指令的方法和系统（method and system for placing a purchase order via a communications network）。该专利的主要内容是在网上购买物品时如何处理交易指令的相关内容。在因特网上购买某一物品时，需要由买方在客户端向相关的服务器发出购买指令，然后经过客户身份的认证、销售商信息的确认、交易确认、转账等一系列的过程。"1-click"专利简化了客户通过网络购买物品的手续。

（二）金融类

金融类商业方法专利包括：融资的方法和系统、资金或风险管理的方法和系统、支付结算的方法和系统等。例如，大学储蓄银行持有的学费融资方法（method of funding college tuition）专利。该专利是通过向特定学生提供学费融资，利用学生就业后一定时期的收入来偿还并积累教育基金的方法。

（三）市场营销类

市场营销类商业方法专利主要包括：各类信息发布、业务宣传与广告和市场拓展的方法与系统。例如，DoubleClick 的"DART"专利权，该专利的全称是"在网络上传送、目标定位以及测量广告的方法"。个人用户及网络的使用已经被统计，广告的使用可以追踪以便定位个别用户的广告目标。在回应附属网址（affiliated sites）的要求时，一个广告服务商基于用户及网络的信息向进入该网址的人传送一个合适的广告。

（四）管理类

管理类商业方法专利包括：管理方法、会计方法、税务处理方法等。例如，IBM（International Business Machines，国际商业机器）的 E-business 专利，申请的内容在于企业的网络化管理，包括对工作流程安排、后勤支持、人力及资源配置、市场信息等前后端的整合，讲求的是流程效率及顾客导向观念。以该公司 1996 年获得的美国 5504675 号专利为例，该专利为自动化促销筛选方法与系统，企业每收到一位顾客的资料，就通过这个系统与现有数据库的存货资料、其他顾客的采购资料等进行对比分析，而后建议企业修改营销策略，选择最合适的营销方案。

四、商业方法专利的发展现状及发展趋势

商业方法专利是信息技术发展的产物。计算机和网络信息技术的发展，在延伸人们经

济活动的边界和提高生产效率的同时，也使专利制度发挥了更大的作用。因此，商业方法专利出现后，由于其本身所具有的权利覆盖广泛等属性，备受具有战略眼光的发达国家企业的重视，得到了迅速发展。

在美国，商业方法专利经历了 20 世纪末的快速增长。但是，当专利得到较快授权时，与保护范围局限于发明人作出的实际贡献的专利相比，较宽的保护范围削弱了对其他处在该发明行业内的人的激励，不少商业方法专利获得授权后就陷入了诉讼之中。美国专利商标局与一些法学专家开始研究和探讨如何使商业方法专利的审查制度更加稳定和有效。EPO 也从最初的敌视、怀疑转向了考虑如何通过修改专利审查指南，在欧洲建立相应的专利制度体系。总的来说，目前人们对于商业方法专利的态度和有关政策趋向于稳定和理性化。

当前，世界主要国家和地区已经普遍接受商业方法专利保护。美国是判例法国家，自1998 年道富银行案起，美国就开启了对商业方法进行授权的实践并进行了大力推进。EPO于 2001 年 11 月 2 日公布了修改后的审查指南，确认了 EPO 在计算机和商业方法上的扩大保护政策。根据这版审查指南，当专利申请指向执行商业方法中某些步骤的计算机、计算机网络或程序时，应按照计算机实施的发明从整体上对其进行专利审查。日本对商业方法专利保护的态度和行动一直非常积极。1999 年 12 月，日本专利局（Japanese Patent Office，JPO）发布了《与商业有关的发明的审查》，提出大多数与商业有关的发明可以认为是某种形式软件的有关发明，并可以被授予专利权。

我国国家知识产权局对商业方法专利申请并不是一概排斥，只有那些属于"智力活动的规则和方法"的商业方法申请才不具备可专利性，而那些能够满足"三要素判别法"（即"为解决技术问题，采用技术手段并获得技术效果"的发明专利审查基本原则）的部分商业方法申请，则具有可专利性。我国国家知识产权局在界定商业方法相关发明专利申请的保护客体上比较慎重，但并未将具有技术贡献的商业方法相关发明专利申请排除在外。

总的来看，商业方法专利的发展具有以下几个特点：对商业方法提供专利保护，正在成为专利保护的一个新的发展方向，国际社会的趋向性态度已经较为明显；发达国家在商业方法专利申请和授权数量方面，远远超过发展中国家，在商业方法专利方面的"数字鸿沟"日益扩大；商业方法专利正在向"方法专利化—专利标准化—标准许可化"的方向演进；金融、管理类的商业方法和数据处理方法，是商业方法专利申请的重要发展领域。

第二节　域名与商标的冲突及解决

一、域名的性质以及与商标的关系

在因特网上，每个网络节点都有一个互联网协议（internet protocol，IP）地址，但由于 IP 地址是一组数字，难以记忆，而有些节点又必须记住，如服务器等。于是人们使用域名（domain name，DN）来标识网络地址，并建立了域名和 IP 地址的对应（依靠域名服务器完成）。域名是一组字母及符号的组合，具有标识性、唯一性、排他性的特征，类似于商标和商号。域名的格式如：http://www.gov.cn、https://www.jd.com。域名类似于网络上的门牌号码，是用于识别和定位互联网上的计算机的层次结构式字符标识，与该计算机的 IP 地址相对应。但相对于 IP 地址而言，域名更便于使用者理解和记忆。

知识点　　　　　　　　　　　　**IP 地址**

　　IP 地址是网络协议地址，工作在 ISO/OSI（International Organization for Standardization/Open System Interconnection，国际化标准组织开放系统互联通信）模型的网络层，用来标识网络层设备的网络地址。目前使用的 IPv4（internet protocol version 4，第 4 版互联网协议）地址是由 4 个 0 到 255 之间的数字组成的，格式如：159.226.1.1。IPv6（internet protocol version 6，第 6 版互联网协议）地址是 IP 地址的第六版本，拥有 128 位的地址（IPv4 为 32 位），可以有效解决 IPv4 地址紧缺的问题。

（一）域名的性质

　　从域名具有的基本的功能及其技术特征来看，其主要特征如下。

　　（1）标识性。域名是一种互联网上的地址，这种虚拟世界中的地址就像现实世界中的名称或者门牌号码一样，是浏览者识别该域名与其他域名的一个特征。

　　（2）唯一性。互联网是一个开放的、全球性的网络系统，为了保证域名标识作用的发挥，域名必须在全球范围内具有唯一性，即每个域名在全球范围内都必须是独一无二的。只有这样，才能从根本上保证域名的标识性作用。

　　（3）排他性。域名的排他性是其唯一性的进一步延展和保证。由于域名在全球范围内是唯一的，因此，它在全球范围内也是排他的，即一个域名的出现意味着其他域名不能使用与之相同的名称。在因特网上使用域名必须首先申请注册，申请注册要遵循"先申请先注册"的原则，即只有欲申请注册的域名不与已注册的所有域名相同，才能获得有效的注册，而域名一旦获得注册，它就必然排斥此后欲申请注册的与之相同的域名。

　　（4）稀缺性与价值性。稀缺性是指域名注册的需求与可供选择的域名之间的矛盾。域名的稀缺性是由域名的唯一性产生的，由于域名具有唯一性，而随着经济的发展，人们对域名的需求量越来越大，这种矛盾使域名变成了一种稀缺性资源，从而具有了经济价值。域名可供选择的量是有限的，再加上域名的标识性具有商业价值，能够给经营者带来利益，因此，域名具有价值性的特征，这也是域名与商标权产生冲突的原因之一（杨玲梅，2009）。

（二）域名与商标的关系

　　域名作为一种资源标识符，本质上并不是一种知识产权，域名刚开始不能像商标那样被作为知识产权受到保护。但随着滥用域名导致的对商标的干扰、侵犯甚至削弱其价值的问题不断凸显，法律已经开始将某些知识产权的权利内容赋给域名，以保护权利人的利益。

当域名注册人从事经营活动时，其域名就构成商业标识，从这一前提出发，域名与商标有一定的相同之处，但两者在许多方面存在着差别，具体如下。

（1）域名只能由文字、数字组成，包括中文、汉语拼音、外文等。商标的组成选择范围要更加广泛，还可使用图形、三维标志及声音等要素，甚至某些国家还可以使用气味商标等。

（2）商标的注册和保护是按商品或服务类别进行的，在商品或服务类别不同的前提下，同一商标有可能被不同的企业使用。域名则不可能出现两个完全相同的字符或字符串。因此，欲申请注册的商标如果与已经注册的商标相同或相近且使用在相同或相近的商品或服务上，就不能获得注册。而域名，只要不出现与已经注册的域名完全相同的情况，就能够获得注册。

（3）取得原则不同。商标的取得原则主要有三种：①注册在先原则；②使用在先原则；③前二者的折中。不同的国家或地区可能采用不同的原则。域名的注册则采用注册在先原则，先申请、先注册，不注册就不能在互联网上使用，此原则为各国所普遍遵循。

（4）使用对象不同。例如，《中华人民共和国商标法》规定，注册商标的专用权，以核准注册的商标和核定使用的商品为限。域名是用于解决 IP 地址对应的一种方法，是为了方便人们使用互联网而创设的，它并不直接与商品或服务相联系，且不能离开互联网而独立存在。

（5）商标的注册和使用有严格的禁用条款。对于域名的注册，国外的禁用范围很小，限制程度也较宽松。

（6）时间范围不同。商标有限定的保护期，须通过续展的方式获得永久使用权；域名一经获得即可永久使用，并且无须定期续展。

（7）商标根据是否注册，可以区分为注册商标和非注册商标，即商标除法定必须强制注册的商品外，其他类型的商品可以使用未注册商标，而域名非经法定机构注册不得使用。

（8）商标与域名的使用主体有所区别。《互联网域名管理办法》规定的组织中，包括政府部门，其域名后缀是 gov，而《中华人民共和国商标法》规定的主体中，并不包括政府部门。

域名与传统的商标是相类似的客体，也可将域名与商标一样纳入知识产权的保护范围之内。但它们之间也存在较多不同，不能简单地将域名等同于商标。

知识点　　域名与商号的关系

（1）域名和商号都可用于区分不同的公司，具有一定的标识性和排他性，并且从理论上讲，这种标识性和排他性都是无限期的。

（2）一般情况下域名和商号都以注册或登记为前提，这是它们的共同之处。

（3）域名与商号的差异在于，商号的标识性和排他性要受到地域范围的限制，具有地域性（而且地域性的范围有时比商标还要小），而域名的标识性和排他性则无此限制，它是全球性的，因而是绝对的。

二、域名与商标冲突的表现及保护

（一）域名注册行为的类型

商标与域名之间的争议，主要可以归结为两大类：一是将与他人相同或近似的商标注册为自己的域名；二是将与他人相同或近似的域名注册为自己的商标。

在第一类争议中，根据域名持有人申请注册域名时是否明知其欲注册的域名为他人商标，可以划分为以下几种情形。

（1）恶意注册。这是指域名持有人在申请注册域名时明知或应知其欲注册的域名为他人的商标而进行注册的行为。域名持有人可能出于多种目的恶意注册域名，如为了"搭便车"，将他人的商标注册为自己的域名供自己使用，从而宣传自己的企业和商品；也有人将他人的商标注册为域名后自己不使用，而是以高价向商标权人或第三人出售、出租；也有将他人的商标注册为域名后自己既不使用，也不向商标权人或第三人出售、出租，而是将其闲置，以限制商标权人就其商标注册域名。

（2）意外巧合。意外巧合也称注册不当，是指域名持有人在申请注册其域名时确实不知道或应当不知道他人商标的存在而注册了该域名，所申请注册的域名只是巧合地与某人的商标相同或近似。目前各国家的域名注册规则都没有规定要对域名注册申请人欲注册的域名进行商标相同或近似的审查，这就容易造成域名注册人由于不知道某一商标而无意中注册了与该商标相同或近似的域名的情况。

（3）合理注册。商标的唯一性是相对的，它只要求在同种类或相似的商品和服务上不能使用相同的商标，如果商品和服务是不同种类的，则可以共用同一商标。而且在现实社会中，几个商标权人共用一个商标的情形并不少见。但是域名的唯一性却是绝对的，不管商标专用权人有几个，只有最早申请注册的人才能获得与该商标相同的域名，其他商标权人则不能再就该商标申请注册域名。

第二类域名与商标争议也称为域名的反向劫持。域名申请人可以将他人的商标注册为域名，商标申请人当然也可以将他人的域名注册为商标，尤其随着互联网技术的发展，越来越多的网站、网页被人们所熟知，如"www.baidu.com""www.google.com""www.yahoo.com"等都成了人们耳熟能详的域名，商标申请人同样可以将这些知名度较高的域名注册为商标以"搭便车"，这对于其商品或服务的宣传无疑是一个捷径。随着具有高知名度域名的增多，这种争议也很可能增多。

（二）域名与商标冲突的表现

在我国，商标被抢注为域名的事件频频发生。这当中，既有我国企业的商标被别的企业抢注在国际顶级域名".com"之下的现象，也有我国企业将国外企业的商标抢注在中国国家顶级域名".cn"之下的现象。域名抢注的行为会给整个社会正常的市场竞争秩序带来很大的危害。但是从我国现有的法律来看，如果要追究抢注者的责任，还存在一些困难。

虽然《中华人民共和国商标法》第五十七条第七项中使用了"给他人的注册商标专用权造成其他损害"的表述，但是域名抢注是否一定属于给原有商标权人造成其他损害的范畴，还不太明确。目前，在我国的司法实践中，抢注域名案件的审理具体适用的法律是《中华人民共和国反不正当竞争法》第二条的规定，即"经营者在生产经营活动中，应当遵循自愿、平等、公平、诚信的原则，遵守法律和商业道德"。也就是说在我国，目前是将域名抢注行为认定为一种不正当的竞争行为的。

域名盗用的现象，在我国也有发生。例如，百度曾因域名被盗导致服务中断长达 5 小时。黑客通过网络聊天工具假冒百度员工，向 Register.com 的客服人员求助，要求客服代表更改百度的电子邮件地址存档。实际上，这名黑客并未正确回答安全问题，也无法访问百度域名的注册电子邮箱，因而其编造了一个确认码，并在客服代表索取时发送给对方。在没有检验两组确认码是否一致的情况下，Register.com 的客服人员便同意了对方的请求，更改了百度的注册邮箱。而后，该黑客利用新邮箱更改了百度账号的设置，且将百度重定向到其他网页。百度在与域名商 Register.com 联系，要求其提供帮助遭到拒绝后，便在纽约向美国当地法院提起诉讼。经调查发现，由于 Register.com 公司在安全防护协议方面存在漏洞，使得黑客"轻易"突破了 Register.com 公司的安全防护，从而导致了百度的域名被盗。最终，经多次调解后双方达成和解，Register.com 公司赔偿百度的损失，并且正式向百度公司发布公开道歉声明。

经典案例：IKEA 的域名注册侵权

（三）域名与商标冲突的保护

随着商标具有越来越重要的经济和社会价值，对它的保护成为国际社会所关注的热点问题。随着信息技术的发展，对商标的"抢注"或"盗用"现象已从传统的注册为商标发展为注册为域名。世界范围内对商标的保护是否也要延伸到网络空间中的讨论，也因此达成共识，即人们对商标的网上保护普遍持肯定意见。

1. 美国的相关解决机制

虽然现在世界各国对于域名的法律性质与法律地位还没有统一的规定，学术界也未出现信服度较高的学说，但是美国的司法实务界将域名作为一种新型的商标权加以保护。《反域名侵占消费者保护法》的制定细化了恶意抢注域名中"恶意"的标准（共 9 条），增加了驰名商标的认定及救济方式（此部法律对于域名与驰名商标冲突、域名与普通商标冲突采取不同的纠纷解决办法），规定了域名与商标权利冲突的救济方式，创造性地提出了对物诉讼制度。对物诉讼制度是与域名本身特点紧密相关的。域名注册人流动性大、不易确定。

2. 国际机构的解决机制

（1）WIPO 报告。WIPO 于 1999 年 4 月 30 日公布了 WIPO 报告，此报告只是一部建议性的、未通过最终决议的报告，不具有强制性，但对于域名互联网管理过程中出现的域名与商标权冲突的解决有一定的指导性作用。

（2）国际互联网名称与地址分配公司的有关规定。国际互联网名称与数字地址分配机构（The Internet Corporation for Assigned Names and Numbers，ICANN）于 1998 年 10 月成立，是互联网地址分配及域名管理的最高权力机构。

3. 我国现有的解决域名与商标权利冲突的立法

（1）《互联网域名管理办法》。现行的《互联网域名管理办法》于 2017 年公布，其规定了工业和信息化部对全国的域名服务实施监督管理，各省、自治区、直辖市通信管理局对本行政区域内的域名服务实施监督管理。该办法规定了域名的管理、注册等基本问题，也囊括了争议解决办法。

（2）《国家顶级域名争议解决办法》。现行《国家顶级域名争议解决办法》自 2019 年6 月 18 日起施行。2014 年 11 月 21 日的《中国互联网络信息中心国家顶级域名争议解决办法》同时废止。《国家顶级域名争议解决办法》对"恶意抢注域名"中的"恶意"进行了更加完善的规定，对合理解决恶意抢注域名侵犯商标权提供了可行性的参考意见。另外，《国家顶级域名争议解决办法》第十条规定，"被投诉人在接到域名争议解决机构送达的投诉书之前具有下列情形之一的，表明其对该域名享有合法权益：（一）被投诉人在提供商品或服务的过程中已善意地使用该域名或与该域名相对应的名称；（二）被投诉人虽未获得商品商标或有关服务商标，但所持有的域名已经获得一定的知名度；（三）被投诉人合理使用或非商业性合法使用该域名，不存在为获取商业利益而误导消费者的意图"。

第三节　数字作品的版权保护

一、数字技术与数字作品的概念

数字技术就是依靠计算机技术把一定形式（文字、数值、图形、图像、声音等）的信息转换成二进制数字编码，再进行组织、加工、储存、传输，并在需要时把这些数字化了的信息还原成原来的信息形式的技术。随着数字技术的出现，文字、美术、摄影、动画、电影电视等作品都可以依靠计算机技术进行储存，依靠数字传输技术进行传输，都可以具有二进制数字编码的表达形式，并且都可以依靠数字技术实现原有形式与数字形式的相互转换。于是，人们便把以二进制数字编码形式表达的各种作品称作数字作品。这里需要强调的是，数字作品不仅包括文字、美术、摄影、动画、电影电视等传统作品的数字表达形式，还包括从其被创作之时就是用二进制数字编码形式表达的计算机软件、数据库和多媒体作品等新型数字作品。为了区别，有学者称前者为数字化作品，后者为数字式作品。

拓展阅读　　　《关于制作数字化制品的著作权规定》

　　1999 年 12 月 9 日国家版权局发布《关于制作数字化制品的著作权规定》，2003 年 12 月废止。数字化制品，是指将受著作权法保护的作品以数字代码形式固定的有形载体，包括激光唱盘（compact disc，CD）、激光视盘（laser disc，LD）、数码激光视盘（video compact disc，VCD）、高密度光盘（digital video disc，DVD）、软磁盘（floppy disk，FD）、只读光盘（photo-CD）、高密度只读光盘（DVD-read-only memory，DVD-ROM）、集成电路卡（integrated circuit card，ICCard）等。传统作品被数字化，实际是将该作品以数字代码的形式固定在磁盘或光盘等有形载体上，改变的只是作品的表现和固定形式，对作品的"独创性"和"可复制性"不产生任何影响。作品经数字化后，只是物质载体发生了变化，并没有创作行为，仍然是原作品。

二、数字化作品版权保护问题的处理

　　数字技术出现以后，数字化作品得到了相当大的发展。但是数字化作品本身的易复制性特点造成了擅自拷贝数字化作品的简单易行，为从事盗版侵权活动的人带来了极大的便利，因此数字化作品的作者权益不可避免地会受到损害。与此同时，几乎所有类型的作品都可以具有数字形式，如果数字化作品得不到有效的保护，那么几乎所有的传统作品都将不会受到保护。因此从保护数字化作品作者和传统作品所有权人的权益的角度出发，对于数字化作品必须加强知识产权保护。

（一）数字化作品的著作权利归属问题

　　要弄清数字作品的著作权归属，首先要确定作品数字化过程中的法律性质。相比之下，确认作品的数字化转换是"复制"行为的依据更加充分。其一，与国际立法趋势相吻合。《保护文学和艺术作品伯尔尼公约》的实质性条款和美国信息基础设施工作机构发表的《知识产权与国家信息基础设施》白皮书强调了作品数字化行为的"复制"属性。其二，《中华人民共和国著作权法》第十条第十五项规定："翻译权，即将作品从一种语言文字转换成另一种语言文字的权利。"这里并没有明确指出"语言文字"是否包含二进制数字编码，但是 1991 年 WIPO 提出的《关于伯尔尼公约议定书的备忘录》第三十一条的IX规定"在公约里，翻译的概念过去和现在都针对实际语言及人类语言"，若以此为依据，把数字作品作为类似于翻译的演绎行为就不太恰当。

　　依据《中华人民共和国著作权法》第十条的规定推定"复制是指以印刷、复印、临摹、拓印、录音、录像、翻录、翻拍等方式将作品制作一份或多份的行为"，这里的"复制"可以理解成包含了数字化或其他行为方式，但同样也可以理解为否定包括数字化行为方式。我国《计算机软件保护条例》第八条第四项的推定"复制即将软件制作一份或多份的行为"，这一定义显然包含了数字化行为。但《计算机软件保护条例》是低于《中华人民共和国著作权法》的行政法规，其调整范围限于计算机软件，如果《中华人民共和国著作权法》不认为作品数字化是复制行为，解决办法是对其进行扩充和修改，以适应信息技术发展的需要。

（二）我国数字化作品著作权保护的适用规范

一是《中华人民共和国著作权法》，这是针对知识产品著作权保护方面的专门法律，由全国人民代表大会制定，具有较高效力；二是国务院制定的《中华人民共和国著作权法实施条例》；三是国务院颁布的《信息网络传播权保护条例》，该保护条例首次对网络合理使用与法定许可作出了明确规定；四是最高人民法院《关于审理涉及计算机网络著作权纠纷案件适用法律若干问题的解释》，该解释结合我国具体的司法实践，在一定程度上弥补了著作权法中的不足和空白；五是国家版权局和信息产业部（现更名为工业和信息化部）联合颁布的《互联网著作权行政保护办法》，该办法明确规定了侵犯信息网络传播权的一系列行为，并在一定程度上为权利人提供了新的救济途径。

（三）数字作品版权利益冲突的主要表现

一方面，信息技术的发展使得知识和信息的传播方式由纸质传播逐渐转变为数字方式的传播，数字技术以其独有的数字化、无限复制、交互性和全球性等特性使作品的产生、传播和复制变得异常廉价、快捷和广泛，大量从事数字信息服务的网站和数字图书馆应运而生。数以亿计的网络用户利用计算机技术［包括 P2P（peer to peer，对等网络）技术］能够便捷地在互联网上浏览、编辑、发布、下载各类数字作品，从而带来了大量的侵权和盗版问题，网络用户的需求和使用与权利人利益间的冲突不断被激化。在此种情形下，权利人迫切需要更强硬的法律和技术保护，以消除几乎所有未经授权的复制现象和直接控制消费者对产品的处理行为，"合理使用"与法定许可的范围被进一步缩小。

另一方面，传统的著作权使用方式是作者授权出版商出版作品，然后读者按照出版商规定的方式使用该作品。虽然目前大多数仍为纸质出版物，但有很多内容提供商将原刊载于纸质媒体上的作品数字化后上传至互联网。这样导致的结果是，仅仅凭借作者与出版社签订的授权使用合同，如果没有特别声明，就无法涵盖作品转化形式后的被使用范围，即便是特别声明，事实上也无法控制其作品在网络世界中的命运。传统的版权授权通道狭窄导致了传播者"获得授权"难、"构成侵权"易的困境。面对浩如烟海的作品和数量庞大的作者，使用者要一一获得授权许可的难度之大可想而知。如何取得著作权的使用许可，已经成为一个制约全局的"瓶颈"问题。

三、数据库的产权保护

数据库是指以系统或有序的方式编排的，并可通过电子或其他方式单独访问的独立作品、数据或其他材料的集合，不限于电子数据库，可以是企业名录、黄页、电话簿、火车或航班时刻表、百科全书等。数据库是现代社会重要的信息管理工具，其产业发展水平标志着一个国家信息资源开发利用的程度。它对于促进一个国家科技、文化、教育、经济、法律等各个社会生活领域的发展，加速社会化的信息进程，维护国家的数据主权意义重大。

（一）数据库版权保护的可行性

数据库是一种汇编作品，受著作权的保护，且只有那些在其内容的获得、校验、编排等方面进行了实质性投入的数据库才可以成为特殊权利的保护对象或范围。

数据库是可以享有著作权保护的作品。TRIPs 对数据库问题作了专门规定。TRIPs 第十条第二款规定，"数据汇编或其他资料，无论机器可读还是其他形式，只要由于对其内容的选取或编排而构成智力创作，即应作为智力创作加以保护"。1996 年《世界知识产权组织版权条约》第五条以"数据汇编（数据库）"为标题，其内容与 TRIPs 基本一致。《中华人民共和国著作权法》第十五条规定：汇编若干作品、作品的片段或者不构成作品的数据或者其他材料，对其内容的选择或者编排体现独创性的作品，为汇编作品，其著作权由汇编人享有，但行使著作权时，不得侵犯原作品的著作权。由此可见，TRIPs、《世界知识产权组织版权条约》及《中华人民共和国著作权法》的规定对于保护数据库的条件同对汇编作品的要求相近。

由于数据库与汇编作品概念的相似性，也可以将数据库的范围相应扩大，即数据库已不再专指电子数据库，而应作广义的解释，它包括传统的工商企业名录、电话簿、火车或航班时刻表、百科全书等汇编作品。此外，随着数字技术的发展，任何信息都可以数字化，就不需要规定是否采用机器可读形式了。因此，WIPO 专家委员会等对数据库都作出了进一步发展而明确的定义，即"数据库是指以系统或有序的方式编排的，并可通过电子或其他方式单独访问的独立作品、数据或其他材料的集合"。

（二）数据库制作过程中的版权问题

尽管数据库被认为是一种汇编作品，能得到著作权法的有效保护，但在具体保护中还是存在一些问题。

（1）保护期问题。在我国的著作权法中，对于编辑作品的保护期并无特别的规定，是否仍为 50 年，需要加以明确。而国际信息公路联通后，保护期又有与国际接轨的问题，有些国家（如法国、德国）的保护期是 70 年。如果在中国通过计算机网络使用了德国或法国已超过 50 年，但又在 70 年保护期内的数据库算不算侵权？要世界各国对保护期做统一规定是难办到的，但彼此间用协议的形式来协调网络环境下对保护期的操作是有必要的。

（2）独创性问题。受到著作权法保护的数据库被要求具有独创性，但是目前对于独创性却没有统一的标准。有学者认为独创性是指作品是由作者独立完成的而不是抄袭他人的，不要求作品存在什么创作高度，强调的是作者对作品形式的独立表达。还有学者认为独创性包括"独立"和"创作"两层含义，除要求作品是作者独立完成之外，还要求作品具有"创作"成分，尽管对创作高度的要求很低，但完全没有则不能构成作品（李伟文和王源渊，2000）。

（3）数据库结构的保护问题。第一，数据库结构是一种操作方法或者构建和存取数据库的方法，如果其享有著作权，那么任何一个数据库只要结构相同或者相似，则无论其含有什么数据都构成侵权，这就违反了著作权法的基本出发点。第二，由于结构参数的定义相对简单，某些数据库缺乏独创性。第三，数据库结构是实现数据共享的接口，因此技术进步和社会发展使数据库结构产生了趋同的要求。因此脱离具体数据的、纯粹的数据库结构是不应当受到著作权法保护的。著作权法对数据库的保护，要考虑特定的数据和独特的库结构这两个因素。

（三）数据库的特殊权利保护

由于数据库的著作权并不必然包含数据库中的数据或信息内容，也就是说数据库能在现有的知识产权制度中寻求到的保护是非常有限的。由此数据库开发者很自然地想到能否为数据库找到更高水平的法律保护。

长久以来，数据库产业持续争论的问题是，对于不少由事实记录型信息构成的数据库，其虽然具有很高的实用价值，但由于不具备独创性，得不到著作权保护，那么这些数据库的权利应该怎样保护。数据库的创建者，在收集、整理、编排事实的过程中付出了大量的劳动，而他人却能免费或以极低的费用复制或使用这些数据库，如果允许他人任意使用和提取其中的数据，相当于允许他人合法地窃取数据库创建者的劳动。

拓展阅读　　　　　　　　**数　字　水　印**

数字水印技术是指将可以作为标记、标识的信息作为水印嵌入数字产品中，以达到确认内容创建者、购买者，或者多媒体内容是否真实完整的目的的技术。数字水印可以是图像、声音、文字、符号、数字等一切数字信息。水印的载体，即需要进行保护的信息可以是视频、音频、JPEG（joint photographic experts group）图像等一切可以加入噪声的信息。

数字水印具有以下基本特征。

（1）鲁棒性（robustness）。能够抵抗一般的数字信号处理：重采样、重量化、图像增强、有损压缩 D/A、A/D 转换等。能够抵抗一般的几何处理：旋转、剪切、缩放，甚至于打印、重印、扫描这样的操作序列。

（2）不可感知性/透明性（imperceptibility）。水印是人眼看不见、人耳听不到的，只有通过特殊的处理或专用的电路才能检测到，即水印信息不影响载体信息的欣赏价值、使用价值和商品价值。

（3）安全性和可靠性（secure and reliable）。水印信息具备唯一标识所有人的正确标志，从而能够实现版权保护的目的。

（4）水印算法的低复杂度（low complexity）。低复杂度的算法保证能够有效、及时地嵌入和检测或抽取水印。

（5）隐藏位置的安全性（secure hiding place）。水印信息隐藏于载体数据的内容之中，而非文件头等。

资料来源：马苗等（2003）。

数据库是对于作品、数据或其他材料的系统汇编，而且使用者可以通过电子或者其他手段使用其中的数据。数据库与汇编作品的关系十分密切。依照《中华人民共和国著作权法》的规定，汇编作品是指汇编若干作品、作品的片段或者不构成作品的数据或者其他材料，对其内容的选择或者编排体现独创性的作品。汇编作品和数据库都是对于作品或者不构成作品的数据或者其他材料的汇编，不同的是数据库强调"通过电子手段"。

1996 年 3 月，欧盟的《数据库法律保护指令》给数据库提供了更为广泛和有效的保护。该指令规定，数据库的保护方法有两种，一种是版权保护；另一种则是该指令规定的方法，即独立于版权保护的数据库"特殊权利保护"。该指令规定了如何保护此类不具有独创性的数据库。这种特殊的保护通过防止他人不正当地撷取或者反复使用数据库中全部或大量内容，来保护创建者的劳动和投资。其中，"撷取"是指采取任何方法或以任何形式，将数据库内容的全部或实质部分永久或暂时转移到别的载体上；"反复利用"是指通过销售、拷贝、出租、联网或其他传输方式将数据库的全部或实质内容以任何一种形式提供给公众。而在第八条"合法用户的权利与义务中"还规定了合法用户不得对数据库的实质性部分进行撷取和反复利用，不得非正常利用数据库，不得给创建者或者版权人造成损害等。

该指令保护了数据库的内容，而数据库的内容不具有独创性，属于不受著作权法保护的事实。该指令通过保护这类事实不被不正当地撷取或者反复使用，保护了数据库创建者的劳动和投资。创建者可以依据该指令的明文规定禁止他人不正当地使用其数据库中的数据，并要求损害赔偿。

数据库特殊权利保护的出发点是数据库制作过程中，制作者进行了大量的实质性投资，而这种投资及所付出的劳动是应当得到保护的。基于这种特殊权利，数据库的权利人就可以制止他人对数据库进行部分或全部的选取利用。

思 考 题

1. 简述建立商业方法专利的必要性。
2. 商业方法专利的主要类型有哪些？
3. 域名与商标的区别有哪些？怎样保护域名与商标？
4. 如何理解数据库的特殊权利保护问题？

参 考 文 献

陈健. 2011. 商业方法专利研究[M]. 北京：知识产权出版社.

冯柳平. 2013. 数字版权保护技术及其应用[M]. 北京：电子工业出版社.

郭瑞华. 2006. 数字作品版权利益冲突问题研究[J]. 图书馆建设，（2）：9-11.

李伟文，王源渊. 2000. 数据库的著作权法保护[J]. 统计与决策，（1）：22-23.

马苗，张群会，郝重阳. 2003. 数字作品版权保护新技术：数字水印[J]. 西安科技学院学报，（1）：82-85.

马永双，陈娟. 2009. 商标与商业域名权权利冲突的相关法律问题探讨[J]. 商业时代，（12）：103-104.

毛宁. 2016. 域名与商标权法律权利冲突相关问题浅析[J]. 山东社会科学，（S1）：440-442.

汤珊红. 2001. 对数字作品著作权保护的思考[J]. 情报理论与实践，（5）：327-330.

涂洪文，卫志远. 2019. 商业方法专利概论及中国商业方法专利现状[J]. 产业创新研究，（6）：114-116.

王雅华. 2010. 数字信息作品著作权保护中的法律问题探讨[J]. 图书馆工作与研究，（10）：24-26.

许春明. 2002. 论数据库的版权保护[J]. 法学杂志，（4）：27-29.

颜祥林，张雅希. 2000. 试论数字作品的知识产权保护[J]. 情报学报，（2）：143-148.

颜祥林，朱庆华. 2009. 网络信息政策法规导论[M]. 2版. 南京：南京大学出版社.

杨玲梅. 2009. 域名与商标权之冲突与协调[J]. 中南民族大学学报（人文社会科学版），29（4）：113-117.

叶桂英. 1997. 数据库及其版权保护[J]. 图书情报工作，（6）：43-44，59.

应明. 1994. 数字化技术的发展对现行著作权制度带来的新问题[J]. 知识产权，（6）：7-10，13.

张楚. 2007. 电子商务法[M]. 2版. 北京：中国人民大学出版社.

朱庆华，颜祥林，袁勤俭. 2017. 信息法教程[M]. 3版. 北京：高等教育出版社.

第三篇　政　府　篇

第七章 政府信息公开制度

学习目标

通过本章的学习，理解政府信息及政府信息公开的基本内容；了解国内外政府信息公开制度建设的发展过程；认识中外政府信息公开立法实践的异同；熟练掌握《中华人民共和国政府信息公开条例》中对于公开主体、公开内容、公开流程的各项规定。

本章导语

政府信息公开已成为世界各国建立阳光政府、法治政府的趋势。政府信息公开法律制度最早源于瑞典，1776 年瑞典制定了关于政府信息公开的法律，在世界上开政府信息公开法之先河。在政府信息公开法律制度发展的二百多年的历史中，美国将政府信息公开法律制度体系化，形成了以《信息自由法》为主干的政府信息公开法律体系，其他法治社会国家也都纷纷制定了政府信息公开法律制度。

从 20 世纪 80 年代末开始，我国各级政府不断尝试各类信息公开实践。2007 年 4 月国务院颁布《中华人民共和国政府信息公开条例》，标志着我国政府信息公开步入有法可依的时代。2019 年 4 月国务院颁布新修订的《中华人民共和国政府信息公开条例》，对政府信息公开实践中纠纷频繁、问题突出的领域在条文中加以详细规定，为我国政府信息公开活动的高质量发展提供了新的指引。

第一节 政府信息概述

政府信息是指行政机关在履行行政管理职能的过程中制作或者获取的，以一定形式记录、保存的信息。在各类信息中，政府信息的使用频率和可靠性高，具有较高的利用价值，这是由政府活动的特殊性所决定的。政府通过各种途径和方式获取、收集信息，以便在对社会事务的管理中掌握大量信息，同时，政府也通过公开的方式提供各种信息，以满足社会的信息需求。

政府信息是人们全面考察、评价社会情况，从事政治、经济、科技、军事、文化等活动必不可少的战略资源，是有序地依法行政的资源条件，也是管理和组织社会公共事务不可缺少的资源条件。

（1）政府信息的公共属性。在社会信息化的构成中，政府信息集中反映了公共信息的主要内容，对国家、社会、个人产生着重要的影响作用。政府信息的公共属性是政府信息公开、推进政府信息化建设的重要依据，公共属性要求对可以公开的政府信息必须及时开放，使其在尽可能大的范围内被更多的人所利用。信息内容的公开，信息使用的公平和信息分配的公正，成为衡量一个国家或地区信息化是否成熟的重要的标志。

（2）政府信息的价值属性。信息的价值属性取决于多种因素，其中真实性、权威性、共享性、使用率是判断信息价值的基本标准。政府所使用和提供的信息的真实性源于其获取途径和处理方式，是以国家强制力作为保证，由相应法律规范所调整的。政府信息的权威性来自政府组织，政府是实现国家目标的行政机关，其组织原则是由国家根本大法宪法予以规定的，其权威性不容置疑。政府信息的共享性表现在信息公开方面及政府部门之间的信息共享。

第二节　政府信息公开的基本问题

公民享有的信息自由权是政府信息公开的法理依据。信息自由是指人类在合法的限度内按照自己的意愿进行信息活动的一种状态，也是人们在不受或少受外力限制的情况下进行所需信息活动的状态。信息自由包括发表言论的自由和接收信息的自由，后者就其权能范围而言，侧重的是信息的获取权，可以用"知情权"来表达（汪琼，2008）。

一、政府信息公开的权利基础

1946年联合国第一次大会第59（1）号决议宣告：信息自由是一项基本人权，也是联合国追求的所有自由的基石。1948年联合国通过《世界人权宣言》，其第十九条规定："人人享有主张和发表意见的自由；此项权利包括持有主张而不受干涉的自由和通过任何媒介和不论国界寻求，接受和传递信息和思想的自由。"

信息公开是政府的一项重要职责，公民的基本权利为政府信息公开提供了重要支撑，这些基本权利主要有知情权、监督权及参与权。第一，公众作为社会的被管理人员，享有获知公共事务有关信息的自由和权利，这是知情权的主要内容，在信息技术不发达的时期，公众的知情权主要通过政府信息的公开来实现，这对于透明政府的建设产生了巨大的影响，也为政府信息公开制度的制定和实施提供了权利基础。第二，监督权是指公民享有监督国家机关及其工作人员公务活动的权利。公民监督权的行使，客观上对政府的信息公开提出了新的要求，进一步推进了政府的公开透明，促进了政府治理能力的提升。第三，行政参与权，公众享有参与管理国家行政事务的权利，公民通过参与行政活动，自由充分地表达立场、提出意见和建议，以保障行政权力的合法、高效行使。政府信息公开为公众提供了信息基础，打破了政府与行政参与人之间的信息失衡状态，并充分发挥了公众参与社会共治的作用（刘杰，2017）。

二、政府信息公开的立法模式

受各方面因素的影响，各国在制定信息公开法过程中的立法模式各有不同，大致有以下几类。

（1）中央集中立法模式。这种模式是指由一个国家的最高立法机关统一制定效力及全国的信息公开法律，对政府信息公开的原则、范围、公开形式、法律责任及公众获取信息的权利、方式、救济渠道等作出统一规定。例如，美国、英国、法国等国家采用的就是这种模式。

（2）行政程序法典模式。这是指一个国家在尚未制定专门的政府信息公开法时，其政府信息公开的有关制度通过行政程序法典的专门条文加以规定。德国是采用这种模式的典型代表。

（3）地方先行立法模式。这种模式是指在国家还未制定信息公开的情况下，由地方立法机关在其立法权范围内先制定低位阶的法律法规来规制本地的政府信息公开活动，待条件成熟后，再制定国家层面的、统一的政府信息公开法，韩国、加拿大、日本为采用这种模式的主要代表（朱庆华等，2017）。我国目前的政府信息公开以地方先行立法的模式为主。

三、政府信息公开的意义

政府信息公开不仅是政府机构义务层面的问题，其直接意义是公民的知情权得以真正、充分地实现，有助于进一步实现政治民主化，促进经济和社会发展。

（一）推动法治政府建设

信息公开有利于减少政府与公众信息的不对称，有利于强化社会监督，拓宽人民群众参与社会经济事务管理的渠道，切实保障人民群众的知情权、参与权和监督权，提高行政机关工作人员廉政、勤政的自觉性，对渎职、贪污、滥用职权行为产生极大的抑制效果。信息公开对行政机关依法全面履行政府职能，完善依法行政制度体系，推进行政决策科学化、民主化、法治化具有重要影响。

（二）促进社会经济发展

政府是社会中最大的信息资源所有者和控制者。信息公开一方面可以将政府掌握的信息资源通过公开、开放等形式，实现其在社会范围内的广泛共享和充分利用，更好地发挥信息的经济价值；另一方面还可以发挥信息对行为的导向性作用，实现社会资源的优化配置，提高资源的利用率。

（三）增加社会资本

信任是一种重要的社会资本，有利于保持社会稳定，化解社会矛盾。信息公开使得政府的行政过程和行政职能高度透明化，极大地增进了政府与公众的相互了解与信任，增强了彼此的合作效果，而政府与企业建立更多共识则可以提升经济活动的成效，从而降低政府的行政成本，使社会更为受益。

第三节　各国政府信息公开的立法实践

　　瑞典是世界上最早开始践行政府信息公开立法的国家。1766 年围绕公民出版自由问题，瑞典政府制定了《关于著述与出版自由的 1766 年 12 月 2 日之宪法法律》。18 世纪末到 20 世纪两次世界大战期间该法律几番废除、限制与修改，直到 1949 年重新修改的《出版自由法》的颁布重新恢复了公民的出版自由，并规定了一些对日后各国政府信息公开立法具有启蒙与参考价值的制度。例如，政府文件必须向社会公开；公民享有查阅政府所持有的官方文件的权利，其中规定包括政府或公共机构的书面公务材料及财务报告等，凡是不属于国家秘密范畴的事项，则必须全部向媒体和公民公开。在日后的修订中，瑞典政府甚至将"任何人"都纳入有权查阅并公开政府信息的范畴内。1980 年瑞典又制定了《保密法》，以明确规定政府可以不予公开的信息范围，而除此之外的依然无差别地可以要求公开。1991 年，瑞典《表达自由法》作为《出版自由法》的补充颁布出台，该法是对《出版自由法》的进一步补充与完善，强调新媒体下的表达自由。而这些法律也成为瑞典宪法重要的组成部分，作为宪法性文件的它们对表达自由、信息自由的规定便成为瑞典信息公开立法最为坚实的基础——宪法基础。

　　美国是信息公开立法体系较完善、影响最深刻的国家。20 世纪中下叶开始，美国颁布了一系列法律规定公开政府信息，其中，1966 年颁布的《信息自由法》对美国的政府信息公开制度的确立提供了初步的探索与尝试。《信息自由法》规定一方面公民有权向联邦政府索取信息；另一方面联邦政府也有义务对公民的申请作出处理，如果作出拒绝公开的决定还必须向申请人说明理由并且告知申请人他可以采取的救济措施，同时"联邦政府机关就信息是否公开所作出的决定都可以被提起复议或司法审查"。作为其补充的《隐私权法》于 1974 年实施，该法仅适用于个人信息，确立了个人信息必须向本人公开但对第三人限制公开的原则。1976 年旨在促进公众更多了解政府运作、使政府接受公众监督的《阳光下的政府法》颁布，该法主要规定了联邦政府及其部门或者委员会的会议召开必须公开进行，会议相关的文件、内容甚至会议的过程公众都可以查阅、了解。这三部法律便构成了美国信息公开法律体系中最主要、最重要的部分，从各个角度全面地保障了公民的知情权。

　　英国的政府信息公开法律体系成形较晚。英国的保密文化基础牢固难以动摇，英国政府信息公开制度的建立亦可以看作基于保密利益各利益集团之间的政治博弈。1911 年，英国通过《公务员保密法》，但其主要规定间谍活动及披露未授权的信息即为犯法。1972 年，英国官方发布《弗兰克报告》，废止了前者中关于未授权信息的规定，缩小了应被保守的国家秘密的范围。在这之前的时间里，《公务员保密法》大大限制了英国民主政治的发展，制约了政府信息公开制度建立的进程，信息公开与不公开一直是各利益集团斗争的一个焦点。2000 年 11 月，英国正式通过《信息公开法案》，赋予所有人向政府机关申请信息公开的权利，英国人民获取政府信息的权利终于以明确的法律形式得以确立。《信息公开法案》规定了获取政府信息的权利及政府相应的应对义务，不同的是它还规定了信息专门委员会制度，用以受理、解决公民在信息公开申请的过程中出现的疑问和投诉，委员会甚至有权要求被投诉机构提供相应信息，必要的时候还可以发出执行令。

澳大利亚的政府信息公开法律体系也相对比较完善，其政府十分重视政府信息的公开问题。1982年，澳大利亚政府发布《信息自由法》赋予每个公民和社团获取政府信息的权利。该法适用于政府的大多数文件，可能损害政府利益或损害与政府打交道的第三方利益的文件或信息可以豁免实施该法令。1983年澳大利亚政府又颁布《档案法》规范了联邦政府档案在公民和政府中的使用。其1988年颁布的《隐私法》要求联邦政府机关在处理个人信息时，应遵守该法令中的信息隐私原则。此后澳大利亚政府还先后颁布了《证据法》（1995年）、《电子处理事务法》（1997年）、《总审计长法》（1997年）、《公共服务法》（1999年）、"政府网络战略"的"不承诺"规定（2000年）等一系列法律政策，对政府信息公开过程中的各种问题进行了详细的规定说明，进而形成了较为完善的政府信息公开体系。

亚洲最早确立政府信息公开法律体系的国家是韩国。《公共机关信息公开法》《公共机关信息公开法施行令》《公共机关记录文献管理法》这三部法律于1996～1999年先后颁布，初步组成了韩国政府信息公开法律体系。其主要目的是保障公民的知情权、保障公民的政治参与权、保障国家机构正常顺利透明地运作。韩国政府认为国家信息化水平和政府信息公开进程同等重要，二者都受政府雇员自身意识、信息技术水平和电子政务的影响，韩国政府2001年2月通过《关于实现电子政府和促进行政业务电子化的法律》，旨在利用政务信息化提升国家的竞争力，以带动经济增长。在亚洲国家中，1999年日本颁布《行政机关信息公开法》，标志着日本政府正式开始实施信息公开制度。该法主要规定了六种不予公开的信息内容。2001年和2004年，政府颁布针对承担公共事务的独立行政法人的《独立行政法人信息公开法》和《通讯技术相关政府信息公开办法》，将信息公开的行政机关范围更加明确地规定下来，并且扩大了应予公开的机构的范围。2013年10月25日安倍内阁强行通过《特定秘密保护法案》，该法案规定政府可以自行把特定信息定义为"秘密"而不让民众得知，这是信息公开进程中的倒退。

我国政府信息公开制度源于20世纪80年代对政务公开工作的探索及发展。2002年，国务院正式启动《中华人民共和国政府信息公开条例》的起草工作。2003年的国务院立法工作计划首次将制定《中华人民共和国政府信息公开条例》列入"需要抓紧研究、条件成熟时适时提请审议的法律、行政法规"之中，并归为"规范政府共同行为需要制定的行政法规"类别，明确起草部门是国务院信息化工作办公室。2004年3月，国务院印发《全面推进依法行政实施纲要》，强调"除涉及国家秘密和依法受到保护的商业秘密、个人隐私的事项外，行政机关应当公开政府信息。对公开的政府信息，公众有权查阅"。2005年中共中央办公厅、国务院办公厅联合印发的《关于进一步推行政务公开的意见》提出"积极探索和推进政务公开的立法工作，抓紧制定《政府信息公开条例》"的要求，并明确政务公开的原则、目标和主要任务，作为各级政府及其所属部门开展政务工作的一个指导性文件。2007年4月，国务院公布《中华人民共和国政府信息公开条例》，并于2008年5月1日起正式实施。2019年4月《中华人民共和国政府信息公开条例》首次修订，修订后的条例进一步拓展了政府信息主动公开的范围和深度，明确了信息公开与否的界限，完善了依申请公开的程序规定。政府信息公开制度在推进依法行政、建设法治政府、提升政府公信力方面发挥了积极作用。

第四节　政府信息公开的内容

政府信息公开是指行政机关依照法定程序、法定形式公开与社会成员利益相关的信息。信息公开工作坚持公开为常态、不公开为例外，遵循公正、公平、合法、便民的原则。

一、政府信息公开主体

国务院办公厅是全国政府信息公开工作的主管部门，负责推进、指导、协调、监督全国的政府信息公开工作；县级以上地方人民政府办公厅（室）是本行政区域的政府信息公开工作的主管部门，负责推进、指导、协调、监督本行政区域的政府信息公开工作；实行垂直领导的部门的办公厅（室）主管本系统的政府信息公开工作。

总体来看，政府信息公开主体主要分为两大类。第一类是行政机关。行政机关制作的政府信息，由制作该政府信息的行政机关负责公开。行政机关从公民、法人和其他组织获取的政府信息，由保存该政府信息的行政机关负责公开；行政机关获取的其他行政机关的政府信息，由制作或者最初获取该政府信息的行政机关负责公开。法律、法规对政府信息公开的权限另有规定的，从其规定。此外，两个以上行政机关共同制作的政府信息，由牵头制作的行政机关负责公开。第二类是行政机关设立的派出机构、内设机构。行政机关设立的派出机构、内设机构依照法律、法规对外以自己的名义履行行政管理职能的，可以由该派出机构、内设机构负责与所履行行政管理职能有关的政府信息的公开工作。

二、政府信息公开工作机构职责

政府信息公开工作机构的具体职责主要包括四项：①办理本行政机关的政府信息公开事宜；②维护和更新本行政机关公开的政府信息；③组织开展对拟公开的政府信息进行保密审查；④本行政机关规定的与政府信息公开有关的其他职责。

组织编制本行政机关的政府信息公开指南、政府信息公开目录和政府信息公开工作年度报告是信息公开工作的核心内容。行政机关编制、公布的政府信息公开指南和政府信息公开目录应当及时更新。其中，政府信息公开指南包括：政府信息的分类，编排体系，获取方式和政府信息公开工作机构的名称、办公地址、办公时间、联系电话、传真号码、互联网联系方式等内容。政府信息公开目录包括：政府信息的索引、名称、内容概述、生成日期等内容。政府信息公开工作年度报告的主要内容包括：行政机关主动公开政府信息的情况；行政机关收到和处理政府信息公开申请的情况；因政府信息公开工作被申请行政复议、提起行政诉讼的情况；政府信息公开工作存在的主要问题及改进情况，各级人民政府的政府信息公开工作年度报告还应当包括工作考核、社会评议和责任追究结果情况；其他需要报告的事项。

县级以上人民政府部门应当在每年 1 月 31 日前向本级政府信息公开工作主管部门提交本行政机关上一年度的政府信息公开工作年度报告并向社会公布；县级以上地方人民政府的政府信息公开工作主管部门应当在每年 3 月 31 日前向社会公布本级政府上一年度的政府信息公开工作年度报告；全国政府信息公开工作主管部门应当公布政府信息公开工作年度报告的统一格式，并适时更新。

三、政府信息公开的方式与范围

为了切实保障公众的知情权、参与权和监督权，政府信息公开采取主动公开和依申请公开两种方式。

（一）主动公开

《中华人民共和国政府信息公开条例》明确法定公开的信息有 15 类，分别为：①行政法规、规章和规范性文件；②机关职能、机构设置、办公地址、办公时间、联系方式、负责人姓名；③国民经济和社会发展规划、专项规划、区域规划及相关政策；④国民经济和社会发展统计信息；⑤办理行政许可和其他对外管理服务事项的依据、条件、程序以及办理结果；⑥实施行政处罚、行政强制的依据、条件、程序以及本行政机关认为具有一定社会影响的行政处罚决定；⑦财政预算、决算信息；⑧行政事业性收费项目及其依据、标准；⑨政府集中采购项目的目录、标准及实施情况；⑩重大建设项目的批准和实施情况；⑪扶贫、教育、医疗、社会保障、促进就业等方面的政策、措施及其实施情况；⑫突发公共事件的应急预案、预警信息及应对情况；⑬环境保护、公共卫生、安全生产、食品药品、产品质量的监督检查情况；⑭公务员招考的职位、名额、报考条件等事项以及录用结果；⑮法律、法规、规章和国家有关规定规定应当主动公开的其他政府信息。

同时，为了保证主动公开的要求能够落到实处，《中华人民共和国政府信息公开条例》还根据县级以上各级政府及其部门、乡（镇）政府的工作职责，分别规定了其应当重点公开的政府信息。该条例规定设区的市级、县级人民政府及其部门还应当根据本地方的具体情况，主动公开涉及市政建设、公共服务、公益事业、土地征收、房屋征收、治安管理、社会救助等方面的政府信息；乡（镇）人民政府还应当根据本地方的具体情况，主动公开贯彻落实农业农村政策、农田水利工程建设运营、农村土地承包经营权流转、宅基地使用情况审核、土地征收、房屋征收、筹资筹劳、社会救助等方面的政府信息。

（二）依申请公开

除行政机关主动公开的政府信息外，公民、法人或者其他组织可以向地方各级人民政府、对外以自己名义履行行政管理职能的县级以上人民政府部门申请获取相关政府信息。现行《中华人民共和国政府信息公开条例》完善了依申请公开程序规定，明确了申请的提出、申请的内容、答复规范、征求意见程序、提交时间起算等内容，并要求行政机关建立健全政府信息公开申请登记、审核、办理、答复、归档的工作制度，加强工作规范。依申请公开的流程的具体内容如下（图7-1）。

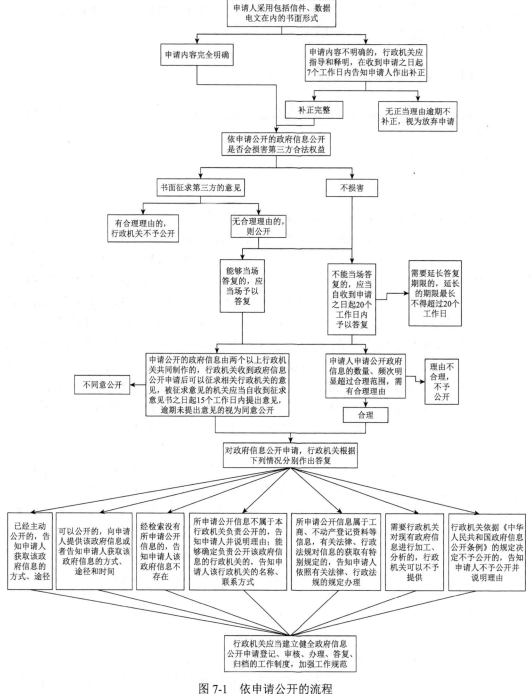

图 7-1　依申请公开的流程

本图由作者根据《中华人民共和国政府信息公开条例》第四章的内容整理而成

（1）申请的提出。公民、法人或者其他组织申请获取政府信息的采用包括信件、数据电文在内的书面形式向行政机关的政府信息公开工作机构提出申请；若采用书面形式有困难，申请人可口头提出，由受理该申请的政府信息公开工作机构代为填写政府信息公开申请。

（2）申请的内容。政府信息公开申请应当包括下列内容：申请人的姓名或者名称、身份证明、联系方式；申请公开的政府信息的名称、文号或者便于行政机关查询的其他特征性描述；申请公开的政府信息的形式要求，包括获取信息的方式、途径。若政府信息公开申请内容不明确的，行政机关应当给予指导和释明，并自收到申请之日起 7 个工作日内一次性告知申请人作出补正，说明需要补正的事项和合理的补正期限。答复期限自行政机关收到补正的申请之日起计算。申请人无正当理由逾期不补正的，视为放弃申请，行政机关不再处理该政府信息公开申请。

（3）提交时间起算。申请人当面提交政府信息公开申请的，以提交之日为收到申请之日；申请人以邮寄方式提交政府信息公开申请的，以行政机关签收之日为收到申请之日；以平常信函等无须签收的邮寄方式提交政府信息公开申请的，政府信息公开工作机构应当于收到申请的当日与申请人确认，确认之日为收到申请之日；申请人通过互联网渠道或者政府信息公开工作机构的传真提交政府信息公开申请的，以双方确认之日为收到申请之日。

（4）征求意见程序。依申请公开的政府信息公开会损害第三方合法权益的，行政机关应当书面征求第三方的意见。第三方应当自收到征求意见书之日起 15 个工作日内提出意见。第三方逾期未提出意见的，由行政机关依照《中华人民共和国政府信息公开条例》的规定决定是否公开。第三方不同意公开且有合理理由的，行政机关不予公开。行政机关认为不公开可能对公共利益造成重大影响的，可以决定予以公开，并将决定公开的政府信息的内容和理由书面告知第三方。

（5）答复规范。具体内容如下。

期限的规定。情况一，行政机关收到政府信息公开申请，能够当场答复的，应当当场予以答复。情况二，行政机关不能当场答复的，应当自收到申请之日起 20 个工作日内予以答复；需要延长答复期限的，应当经政府信息公开工作机构负责人同意并告知申请人，延长的期限最长不得超过 20 个工作日。行政机关征求第三方和其他机关意见所需时间不计算在上述规定的期限内。

答复情况与内容。情况一，所申请公开信息已经主动公开的，告知申请人获取该政府信息的方式、途径。情况二，所申请公开信息可以公开的，向申请人提供该政府信息，或者告知申请人获取该政府信息的方式、途径和时间。情况三，经检索没有所申请公开信息的，告知申请人该政府信息不存在。情况四，所申请公开信息不属于本行政机关负责公开的，告知申请人并说明理由；能够确定负责公开该政府信息的行政机关的，告知申请人该行政机关的名称、联系方式。情况五，所申请公开信息属于工商、不动产登记资料等信息，有关法律、行政法规对信息的获取有特别规定的，告知申请人依照有关法律、行政法规的规定办理。情况六，需要行政机关对现有政府信息进行加工、分析的，行政机关可以不予提供。情况七，行政机关依据《中华人民共和国政府信息公开条例》的规定决定不予公开的，告知申请人不予公开并说明理由。

　　答复情况的特殊处理。情况一，申请人申请公开政府信息的数量、频次明显超过合理范围的，行政机关可以要求申请人说明理由。行政机关认为申请理由不合理的，告知申请人不予处理；行政机关认为申请理由合理，但是无法在规定的期限内答复申请人的，可以确定延迟答复的合理期限并告知申请人。情况二，申请公开的信息中含有不应当公开或者不属于政府信息的内容，但是能够作区分处理的，行政机关应当向申请人提供可以公开的政府信息内容，并对不予公开的内容说明理由。申请人以政府信息公开申请的形式进行信访、投诉、举报等活动，行政机关应当告知申请人不作为政府信息公开申请处理并可以告知通过相应渠道提出。情况三，申请人提出的申请内容为要求行政机关提供政府公报、报刊、书籍等公开出版物的，行政机关可以告知获取的途径。申请公开政府信息的公民存在阅读困难或者视听障碍的，行政机关应当为其提供必要的帮助。情况四，行政机关依申请公开政府信息，应当根据申请人的要求及行政机关保存政府信息的实际情况，确定提供政府信息的具体形式；按照申请人要求的形式提供政府信息，可能危及政府信息载体安全或者公开成本过高的，可以通过电子数据及其他适当形式提供，或者安排申请人查阅、抄录相关政府信息。情况五，多个申请人就相同政府信息向同一行政机关提出公开申请，且该政府信息可以公开的，行政机关可以将其纳入主动公开的范围。对行政机关依申请公开的政府信息，申请人认为涉及公众利益调整、需要公众广泛知晓或者需要公众参与决策的，可以建议行政机关将该信息纳入主动公开的范围。行政机关经审核认为属于主动公开范围的，应当及时主动公开。

　　（6）申请公开的收费问题。行政机关依申请提供政府信息，不收取费用。但是，申请人申请公开政府信息的数量、频次明显超过合理范围的，行政机关可以收取信息处理费。行政机关收取信息处理费的具体办法由国务院价格主管部门会同国务院财政部门、全国政府信息公开工作主管部门制定。

（三）不予公开的政府信息

　　《中华人民共和国政府信息公开条例》明确了不予公开的政府信息，进而明确了政府信息公开与否的边界。不予公开的政府信息共有四种情况。

　　（1）依法确定为国家秘密的政府信息，法律、行政法规禁止公开的政府信息，以及公开后可能危及国家安全、公共安全、经济安全、社会稳定的政府信息，不予公开。

　　（2）涉及商业秘密、个人隐私等公开会对第三方合法权益造成损害的政府信息，行政机关不得公开。但是，第三方同意公开或者行政机关认为不公开会对公共利益造成重大影响的，予以公开。

　　（3）行政机关的内部事务信息，包括人事管理、后勤管理、内部工作流程等方面的信息，可以不予公开。

　　（4）行政机关在履行行政管理职能过程中形成的讨论记录、过程稿、磋商信函、请示报告等过程性信息及行政执法案卷信息，可以不予公开。法律、法规、规章规定上述信息应当公开的，从其规定。

四、政府信息公开的发布制度

随着网络化、信息化建设的快速推进，政府服务"网上办、马上办"成为发展趋势。《中华人民共和国政府信息公开条例》坚持"以人民为中心"的发展理念，提高政府信息公开便民服务水平，要求各级人民政府加强政府信息资源的规范化、标准化、信息化管理，加强互联网政府信息公开平台建设，推进政府信息公开平台与政务服务平台融合，提高政府信息公开在线办理水平。

为保证公民、法人或其他组织方便、及时地获取政府信息，《中华人民共和国政府信息公开条例》从以下三个方面作出了规定。

（1）行政机关应当建立健全政府信息发布机制，将主动公开的政府信息通过政府公报、政府网站或者其他互联网政务媒体、新闻发布会及报刊、广播、电视等途径予以公开。

（2）各级人民政府应当加强依托政府门户网站公开政府信息的工作，利用统一的政府信息公开平台集中发布主动公开的政府信息。政府信息公开平台应当具备信息检索、查阅、下载等功能。

（3）各级人民政府应当在国家档案馆、公共图书馆、政务服务场所设置政府信息查阅场所，并配备相应的设施、设备，为公民、法人和其他组织获取政府信息提供便利；行政机关可以根据需要设立公共查阅室、资料索取点、信息公告栏、电子信息屏等场所、设施，公开政府信息。行政机关应当及时向国家档案馆、公共图书馆提供主动公开的政府信息。

五、政府信息公开的监督管理制度

《中华人民共和国政府信息公开条例》确立了政府信息公开的考核评议制度、监督检查制度、年度报告制度和对行政机关不依法履行政府信息公开义务的举报制度、申请复议或者提起行政诉讼制度。具体内容如下。

（1）各级人民政府应当建立健全政府信息公开工作考核制度、社会评议制度和责任追究制度，定期对政府信息公开工作进行考核、评议。

（2）政府信息公开工作主管部门应当加强对政府信息公开工作的日常指导和监督检查，对行政机关未按照要求开展政府信息公开工作的，予以督促整改或者通报批评；需要对负有责任的领导人员和直接责任人员追究责任的，依法向有权机关提出处理建议。

（3）公民、法人或者其他组织认为行政机关未按照要求主动公开政府信息或者对政府信息公开申请不依法答复处理的，可以向政府信息公开工作主管部门提出。政府信息公开工作主管部门查证属实的，应当予以督促整改或者通报批评。

（4）公民、法人或者其他组织认为行政机关在政府信息公开工作中侵犯其合法权益的，可以向上一级行政机关或者政府信息公开工作主管部门投诉、举报，也可以依法申请行政复议或者提起行政诉讼。

（5）行政机关违反该条例的规定，未建立健全政府信息公开有关制度、机制的，由上一级行政机关责令改正；情节严重的，对负有责任的领导人员和直接责任人员依法给予处分。

　　行政机关违反该条例的规定，有下列情形之一的，由上一级行政机关责令改正；情节严重的，对负有责任的领导人员和直接责任人员依法给予处分；构成犯罪的，依法追究刑事责任：不依法履行政府信息公开职能；不及时更新公开的政府信息内容、政府信息公开指南和政府信息公开目录；违反该条例规定的其他情形。

思　考　题

1. 什么是政府信息？政府信息的权利有哪些？
2. 为什么要进行政府信息公开立法？主要解决哪些问题？
3.《中华人民共和国政府信息公开条例》是怎样规定政府信息公开的内容的？

参　考　文　献

刘杰. 2017. 从政府信息公开到政府数据开放：理论基础、法律、安全与隐私[D]. 长春：吉林大学.

马怀德. 2018. 政府信息公开制度的发展与完善[J]. 中国行政管理，（5）：11-16.

彭国莉. 2007. 中国政府信息资源公开与利用[M]. 成都：电子科技大学出版社.

齐爱民，张万洪. 2008. 电子化政府与政府信息公开法研究[M]. 武汉：武汉大学出版社.

汪琼. 2008. 知识公共性视角中的图书馆权利[J]. 图书情报知识，（3）：98-102.

王晓倩. 2014. 我国政府信息公开制度研究[D]. 青岛：中国海洋大学.

袁辉. 2008. 我国政府信息公开制度研究[D]. 重庆：重庆大学.

查先进. 2004. 信息政策与法规[M]. 北京：科学出版社.

周庆山. 2003. 信息法[M]. 北京：中国人民大学出版社.

朱庆华，颜祥林，袁勤俭. 2017. 信息法教程[M]. 3 版. 北京：高等教育出版社.

Birkinshaw P. 2002. Freedom of information in the UK and Europe：further progress?[J]. Government Information Quarterly，19（1）：77-86.

第八章　保守国家秘密制度

学习目标

通过本章的学习，熟悉我国秘密保护政策法规体系及保密制度的主要内容，并正确理解我国政府信息公开与国家秘密保护之间的关系，熟练掌握我国保守国家安全秘密的范围、密级与保密期限、定密与解密制度。

本章导语

信息公开是现代民主国家的内生诉求。政府信息公开是为了保障公民的知情权，是现代民主国家实现民主监督、政治参与不可或缺的法制，而《中华人民共和国政府信息公开条例》中例外事项的规定，即保守国家秘密而不公开对于维护国家的安全和利益发挥着重要作用。2010 年修订的《中华人民共和国保守国家秘密法》虽仍以保守国家秘密为基本立法精神，但是在具体修订过程中作出了一些调整，尝试在保守国家秘密与推进政府信息公开之间寻求最佳平衡点。

第一节　政府信息公开与国家安全保密制度

国家秘密是国家的重要战略资源，关系到国家安全和利益。适应信息技术、互联网的发展，以及依法行政和建设阳光政府的需要，确定信息公开与保密的界限，在最大程度公开政府信息的同时，保障国家、集体和个人的合法权益，是政府信息公开制度建设中的一大议题。

一、政府信息公开与保密制度的博弈

信息的保密制度是保证国家稳定发展的一个重要条件，而信息公开与保密的博弈伴生于国家的存在与发展，是现代信息制度的一体两面。

一方面无论是从保障公民知情权、对政府实现有效监督、促进民主等政治价值考量还是从提高行政效率、节约社会资源，促进社会进步等经济价值考量，政府信息公开都势在必行。另一方面，国际政治格局多极化、经济全球化不断向纵深发展，国际社会斗争变得日益深刻复杂，国家间的竞争与挑战变得更为多元，维护信息安全是保障国家安全与发展、维护国家主权的重要课题，信息保密是社会保持稳定发展态势的基础。政府信息公开与保密制度的博弈产生于政府主动公开信息之后，面对公众普遍提出的信息诉求，政府选择接受并扩大其主动公开的范围还是选择不予理会（不公开），政府作出选择后，公众也会相应选择是否借助其他途径反映其知情权的诉求，以促使政府作出公开信息的选择。

二、政府信息公开与保密制度的平衡

信息公开制度的核心问题就是在信息公开与信息安全保密制度之间寻求平衡，应当公开的信息不公开或者不应当公开的信息公开，都会损害国家和人民的利益。

从国内政府信息公开立法的实践看，我国现行信息保密制度体系由两部分组成，一部分是直接规范信息保密的法律法规，如《中华人民共和国保守国家秘密法》《中华人民共和国保守国家秘密法实施办法》，以及相关职能部门涉及国家秘密的规范性文件；另一部分是其他法律法规中的相关条款，如《中华人民共和国宪法》《中华人民共和国刑法》《中华人民共和国档案法》（以下简称《档案法》）《中华人民共和国国家安全法》《中华人民共和国审计法》《中华人民共和国政府信息公开条例》《中华人民共和国网络安全法》等。对比信息公开方面的法律法规，除专门的《中华人民共和国政府信息公开条例》和国务院办公厅制定的《关于施行〈中华人民共和国政府信息公开条例〉若干问题的意见》外，还有少数原则性规定和各地实施的指导意见或办法。在法律适用方面，现行《中华人民共和国政府信息公开条例》第十四条规定："依法确定为国家秘密的政府信息，法律、行政法规禁止公开的政府信息，以及公开后可能危及国家安全、公共安全、经济安全、社会稳定的政府信息，不予公开。"第十七条规定："行政机关应当建立健全政府信息公开审查机制，明确审查的程序和责任。行政机关应当依照《中华人民共和国保守国家秘密法》以及其他法律、法规和国家有关规定对拟公开的政府信息进行审查。行政机关不能确定政府信息是否可以公开的，应当依照法律、法规和国家有关规定报有关主管部门或者保密行政管理部门确定。"这表明在政府信息公开前，政府部门需要按照《中华人民共和国保守国家秘密法》和其他法律、法规所确定的保密标准来进行审查。

从国外政府信息公开立法的实践看，一般采用列举加概括的方式规定应当公开的信息，采用否定列举的方式排除免于公开的信息。同时，还通过在信息保密领域颁布成文法律，对国家秘密、商业秘密和个人隐私给予相应的保护。由于信息公开与保密的界限相对清晰，信息公开前的保密审查相对简单，大多数国家的信息公开制度中并不存在真正意义上的保密审查机制。有一些国家在列举不予公开的信息的同时，就信息公开保密审查作出了规定，大体有三种做法：一是由行政机关首长负责组织公开信息的保密监督审查；二是由专门的官员负责信息保密审查；三是由专门的组织负责信息保密审查。

三、政务信息公开的安全审查

政府信息公开的安全审查是指行政机关根据相关法律法规的具体规定，对拟公开的信息是否涉密进行甄别鉴定，以确认信息是否应该公开的整个行政活动过程[①]。保密审查不

---

① "保密"与"安全"交叉混用的现象较为普遍，2012年2月美国国防部发布的新版保密管理手册以"信息安全程序"命名。有学者认为"保密"侧重于负有保密职责的政府官员和专业的保密管理人员，而"安全"侧重于所有负有信息公开职责的人员。本书中"安全审查"基本等同于"保密审查"，根据实际情况也存在着交叉混用的情况。

仅有利于更大程度的信息公开，同时也有利于更小程度的保密范围和更高程度的保密效能。在公民知情权和传播权扩大的同时，政府的保密权力和治安权力势必受到限制，而作为调节者和仲裁者的司法权力及行政机关的安全审查工作都必然据此重新调整。政府信息公开的安全审查工作是基于信息公开制度制定的政府信息公开范围或标准对拟公开的信息实施安全审查工作，从而判定信息的知悉范围，以维护国家秘密安全、商业秘密安全、个人信息安全及敏感信息安全（赵需要和周庆山，2013）。

信息公开法律与保密法律调整的皆是国家、公民、法人和其他组织的政府信息收集、保存、利用、传播等方面的社会关系，它们分别规范各相关法律主体的信息公开和信息保密社会关系。无论政府信息处于公开还是保密状态，无论其价值类型或大小如何，皆属于政府制作和获取的记录。作为管理社会的特殊组织，政府根据管理与服务的需要，按照国家的意志，将其信息确定为公开或保密，运用公开与保密两种途径实现信息的价值。从表面来看，政府信息公开与保密相互矛盾，前者是让全社会知晓，后者仅限于一定的范围，范围的差距给人一种直接对立的印象。然而，这两者在实质上是一致的，政府信息公开与保密是统一的，其基础是国家和人民的根本利益（白清礼，2012）。

第二节　我国保守国家秘密的相关规定

我国现行的保密制度主要依据的是《中华人民共和国保守国家秘密法》和《中华人民共和国保守国家秘密法实施条例》，这两个法律法规对国家秘密的范围和密级、保密制度、监督管理与法律责任作出了详细的规定。

一、国家秘密的概念

国家秘密是关系国家安全和利益，依照法定程序确定，在一定时间内只限一定范围的人员知悉的事项。国家秘密有三个要素：一是必须涉及国家安全和利益，会对国家安全和利益造成重大影响；二是必须由特定的法律程序来确定；三是必须在指定的时间段内被限定在某一范围内知悉。

二、国家秘密的范围

《中华人民共和国保守国家秘密法》第九条列举了保密范围：涉及国家安全和利益的事项，泄露后可能损害国家在政治、经济、国防、外交等领域的安全和利益的，应当确定为国家秘密。具体包括：①国家事务重大决策中的秘密事项；②国防建设和武装力量活动中的秘密事项；③外交和外事活动中的秘密事项以及对外承担保密义务的秘密事项；④国民经济和社会发展中的秘密事项；⑤科学技术中的秘密事项；⑥维护国家安全活动和追查刑事犯罪中的秘密事项；⑦经国家保密行政管理部门确定的其他秘密事项。

《中华人民共和国保守国家秘密法》同时规定，政党的秘密事项中符合上述规定的，属于国家秘密。

三、国家秘密的密级与保密期限

为了有效保护国家秘密，各机关、单位对产生的国家秘密事项，应按照保密范围的规定及时确定密级。国家秘密的密级分为"绝密""机密""秘密"三级。

（1）绝密级国家秘密是最重要的国家秘密，泄露会使国家安全和利益遭受特别严重的损害。

（2）机密级国家秘密是重要的国家秘密，泄露会使国家安全和利益遭受严重的损害。

（3）秘密级国家秘密是一般的国家秘密，泄露会使国家安全和利益遭受损害。

国家秘密的保密期限，除另有规定外，绝密级不超过三十年，机密级不超过二十年，秘密级不超过十年。

四、国家秘密的定密与解密制度

首先《中华人民共和国保守国家秘密法》要求建立定密责任人制度。定密责任人可以分为两类：一类是机关、单位负责人；另一类是机关、单位指定的人员。机关、单位负责人的定密权是法定的，只要被任命为某机关的负责人，自然就具有相应的定密权。设区的市、自治州一级的机关及其授权的机关、单位可以确定机密级和秘密级国家秘密。机关、单位负责人及其指定的人员为定密责任人，负责本机关、本单位的国家秘密的确定、变更和解除工作。

其次，具有法定定密权的机关，可将定密权授予别的机关或者机关外的单位。下级机关、单位认为本机关、本单位产生的有关定密事项属于上级机关、单位的定密权限的，应当先行采取保密措施，并立即报请上级机关、单位确定；没有上级机关、单位的，应当立即提请有相应定密权限的业务主管部门或者保密行政管理部门确定。

《中华人民共和国保守国家秘密法》中关于解密制度的规定只有第十五条和第十九条。第十五条规定："国家秘密的保密期限，应当根据事项的性质和特点，按照维护国家安全和利益的需要，限定在必要的期限内；不能确定期限的，应当确定解密的条件。机关、单位应当根据工作需要，确定具体的保密期限、解密时间或者解密条件。机关、单位对在决定和处理有关事项工作过程中确定需要保密的事项，根据工作需要决定公开的，正式公布时即视为解密。"第十九条规定："国家秘密的保密期限已满的，自行解密。机关、单位应当定期审核所确定的国家秘密。对在保密期限内因保密事项范围调整不再作为国家秘密事项，或者公开后不会损害国家安全和利益，不需要继续保密的，应当及时解密；对需要延长保密期限的，应当在原保密期限届满前重新确定保密期限。提前解密或者延长保密期限的，由原定密机关、单位决定，也可以由其上级机关决定。"《中华人民共和国保守国家秘密法》解密制度说明见表 8-1。

表 8-1　《中华人民共和国保守国家秘密法》解密制度说明

解密方式	解密形式条件	说明
自动解密	具体保密期限已满	此二者以时间为条件
	解密时间已到	

续表

解密方式	解密形式条件	说明
自动解密	符合解密条件	在定密时确定的具体条件
审查解密	保密法律法规或保密事项范围调整后，不再属于国家秘密	不属于保密范围
	公开后不会损害国家安全利益	此二者以公开为条件，前者强调内容，后者强调顺序
	正式公布	

资料来源：孙岭雁（2017）

经典案例：政府信息公开中对涉及国家秘密信息的审查与认定

五、国家秘密的监督管理

国家保密行政管理部门依照法律、行政法规的规定，制定保密规章和国家保密标准。

保密行政管理部门依法组织开展保密宣传教育、保密检查、保密技术防护和泄密案件查处工作，对机关、单位的保密工作进行指导和监督。保密行政管理部门发现国家秘密确定、变更或者解除不当的，应当及时通知有关机关、单位予以纠正。保密行政管理部门对机关、单位遵守保密制度的情况进行检查，有关机关、单位应当配合。保密行政管理部门发现机关、单位存在泄密隐患的，应当要求其采取措施，限期整改；对存在泄密隐患的设施、设备、场所，应当责令停止使用；对严重违反保密规定的涉密人员，应当建议有关机关、单位给予处分并调离涉密岗位；发现涉嫌泄露国家秘密的，应当督促、指导有关机关、单位进行调查处理，涉嫌犯罪的，移送司法机关处理；保密行政管理部门对保密检查中发现的非法获取、持有的国家秘密载体，应当予以收缴。

办理涉嫌泄露国家秘密案件的机关，需要对有关事项是否属于国家秘密及属于何种密级进行鉴定的，由国家保密行政管理部门或者省、自治区、直辖市保密行政管理部门鉴定。机关、单位对违反保密规定的人员不依法给予处分的，保密行政管理部门应当建议纠正，对拒不纠正的，提请其上一级机关或者监察机关对该机关、单位负有责任的领导人员和直接责任人员依法予以处理。

思 考 题

1. 我国国家秘密的构成要素有哪些？主要包括哪些内容？
2. 如何理解政府信息公开与国家秘密保护之间的关系？
3. 如何理解并处理好电子政务建设、政府信息公开、政府保密工作三者之间的关系？

参 考 文 献

白清礼. 2012. 政府信息公开与保密之间的冲突与制衡[J]. 河南图书馆学刊, 32（2）：7-9.

郭艳. 2018. 公开与保密：政府信息制度战略平衡研究[J]. 情报杂志, 37（5）：141-145, 194.

郭艳，吕高卓. 2018. 舆情传播自由与政府信息制度良性互动研究[J]. 情报杂志，37（7）：88-94，126.

焦芳霖. 2017. 政府信息公开背景下保密制度完善研究[D]. 郑州：郑州大学.

潘毅. 2014. 政府信息共享中的个人信息法律保护[D]. 广州：暨南大学.

戚红梅. 2013. 我国政府信息公开的豁免制度研究[D]. 苏州：苏州大学.

孙岭雁. 2017. 论政府信息公开中的国家秘密[D]. 苏州：苏州大学.

王国荣，沈固朝. 2010. 信息化保密知识读本[M]. 苏州：苏州大学出版社.

赵需要，周庆山. 2013. 政府信息公开保密审查研究综述[J]. 档案学研究，（6）：39-45.

第九章　政务信息资源共享制度

学习目标

通过本章的学习，认识并理解政府信息与政务信息资源，同时，在了解我国开放政府资源制度的基础上，对政府信息资源共享从需求和内容上能够有清晰、深层次的理解。

本章导语

《中华人民共和国国民经济和社会发展第十三个五年规划纲要》提出：实施国家大数据战略。把大数据作为基础性战略资源，全面实施促进大数据发展行动，加快推动数据资源共享开放和开发应用，助力产业转型升级和社会治理创新。政务信息资源是国家数据资源的重要组成部分。2016 年 9 月国务院印发了《政务信息资源共享管理暂行办法》，该办法是推进政务信息资源共享的制度化和规范化的重要文件，也是当前和今后一个时期国家推动政务信息资源共享的规范性和纲领性文件。

第一节　政务信息资源概述

政务信息资源是指政务部门在履行职责过程中制作或获取的，以一定形式记录、保存的文件、资料、图表和数据等各类信息资源，包括政务部门直接或通过第三方依法采集、授权管理的和因履行职责需要依托政务信息系统形成的信息资源。政务信息资源属于政府信息的范畴，更强调资源的属性，可以为政务公开、业务协同、辅助决策、公共服务等提供信息支持，具有可传递性、存储性、可加工性、有用性等特点。

政务信息资源包括两大类。一是政府在依法行使行政职能时累积的各类信息资源，如部门职能、机构设置、业务流程、各种规章制度和政策法规等；政府各部门在办理各种业务和事项过程中产生的各种政务信息，如行政许可、各类政府文书等。二是社会成员在享受权利和履行义务过程中形成的信息资源，如在行政申请时提交的公民个人的基本资料、纳税证明、参与社保信息和信用信息等及企业事业单位提交的基本信息、开展的业务范围、经营状况、依法交税证明、产品信息、雇佣信息、财务状况和信用信息等。

政府各部门间的信息资源共享是政府信息交流共享中最基础的环节，政府间不同职责的单位具有不同的信息，只有把各个部门各自分散的信息资源和政务数据共享，建立起"信息通道"，才能打通各部门之间的信息闭塞，从而促进各部门间的共同合作，提高政府的工作效率。政务信息资源共享的主要特点如下。

（1）利益性。政府机构依照法律赋予的职责，在日常运行时会产生海量具备价值的数据资源，这些数据资源能够给各部门及全社会创造很大的利益，是部门的核心价值。所以，部门间的信息资源共享某种意义上就是利益交换。为了实现政府各机构间信息利益的交流与共享，使各部门自愿共享，需要让政府各部门认识到信息资源共享能够为自己创造更大的利益。

（2）协议性。对某些政府部门而言，信息资源整合与共享是在一些相应的协议的约束下实现的，往往是不同的单位互相之间，或者在其他机构的协调下签订数据共享协议，然而，在这种情况下的信息资源交流共享不是主观意愿上的开放共享，协议本身也具有较弱的强制性，在实际操作时各部门往往缺少主动性和积极性。

（3）保密性。政府部门产生的一些原始敏感数据需要经过加工、审核才能够开放，很多数据都需要经过脱敏处理才能够进行共享，所以政府信息资源如果共享，部分数据将会受到保密的约束，需要经过严格的审核确认才能够面向社会公开或者公布，针对部分数据还需要制定相应的保密期。

（4）权威性。政府部门是社会各行业政策规则的主要制定者，也是各项法律条例的官方发布者，它所产生的相关信息具有很强的权威性。

第二节　《政务信息资源共享管理暂行办法》的主要内容

一、政务信息资源共享原则

政务信息资源共享应遵循以下原则。

（1）以共享为原则，不共享为例外。各政务部门形成的政务信息资源原则上应予共享，涉及国家秘密和安全的，按相关法律法规执行。

（2）需求导向，无偿使用。因履行职责需要使用共享信息的部门（以下简称使用部门）提出明确的共享需求和信息使用用途，共享信息的产生和提供部门（以下统称提供部门）应及时响应并无偿提供共享服务。

（3）统一标准，统筹建设。按照国家政务信息资源相关标准进行政务信息资源的采集、存储、交换和共享工作，坚持"一数一源"、多元校核，统筹建设政务信息资源目录体系和共享交换体系。

（4）建立机制，保障安全。联席会议统筹建立政务信息资源共享管理机制和信息共享工作评价机制，各政务部门和共享平台管理单位应加强对共享信息采集、共享、使用全过程的身份鉴别、授权管理和安全保障，确保共享信息安全。

二、政务信息资源共享类型

按政务信息资源共享类型，将政务信息资源分为无条件共享、有条件共享、不予共享等三种类型。可提供给所有政务部门共享使用的政务信息资源属于无条件共享类；可提供给相关政务部门共享使用或仅能够部分提供给所有政务部门共享使用的政务信息资源属于有条件共享类；不宜提供给其他政务部门共享使用的政务信息资源属于不予共享类。同时，该办法对于基础信息资源、主题信息资源的共享及目录编制提出了具体要求。

三、政务信息资源共享的权利与义务

各部门业务信息系统应尽快与国家数据共享交换平台对接，原则上通过统一的共享平台实施信息资源共享；凡属于共享平台可以获取的信息，各部门原则上不得要求自然人、法人或其他组织重复提交；提供部门要确保所提供信息与本部门所掌握信息的一致性；"谁主管，谁提供，谁负责"，提供部门应及时维护和更新信息，保障数据的完整性、准确性、时效性和可用性；"谁经手，谁使用，谁管理，谁负责"，使用部门应按照本部门职责合理使用，并加强共享信息使用全过程管理；建立疑义、错误信息快速校核机制。

四、政务信息资源共享工作的监督保障

政务信息资源共享需要从信息资源共享情况的评估检查、监督审计、网络安全保障、标准体系建设、经费保障等方面予以监督保障。

（1）评估检查。联席会议负责政务信息资源共享的统筹协调，建立信息资源共享工作评价机制，督促检查政务信息资源共享工作的落实情况。国家发展改革委、国家网信办组织编制信息资源共享工作的评价办法，每年会同中央编办、财政部等部门，对各政务部门提供和使用共享信息的情况进行评估，并公布评估报告和改进意见。国务院各部门、各省级人民政府和国家共享平台管理单位应于每年2月底前向联席会议报告上一年度政务信息资源的共享情况，联席会议向国务院提交政务信息资源共享情况的年度报告。

（2）监督审计。国家网信办负责组织建立政务信息资源共享网络安全管理制度，指导督促政务信息资源采集、共享、使用全过程的网络安全保障工作，指导推进政务信息资源共享风险评估和安全审查。

（3）网络安全保障。共享平台管理单位要加强对共享平台的安全防护，切实保障政务信息资源共享交换时的数据安全；提供部门和使用部门要加强政务信息资源采集、共享、使用时的安全保障工作，落实本部门对接系统的网络安全防护措施。

（4）标准体系建设。国家标准化管理委员会同共享平台管理单位，在已有的政务信息资源相关标准的基础上，建立完善政务信息资源的目录分类、采集、共享交换、平台对接、网络安全保障等方面的标准，形成完善的政务信息资源共享标准体系。

（5）经费保障。将政务信息资源共享相关项目建设资金纳入政府固定资产投资，政务信息资源共享相关工作经费纳入部门财政预算，并给予优先安排。

此外，《政务信息资源共享管理暂行办法》提出："国务院各部门、各省级人民政府有下列情形之一的，由国家发展改革委通知整改；未在规定时限内完成整改的，国家发展改革委要及时将有关情况上报国务院：（一）未按要求编制或更新政务信息资源目录；（二）未向共享平台及时提供共享信息；（三）向共享平台提供的数据和本部门所掌握信息

不一致，未及时更新数据或提供的数据不符合有关规范、无法使用；（四）将共享信息用于履行本单位职责需要以外的目的；（五）违反本办法规定的其他行为。"

第三节　政务信息资源目录

为实现《政务信息资源共享管理暂行办法》的指导性、可操作性，国家发展改革委会同国家网信办制定了《政务信息资源目录编制指南》作为配套文件，进一步规范和细化了政务信息资源目录的组织编制、工作程序、审核管理、工作程序及使用规范等内容。

政务信息资源目录是实现政务信息资源共享、业务协同和数据开放的基础，是各政务部门之间信息资源共享及政务数据向社会开放的依据。其主要是通过对政务信息资源依据规范的元数据描述，按照一定的分类方法进行排序和编码的一组信息，用以描述各个政务信息资源的特征，以便于对政务信息资源的检索、定位与获取。政务信息资源目录的编制流程包括：前期准备、目录编制与报送、目录汇总与管理、目录更新四个过程。

政务信息资源目录分类包括：资源属性分类、涉密属性分类、共享属性分类和层级属性分类等。

政务信息资源目录按资源属性分为：基础信息资源目录、主题信息资源目录、部门信息资源目录等三种类型。基础信息资源目录是对国家基础信息资源的编目，包括国家人口基础信息资源、法人单位基础信息资源、自然资源和空间地理基础信息资源等，由各基础信息资源库的牵头建设部门负责编制和维护；主题信息资源目录是围绕经济社会发展的同一主题领域，由多部门共建项目形成的政务信息资源目录，由主题信息化共建工程、公共服务主题事项等的牵头部门负责编制和维护；部门信息资源目录是对政务部门信息资源的编目，由各政务部门负责编制和维护。

经典案例：政府信息
公开第一案

政务信息资源目录按其编制层级分为：部门政务信息资源目录和国家政务信息资源目录。部门政务信息资源目录由政务部门参照本指南的相关要求编制；国家政务信息资源目录由国家发展改革委组织汇总编制，国家数据共享交换平台建设运行管理单位负责日常的维护。政务信息资源目录按信息资源涉密属性分为：涉密和非涉密政务信息资源目录。政务信息资源目录按共享类型分为：无条件共享、有条件共享、不予共享等三种类型。

思　考　题

1. 如何理解政府信息与政务信息资源的关系？
2. 政务信息资源共享的必要性和可行性有哪些？
3. 结合国内外案例进行分析，谈谈政务信息资源共享的模式有哪些。
4. 我国在政府信息资源共享中需要协调哪些问题？应如何处理它们之间的关系？

参 考 文 献

董丹华. 2010. 我国政务信息资源共享的瓶颈问题分析[D]. 北京：中国人民大学.

郭梅. 2015. 智慧政务信息资源共享系统建设研究[D]. 秦皇岛：燕山大学.

马费成，裴雷. 2007. 我国信息资源政策与法律研究进展评析[J]. 图书馆论坛，27（6）：226-230，288.

王书伟. 2013. 大数据时代政府部门间信息资源共享策略研究[D]. 长春：吉林大学.

第十章 数据安全保护制度

学习目标

通过本章的学习，了解数据安全立法的背景与意义；认识我国数据安全法的适用范围与保护客体；熟悉数据处理活动的主要原则、保护数据安全的责任与义务；系统掌握与数据安全有关的各项制度，了解与政务数据开放有关的内容，并结合地方政府实践认识我国开放政府数据活动的现状；全面了解与数据安全有关的处罚机制及内容。

本章导语

《中华人民共和国数据安全法》（以下简称《数据安全法》）的立法工作始于 2018 年 9 月，2020 年 6 月《中华人民共和国数据安全法（草案）》经审议通过，并向社会公众征求意见。2021 年 6 月，第十三届全国人民代表大会常务委员会第二十九次会议通过《数据安全法》，并于 2021 年 9 月 1 日正式实施。《数据安全法》承担了"以安全保发展、以发展促安全"的历史使命。作为数据安全领域的基础性法律和国家安全法律制度体系的重要组成部分，《数据安全法》针对数据这一非传统领域的国家安全风险与挑战，完善了国家数据安全协同治理体系，明确了预防、控制和消除数据安全风险的制度、措施，确立了国家行为的正当性，大大提升了国家整体数据安全保障能力。

第一节 《数据安全法》概述

一、立法背景及意义

（一）立法背景

数据作为一种重要的资源和生产要素，有着巨大的潜在价值，如何保护数据安全成为亟须解决的问题。欧洲的数据安全保护进程开始较早，20 世纪 70 年代起，欧洲各国就掀起了数据立法的浪潮，形成了强调"数字团结"且外紧内松的统一数据治理框架。2018 年 5 月，欧盟正式实施 GDPR，该法案要求不论是数据控制者还是处理者及其处理行为在欧盟境内还是境外，只要处理的是欧盟境内居民的数据，均适用此法案，对数据实施长臂管理。2018 年 3 月美国通过《澄清域外合法使用数据法》，该法案要求对危害美国国家安全的犯罪、严重刑事犯罪等重大案件，无论服务提供者的通信、记录或其他信息是否存储在美国境内，都要求服务商根据该法案进行调取并提供相关证据。目前，已有近百个国家和地区制定了数据安全保护的法律。数据安全保护专项立法已成为国际惯例。欧美国家将数据主权从物理边界转向技术边界，将会直接影响第三方国家的主权，在数据跨境流动愈加频繁的今天，必须尽快完善我国相关法律法规，保护我国国家利益、跨国公司及公民个人利益。

当前全球传统经济增长缓慢，迫切需要通过新的经济增长点拉动内需，增加就业，发展数字经济成为重要引擎。近年来数字经济增速也证明了数字经济发展空间巨大，中国信息通信研究院发布的《中国数字经济发展白皮书》的数据显示，我国数字经济的总体规模已从 2005 年的 2.62 万亿元增长至 2019 年的 35.84 万亿元；数字经济总体规模占 GDP 的比重也从 2005 年的 14.2%提升至 2019 年 36.2%。随着经济数字化、政府数字化、企业数字化建设的不断推进，数据成为我国政府和企业的核心资产。数据在企业与企业之间、政府与企业之间及国与国之间流转、融合、使用直至泄露。对数据掌控、利用及保护的能力，成为衡量国家之间竞争力的核心要素。

从 2015 年 9 月，国务院印发《促进大数据发展行动纲要》开始，2018 年 3 月国务院办公厅印发《科学数据管理办法》，2020 年 4 月中共中央、国务院发布《关于构建更加完善的要素市场化配置体制机制的意见》，到 2021 年 3 月《中华人民共和国国民经济和社会发展第十四个五年规划和 2035 年远景目标纲要》的发布，我国的数据安全政策导向日益明确，国家数据战略日益清晰。《数据安全法》的制定进入我国安全立法的快车道。

（二）立法意义

数据是国家的基础性和战略性资源，强化数据安全与保护是与经济发展和国家安全紧密相关的重要事项。《数据安全法》的颁布与实施是我国社会与经济发展适应网络化和数字化趋势的必然要求，对于规范数据处理活动，保障数据安全，促进数据开发利用，保护个人、组织的合法权益，维护国家主权、安全和发展具有重要意义。

1. 丰富国家安全观内涵，提升国家安全保障能力

《中华人民共和国国家安全法》明确："国家安全是指国家政权、主权、统一和领土完整、人民福祉、经济社会可持续发展和国家其他重大利益相对处于没有危险和不受内外威胁的状态，以及保障持续安全状态的能力。"数据安全是指通过采取必要的措施，确保数据处于有效保护和合法利用的状态，以及具备保障持续安全状态的能力。数据安全与非传统国家安全体系中的经济、文化、社会、科技、信息安全等各方面相互融合，相互影响，是国家安全体系的重要内容与支撑。维护数据安全，应当坚持总体国家安全观，建立健全数据安全治理体系，提高数据安全保障能力，有利于提升我国应对数据引发的国家安全风险与挑战的能力，全面维护国家主权、安全和发展利益。此外，《数据安全法》规定"在中华人民共和国境外开展数据处理活动，损害中华人民共和国国家安全、公共利益或者公民、组织合法权益的，依法追究法律责任"，首次确立了我国维护数据安全工作的域外管辖权[①]，以适应全球数字竞争的现状，最大限度保障数据主权安全。

---

① 域外管辖权，又称长臂管辖权，是指一国执法或者司法机关在域外适用国内法的权力。

2. 强调数据保护与利用并重, 有效促进数字经济发展

数据资源作为一种新型生产要素, 有着巨大的经济价值。《中国数字经济发展白皮书2021》显示, 2020 年, 我国数字经济规模达到 39.2 万亿元, 占 GDP 比重为 38.6%。在疫情冲击和全球经济狭隘性叠加的影响下, 我国数字经济依然保持 9.7%的高位增长, 是同期 GDP 增速的 3.2 倍, 成为经济稳定增长的关键动力。为充分发挥数据的经济价值, 《数据安全法》在保护个人、组织与数据有关的权益的基础上, 提倡 "平衡的安全", 鼓励数据依法合理有效利用, 保障数据依法有序自由流动。《数据安全法》要求省级以上人民政府应当将数字经济发展纳入本级国民经济和社会发展规划, 并根据需要制定数字经济发展规划; 促进以数据为关键要素的数字经济发展, 强调 "以数据开发利用和产业发展促进数据安全"。《数据安全法》从法律层面为数字经济发展提供了制度保障, 为释放数据红利和市场活力, 更好地促进数据开发利用指明了方向。

3. 明确主体间的分工与合作, 完善数据安全协同治理体系

体制是国家机关、企业事业单位在机制设置、领导隶属关系和管理权限划分等方面的体系、制度、方法、形式等的总称。数据安全管理体制是指国家、行业、社会进行数据安全管理活动的方法、形式等的规范体系, 《数据安全法》构建了以国家管理、行业管理及社会参与为主体的数据安全治理体系。

国家管理体制: 由中央国家安全领导机构 (中国共产党中央国家安全委员会, 简称中央国安委) 负责国家数据安全工作的决策和议事协调, 研究制定、指导实施国家数据安全战略和有关重大方针政策, 统筹协调国家数据安全的重大事项和重要工作, 建立国家数据安全工作协调机制。

行业管理体制: 在中央国安委的领导下, 各地区、各部门负责收集本地区、本部门工作中产生的数据及其数据安全; 相关行业组织按照章程, 依法制定数据安全行为规范和团体标准, 加强行业自律, 指导会员加强数据安全保护, 提高数据安全保护水平, 促进行业健康发展。公安机关、国家安全机关因依法维护国家安全或者侦查犯罪需要调取数据时, 有关组织、个人应当予以配合。

社会参与体制: 在国家的支持下, 社会应开展数据安全知识宣传普及活动, 提高全社会的数据安全保护意识和水平, 推动公民参与数据安全保护、管理、监督工作, 并规定个人和组织有权对违反《数据安全法》规定的行为向有关主管部门投诉、举报, 有关主管部门应当对投诉、举报人的相关信息予以保密, 保护投诉、举报人的合法权益, 形成全社会共同维护数据安全的良好环境。

4. 规范数据处理者的责任与义务, 有效保护公众的数据权益

《数据安全法》明确划分了各类法律主体开展数据处理活动的责任与义务, 从法律和社会公德两方面, 对数据处理活动进行了强制性规约和引导性规范。同时, 《数据安全法》注重数据在社会服务中的利用, 强调通过开发利用数据提升公共服务的智能化水平。在提供智能化公共服务时, 应充分考虑弱势群体的需求, 避免对其日常生活造成影响。此

举体现了国家对弱势群体数据权益的高度关注，彰显了《数据安全法》以人为本的立法原则。

二、《数据安全法》保护的客体

《数据安全法》保护的客体是数据。数据是指任何以电子或其他方式对信息的记录。它是按照一定规则排列组合的物理符号，它可以是数字、文字、图像、声音，也可以是计算机代码。依据数据的价值、内容敏感程度和影响范围的大小可将数据分为一般数据、重要数据、国家核心数据三种类型。重要数据是指一旦泄露可能直接影响国家安全、经济安全、社会稳定、公共健康和安全的数据，如不公开的政府信息、基因健康、地理、矿产资源等方面的数据。国家核心数据是关系国家安全、国民经济命脉、重要民生、重大公共利益的数据。一般数据则是指除重要数据、国家核心数据之外的其他数据，如企业生产经营和内部管理信息、个人信息等。

容易与数据的概念混淆的是信息。信息是区别于物质与能量的独立的第三元。一般认为，信息是特定背景下具有特定含义的数据，是数据的意义，数据可以转化为信息进而产生知识与智慧。区分数据与信息的重要意义在于：在静止孤立的背景下，数据体现出的信息可能并无隐私性或敏感性；一旦将数据应用于特定场景，并与其他数据结合进行分析，则可能暴露危及国家安全、公共安全和个人隐私的信息。因此，数据保护不等同于信息保护，信息保护是数据保护的子集。数据保护是一个动态过程，关系数据处理的所有活动，如数据的收集、存储、使用、加工、传输、提供、公开等，覆盖数据处理的全流程；信息保护则是对特定场景下的数据的保护，如网络信息保护、个人信息保护等。

知识点	数据权利

权益是合法的利益。数据权益是指数据管控者对其管控的数据享有的权益。权利是指法律赋予人实现其权益的一种力量。数据权利是数据主体拥有的权利，兼具人格权和财产权双重属性，人格权包括数据知情同意权、数据修改权、数据被遗忘权；数据财产权包括数据采集权、数据可携权、数据使用权、数据收益权。

三、《数据安全法》的适用范围

在中华人民共和国境内开展数据处理活动及其安全监管，适用《数据安全法》。

在中华人民共和国境外开展数据处理活动，损害中华人民共和国国家安全、公共利益或者公民、组织合法权益的，依法追究法律责任。

不适用的情况如下。

（1）开展涉及国家秘密的数据处理活动，适用《中华人民共和国保守国家秘密法》等法律、行政法规的规定。

（2）在统计、档案工作中开展数据处理活动，开展涉及个人信息的数据处理活动，还应当遵守有关法律、行政法规的规定。

（3）军事数据安全保护的办法，由中央军事委员会依据《数据安全法》另行制定。

四、数据处理的原则

（一）合法合规

任何组织、个人收集数据，应当采取合法、正当的方式，不得窃取或者以其他非法方式获取数据。《数据安全法》对数据处理活动提出了强制性要求，任何活动都要遵守法律要求，违法则会受到相应处罚。

（二）守信守德

数据处理活动应当诚实守信，尊重社会公德和伦理，遵守商业道德和职业道德；开展数据处理活动及研究开发数据新技术，应当有利于促进经济社会发展，增进人民福祉，符合社会公德和伦理。

（三）尽职尽责

任何主体应在其职责范围内积极开展数据处理活动，且应当履行数据安全保护义务，承担相应的社会责任；数据处理活动不得危害国家安全、公共利益，不得损害个人、组织的合法权益。

第二节　数据安全保护的责任与义务

从事数据处理活动的各类主体应当明确自身的责任与义务，服从整体安全策略，全面优化技术与组织管理，为维护数据安全与发展保驾护航。

一、国家责任

《数据安全法》从数据安全与发展的角度明确了国家责任。国家统筹发展和安全，坚持以数据开发利用和产业发展促进数据安全，以数据安全保障数据开发利用和产业发展；国家实施大数据战略，推进数据基础设施建设，鼓励和支持数据在各行业、各领域的创新应用。

（一）数据开发利用和数据安全

国家支持开发利用数据提升公共服务的智能化水平。国家支持数据开发利用和数据安全技术研究，鼓励数据开发利用和数据安全等领域的技术推广和商业创新，培育、发展数据开发利用和数据安全产品、产业体系。国家推进数据开发利用技术和数据安全标准体系建设。国务院标准化行政主管部门和国务院有关部门根据各自的职责，组织制定并适时修订有关数据开发利用技术、产品和数据安全相关标准。国家支持企业、社会团体和教育、科研机构等参与标准制定。

（二）检测评估和认证服务

国家促进数据安全检测评估、认证等服务的发展，支持数据安全检测评估、认证等专业机构依法开展服务活动。国家支持有关部门、行业组织、企业、教育和科研机构、有关专业机构等在数据安全风险评估、防范、处置等方面开展协作。

（三）专业人才培养

国家支持教育、科研机构和企业等开展数据开发利用技术和数据安全相关教育与培训，采取多种方式培养数据开发利用技术和数据安全专业人才，促进人才交流。

二、一般数据处理者的义务

（一）法律要求和道德规范

一般数据处理者的所有数据处理活动均需要在法律法规的许可下进行，履行数据安全保护义务。数据处理者开展数据处理活动应当依照法律、法规的规定，建立健全全流程数据安全管理制度，组织开展数据安全教育培训，采取相应的技术措施和其他必要措施，保障数据安全。利用互联网等信息网络开展数据处理活动，应当在网络安全等级保护制度的基础上，履行上述数据安全保护义务。任何组织、个人收集数据，应当采取合法、正当的方式，不得窃取或者以其他非法方式获取数据。法律、行政法规对收集、使用数据的目的、范围有规定的，应当在法律、行政法规规定的目的和范围内收集、使用数据。另外，《数据安全法》规定："开展数据处理活动以及研究开发数据新技术，应当有利于促进经济社会发展，增进人民福祉，符合社会公德和伦理。"

（二）开展风险监测行动

开展数据处理活动应当加强风险监测，发现数据安全缺陷、漏洞等风险时，应当立即采取补救措施；发生数据安全事件时，应当立即采取处置措施，按照规定及时告知用户并向有关主管部门报告。数据安全风险监测是参照数据安全风险评估标准和管理规范，对数据的资产价值、潜在威胁、薄弱环节、已采取的防护措施等进行监测，分析和判断数据安全事件发生的概率及可能造成的损失，并采取有针对性的处置措施。

三、重要数据处理者的义务

重要数据处理者在遵守法律法规和道德要求的基础上，应当明确数据安全负责人和管理机构，落实数据安全保护责任。在开展数据处理活动时，重要数据处理者应当按照规定对其数据处理活动定期开展风险评估，并向有关主管部门报送风险评估报告。风险评估报告应当包括处理的重要数据的种类、数量，开展数据处理活动的情况，面临的数据安全风险及其应对措施等。无论重要数据处于收集、存储、使用、加工、传输、提供、公开等哪个环节，只要其数据处理活动可能涉及重要数据，都需要进行定期的风险评估，并将评估报告报送给主管部门。

四、数据交易、处理服务机构的义务

国家建立健全数据交易管理制度，规范数据交易行为，培育数据交易市场。从事数据交易中介服务的机构提供服务，应当要求数据提供方说明数据来源，审核交易双方的身份，并留存审核、交易记录。法律、行政法规规定提供数据处理相关服务应当取得行政许可的，服务提供者应当依法取得许可。

第三节　数据安全制度

数据安全制度主要包括：数据分类分级保护制度，数据安全风险评估、报告、信息共享、监测预警机制，数据安全应急处置机制，数据安全审查制度和数据出入境管理制度。

一、数据分类分级保护制度

国家建立数据分类分级保护制度，根据数据在经济社会发展中的重要程度，以及一旦遭到篡改、破坏、泄露或者非法获取、非法利用，对国家安全、公共利益或者个人、组织合法权益造成的危害程度，对数据实行分类分级保护。国家数据安全工作协调机制统筹协调有关部门制定重要数据目录，加强对重要数据的保护。关系国家安全、国民经济命脉、重要民生、重大公共利益等数据属于国家核心数据，实行更加严格的管理制度。

由于不同行业、不同地区数据分类分级的具体规则和相关因素差异巨大，《数据安全法》将重要数据具体目录和具体分类分级保护制度的制定权限下放到行业主管部门和各地区国家机关。各地区、各部门应当按照数据分类分级保护制度，确定本地区、本部门以及相关行业、领域的重要数据具体目录，对列入目录的数据进行重点保护。

二、数据安全风险评估、报告、信息共享、监测预警机制

《数据安全法》第二十二条规定："国家建立集中统一、高效权威的数据安全风险评

估、报告、信息共享、监测预警机制。国家数据安全工作协调机制统筹协调有关部门加强数据安全风险信息的获取、分析、研判、预警工作。"

三、数据安全应急处置机制

发生数据安全事件时，有关负责单位应当依法立即启动应急预案，采取最有效的应急处置措施，防止危害扩大，消除安全隐患。同时要组织研判，保存证据，做好信息通报工作，及时向社会发布与公众有关的警示信息，让公众了解数据安全事件的真相，并及时采取自我保护措施，以免其数据遭到破坏或在遭到破坏后防止损失进一步扩大。数据安全风险评估、报告、信息共享、监测预警机制与数据安全应急处置机制共同强化了数据安全风险事前、事中、事后全流程的防范应对。

四、数据安全审查制度

数据安全审查制度是依法确立的国家安全审查制度中重要的安全审查制度，其审查对象主要是影响或可能影响国家安全的数据处理活动。《中华人民共和国国家安全法》第五十九条规定："国家建立国家安全审查和监管的制度和机制，对影响或者可能影响国家安全的外商投资、特定物项和关键技术、网络信息技术产品和服务、涉及国家安全事项的建设项目，以及其他重大事项和活动，进行国家安全审查，有效预防和化解国家安全风险。"依法作出的安全审查决定为最终决定。

五、数据出入境管理制度

国家积极开展数据安全治理、数据开发利用等领域的国际交流与合作，参与数据安全相关国际规则和标准的制定，促进数据跨境安全、自由流动。关键信息基础设施的运营者在中华人民共和国境内运营中收集和产生的重要数据的出境安全管理，适用《中华人民共和国网络安全法》的规定；其他数据处理者在中华人民共和国境内运营中收集和产生的重要数据的出境安全管理办法，由国家网信部门会同国务院有关部门制定。

中华人民共和国主管机关根据有关法律和中华人民共和国缔结或者参加的国际条约、协定，或者按照平等互惠原则，处理外国司法或者执法机构关于提供数据的请求。非经中华人民共和国主管机关批准，境内的组织、个人不得向外国司法或者执法机构提供存储于中华人民共和国境内的数据。国家对与维护国家安全和利益、履行国际义务相关的属于管制物项的数据依法实施出口管制。

任何国家或者地区在与数据和数据开发利用技术等有关的投资、贸易等方面对中华人民共和国采取歧视性的禁止、限制或者其他类似措施的，中华人民共和国可以根据实际情况对该国家或者地区对等采取措施。

　　　　　　　　关键信息基础设施

　　关键信息基础设施是指公共通信和信息服务、能源、交通、水利、金融、公共服务、电子政务、国防科技工业等重要行业和领域的，以及其他一旦遭到破坏、丧失功能或者数据泄露，可能严重危害国家安全、国计民生、公共利益的重要网络设施、信息系统等。

第四节　政务数据安全与开放

一、政务数据

　　政务数据是指行政机关在履行相应职责的过程中生产、采集、加工、使用和管理的数据。政务数据具有权威性、公共性、数量多、价值大等特点。《数据安全法》对政务数据开发利用提出了明确要求，对政务数据安全保障义务、政务数据开放进行了明确规定。

　　▶思考题：结合拓展阅读，说一说政府数据和政务数据的关系是什么？

拓展阅读　　　　　　　　**开放政府数据运动**

　　英国开放知识基金会（Open Knowledge Foundation）指出开放数据是一类可以被任何人免费使用、再利用、再发布的数据——在其限制上，顶多是要求署名和使用类似的许可协议再发布。开放数据应具有以下特征：可获取性和可访问性、再利用和再发布、普遍参与性。

　　数据蕴藏着巨大的社会效益和经济效益。与其他机构相比，政府是掌握数据最多的机构。因此，对政府数据的开放和利用意义重大。2007 年 12 月，由 30 个开放政府倡导者组成的专家组在美国加利福尼亚州的塞瓦斯托波尔（Sebastopol）举行了一个会议，与会人员首次提出了"开放政府数据"（open government data）这个术语。2009 年美国总统奥巴马签署了《透明与开放政府备忘录》，要求建立更加开放透明、参与、合作的政府，同年，数据门户网站 Data.gov 上线，美国行政管理和预算局向白宫提交的《开放政府命令》获批准，全球开放数据运动由此开展。2011 年，巴西、印度尼西亚、墨西哥、挪威、南非、菲律宾、英国和美国签署了《开放数据声明》，"开放政府合作伙伴"（Open Government Partnership，OGP）宣告诞生。2013 年 6 月 17 日，美、英、法、德、意、加、日、俄在北爱尔兰召开八国集团首脑峰会，并签署了八国集团开放数据宪章。在开放数据活动评价方面，现有的评价指标有蒂姆·伯纳斯·李创办的万维网基金会发布的开放数据晴雨表（open data barometer）、英国开放知识基金会发布的全球开放数据指数（global open data index）、中国复旦大学数字与移动治理实验室发布的中国开放数林指数等。运用评价指标对各国的开放数据活动进行系统评价，进一步推动了各国开放政府数据的实践。

二、相关主体的责任

政务数据安全与开放的主体是法律、法规授权的具有管理公共事务职能的组织。

（一）国家机关

国家机关为履行法定职责的需要收集、使用数据，应当在其履行法定职责的范围内依照法律、行政法规规定的条件和程序进行；对在履行职责中知悉的个人隐私、个人信息、商业秘密、保密商务信息等数据应当依法予以保密，不得泄露或者非法向他人提供。

国家机关应当依照法律、行政法规的规定，建立健全数据安全管理制度，落实数据安全保护责任，保障政务数据安全。

国家制定政务数据开放目录，构建统一规范、互联互通、安全可控的政务数据开放平台，推动政务数据开放利用。开放政务数据应遵循公正、公平、便民、及时、准确的原则。

国家大力推进电子政务建设，提高政务数据的科学性、准确性、时效性，提升运用数据服务经济社会发展的能力。对政务数据质量提出科学性、准确性和时效性要求。

（二）受委托方

国家机关委托他人建设、维护电子政务系统，存储、加工政务数据，应当经过严格的批准程序，并应当监督受托方履行相应的数据安全保护义务。受托方应当依照法律、法规的规定和合同约定履行数据安全保护义务，不得擅自留存、使用、泄露或者向他人提供政务数据。

经典案例：上海市公共数据开放实践

第五节　法律责任

针对数据处理活动的违法行为，《数据安全法》明确了主体应承担的法律责任，并制定了相应的处罚措施。

一、未履行数据安全保护义务

开展数据处理活动的组织、个人不履行《数据安全法》第二十七条、第二十九条、第三十条规定的数据安全保护义务的，由有关主管部门责令改正，给予警告，可以并处五万元以上五十万元以下罚款，对直接负责的主管人员和其他直接责任人员可以处一万元以上十万元以下罚款；拒不改正或者造成大量数据泄露等严重后果的，处五十万元以上二百万元以下罚款，并可以责令暂停相关业务、停业整顿、吊销相关业务许可证或者吊销营业执照，对直接负责的主管人员和其他直接责任人员处五万元以上二十万元以下罚款。

国家机关不履行本法规定的数据安全保护义务的，对直接负责的主管人员和其他直接责任人员依法给予处分。

二、违法违规提供数据

向境外提供重要数据的，由有关主管部门责令改正，给予警告，可以并处十万元以上一百万元以下罚款，对直接负责的主管人员和其他直接责任人员可以处一万元以上十万元以下罚款；情节严重的，处一百万元以上一千万元以下罚款，并可以责令暂停相关业务、停业整顿、吊销相关业务许可证或者吊销营业执照，对直接负责的主管人员和其他直接责任人员处十万元以上一百万元以下罚款。

未经主管机关批准向外国司法或者执法机构提供数据的，由有关主管部门给予警告，可以并处十万元以上一百万元以下罚款，对直接负责的主管人员和其他直接责任人员可以处一万元以上十万元以下罚款；造成严重后果的，处一百万元以上五百万元以下罚款，并可以责令暂停相关业务、停业整顿、吊销相关业务许可证或者吊销营业执照，对直接负责的主管人员和其他直接责任人员处五万元以上五十万元以下罚款。

三、违法获取数据

从事数据交易中介服务的机构未要求数据提供方说明数据来源，未审核交易双方的身份，并留存审核、交易记录，未履行《数据安全法》规定（第三十三条）的义务的，由有关主管部门责令改正，没收违法所得，处违法所得一倍以上十倍以下罚款，没有违法所得或者违法所得不足十万元的，处十万元以上一百万元以下罚款，并可以责令暂停相关业务、停业整顿、吊销相关业务许可证或者吊销营业执照；对直接负责的主管人员和其他直接责任人员处一万元以上十万元以下罚款。

违反《数据安全法》第三十五条规定，拒不配合数据调取的，由有关主管部门责令改正，给予警告，并处五万元以上五十万元以下罚款，对直接负责的主管人员和其他直接责任人员处一万元以上十万元以下罚款。

窃取或者以其他非法方式获取数据，开展数据处理活动排除、限制竞争，或者损害个人、组织合法权益的，依照有关法律、行政法规的规定处罚。这一规定将数据处理活动与《中华人民共和国反不正当竞争法》《中华人民共和国反垄断法》等法律法规的规定相结合，体现了我国对数据安全的综合监管思路。例如，《中华人民共和国反垄断法》明确禁止经营者在其经营活动中排除、限制竞争。《中华人民共和国民法典》第一千零三十五条明确规定，"处理个人信息的，应当遵循合法、正当、必要原则，不得过度处理，并符合下列条件：（一）征得该自然人或者其监护人同意，但是法律、行政法规另有规定的除外；（二）公开处理信息的规则；（三）明示处理信息的目的、方式和范围；（四）不违反法律、行政法规的规定和双方的约定。个人信息的处理包括个人信息的收集、存储、使用、加工、传输、提供、公开等"。第一千零三十八条明确规定，"信息处理者不得泄露或者篡改其收集、存储的个人信息；未经自然人同意，不得向他人非法提供其个人信息，但是经过加工无法识别特定个人且不能复原的除外"。

四、数据安全监管不当

有关主管部门在履行数据安全监管职责中，发现数据处理活动存在较大安全风险的，可以按照规定的权限和程序对有关组织、个人进行约谈，并要求有关组织、个人采取措施进行整改，消除隐患。

履行数据安全监管职责的国家工作人员玩忽职守、滥用职权、徇私舞弊的，依法给予处分。

五、其他情形

违反国家核心数据管理制度，危害国家主权、安全和发展利益的，由有关主管部门处二百万元以上一千万元以下罚款，并根据情况责令暂停相关业务、停业整顿、吊销相关业务许可证或者吊销营业执照；构成犯罪的，依法追究刑事责任。

违反《数据安全法》规定，给他人造成损害的，依法承担民事责任。违反《数据安全法》规定，构成违反治安管理行为的，依法给予治安管理处罚；构成犯罪的，依法追究刑事责任。

思　考　题

1. 查阅相关资料简要说明我国的数据安全体系。
2. 试比较不同国家和地区在数据跨境流动方面的政策的异同。
3. 谈谈你对数据处理原则的认识。
4. 我国建立了怎样的数据安全制度？解决了哪些问题？
5. 试分析开放政府数据运动对我国社会治理的影响。

参　考　文　献

李晓宇. 2019. 权利与利益区分视点下数据权益的类型化保护[J]. 知识产权，（3）：50-63.

王春晖. 2021.《中华人民共和国数据安全法》十大法律问题解析[J]. 保密科学技术，（9）：3-8.

第四篇　企　业　篇

第十一章　企业信息公示制度

学习目标

通过本章的学习，了解企业信息公开制度的相关概念；对《企业信息公示暂行条例》（以下简称《条例》）的出台原因及背景有一定的理解；熟练掌握《条例》的主要内容、主体义务与权利等问题。

本章导语

放宽准入登记条件对企业自律提出了更高的要求，相关监管措施缺失会使违法经营行为的数量增多，从而危及交易安全和市场秩序。《条例》是工商登记制度改革的一项基础性制度，是建立企业信息公示制度的必要法律依据。

第一节　企业信息公示概述

企业信息公示是指公示义务主体按照相关法律规定，通过特定公示平台，将法定的涉企信息向社会公布。这种"公示"形式体现了"政府监管、企业自律、社会监督"的多主体共治的新型信用监管模式（贺爱英和李雪，2020）。2014年8月，我国颁布了《条例》，国务院相关政府部门配套制定了五部规章，由此正式确立了企业信息公示制度。

一项制度的制定与实施，是由特定时代下社会的需求决定的。基于这一逻辑，企业信息公示制度在注重保障合理私权的前提下，旨在通过公法控制来实现市场经济的有序发展，从而保障市场秩序的良性循环发展。

国务院2014年2月7日批准发布的《注册资本登记制度改革方案》，将注册资本实缴登记制度改为认缴登记制度，同时取消了企业年检制度。推进注册资本登记制度改革是简政放权、放管结合的重要举措，有力地支撑了稳增长和保就业，有力地激发了创业活力。建立企业信息公示制度是保障注册资本登记制度改革顺利实施的重要制度支撑，是转变监管理念、创新监管方式、加强事后监管的重要举措。建立企业信息公示制度，有利于通过信息公示、社会监督等手段保障公平竞争，强化对企业的信用约束，保护交易相对人和债权人的利益，保证交易安全，维护市场秩序。

以往，对于企业的监管，主要是政府采取行政手段的方式进行的。企业的经营信息尤其是政府管理部门对企业的行政许可、行政处罚等信息，只在企业和相关部门内"你知我知"，或在较小范围内传播。这样的情况很容易造成信息不对称，为企业刻意隐瞒有损自身的信息提供了可能，不利于企业利益相关人员在交易过程中作出对己方有利的决定。《条例》的颁布实施，使企业信息逐步趋于透明化，有利于在最大程度上减少信息不对称，维护交易安全，保护企业利益相关人的利益。

长久以来，企业的信息对外是非公开的，这导致交易的双方往往依据公司的资本来判断公司的资信状况，从而降低自身交易的风险，在一定程度上引发了市场条件下自由竞争的不公平性。《条例》的颁布实施，使得企业本身成了信息公示活动中的义务主体，也成了我国社会信用体系构建的参与者。

第二节　《企业信息公示暂行条例》的内容

《条例》的核心内容就是建立企业信息公示制度。《条例》明确规定了工商部门、其他政府部门、企业作为不同的信息公示主体所承担的不同的信息公示义务。

一、《条例》的主要内容和特点

各政府部门和企业作为不同的信息公示主体，承担不同的信息公示义务。政府部门公示的信息是在履行职责过程中形成的行政许可、行政处罚等反映企业信用状况的信息。企业公示的信息包括年度报告信息和其他信息，是企业在从事生产经营活动中形成的信息。这些信息能够充分反映企业的信用状况，通过企业信用信息公示系统向社会公示后，满足了社会公众对企业信用信息的需求。

《条例》还规定了多项信用约束和监管措施。这充分体现了政府放松对企业的直接干预，从依靠传统行政监管手段向注重运用信用监管手段转变。《条例》的主要特点如下。

（1）强化信用约束措施。《条例》不再依靠传统的行政处罚手段，而是更加注重运用信息公示、社会监督等手段强化对企业的信用约束，充分发挥信用在维护市场秩序中的作用，切实转变政府职能，这是《条例》最鲜明的特点。

（2）体现部门联动响应。在公示企业信息方面，《条例》规定省、自治区、直辖市人民政府推动本行政区域企业信用信息公示系统的建设，各部门实现企业信息的互联共享。在信用约束方面，各部门要建立联动响应机制，实现"一处违法，处处受限"。

（3）强调企业社会责任。《条例》设定了企业公示年度报告、行政许可、行政处罚等信息的义务，政府部门不对公示的信息事先审查，信息一经公示，全社会即可查询，将企业对政府负责转变为企业对社会负责，促进企业诚信自律。

（4）推动形成社会共治。企业信息公示制度的建立，使企业信息透明化，能够充分调动社会积极性，利用社会化监督来取代单纯的行政监督，形成信息充分共享的全方位监管，做到企业自律、政府监管、社会监督的有机统一[①]。

二、主体的义务与权利

改革措施的制度设计是决定其能否成功的基础。由于企业信息分布在不同主体手中，

---

①《创新市场监管模式　促进市场公平竞争》，https://www.sc.gov.cn/10462/10464/10797/2014/9/24/10314046.shtml?cid=303 [2023-10-08]。

因此公示主体的设定便是第一大问题。根据《条例》的规定，企业信息公示的主体可包括政府部门和企业两大类。

政府部门作为企业信息公示义务主体包括：①工商管理部门，作为传统的市场监管主体，工商管理部门承担着落实和推进企业信息公示制度的主要责任；②工商管理部门以外的其他政府部门，如海关部门、税务部门等，企业信息分散在政府各个职能部门，任何一个部门都没有完整的企业信息，必须群策群力，才能提高公示信息的质量。

《条例》对工商管理部门和其他政府部门在企业信息公示的途径上作了区分，国家企业信用信息公示系统是工商管理部门公示企业信息的唯一平台，而其他政府部门则可以选择通过其他途径公示。实践中，为加快企业信息公示制度的进程，国务院对企业信息公示作出了进一步指导，建议各地区的有关部门将手中掌握的企业信息抄送至工商管理部门，由工商管理部门归集整理，再通过国家企业信用信息公示系统对外公示。

（一）工商行政管理部门

工商行政管理部门应该公示的相关企业信息主要包括以下内容。

（1）履行职责过程中产生的企业注册登记、备案的信息，企业动产抵押登记的信息，企业股权出质登记的信息，对企业行政处罚的信息，其他依法应当公示的信息。

（2）工商行政管理部门抽查企业公示的信息，可以采取书面检查、实地核查、网络监测等方式。工商行政管理部门抽查企业公示的信息，可以委托会计师事务所、税务师事务所、律师事务所等专业机构开展相关工作，并依法利用其他政府部门作出的检查、核查结果或者专业机构作出的专业结论。

与此相应的政府部门的监管责任包括以下内容。

（1）建立抽查制度。《条例》规定国务院工商行政管理部门和省、自治区、直辖市人民政府工商行政管理部门应当按照公平规范的要求，根据企业注册号等随机摇号，确定抽查的企业，组织对企业公示信息的情况进行检查。

（2）建立举报制度。《条例》规定公民、法人或者其他组织发现企业公示的信息虚假的，可以向工商行政管理部门举报，接到举报的工商行政管理部门应当自接到举报材料之日起 20 个工作日内进行核查，予以处理，并将处理情况书面告知举报人。

（3）设定法律责任。《条例》规定政府部门未依照本条例规定履行职责的，由监察机关、上一级政府部门责令改正；情节严重的，对负有责任的主管人员和其他直接责任人员依法给予处分；构成犯罪的，依法追究刑事责任。

（4）建立救济制度。《条例》规定公民、法人或者其他组织认为政府部门在企业信息公示工作中的具体行政行为侵犯其合法权益的，可以依法申请行政复议或者提起行政诉讼。

（二）其他政府部门

其他政府部门公示企业信息的内容主要如下。

（1）履行职责过程中产生的行政许可准予、变更、延续信息。

（2）企业行政处罚信息；其他依法应当公示的信息。

其他政府部门可以通过企业信用信息公示系统，也可以通过其他系统公示上述规定的企业信息。工商行政管理部门和其他政府部门应当按照国家社会信用信息平台建设的总体要求，实现企业信息的互联共享。

（三）企业的义务与责任

将企业作为信息公示的主体之一，可谓是我国信用监管领域的一项创新，突出反映了政府在监管方式和监管理念上的转变。根据《条例》的规定，企业负有企业年度报告和企业即时信息两项公示义务。

（1）企业年度报告公示。企业必须于每年上半年向工商管理部门提交企业上一年度的年度报告。年报的内容分为：强制性公示信息和选择性公示信息两类。强制性公示信息必须对外公开；选择性公示信息企业可以自主选择是否对外公开。在企业选择不公开这类信息的情况下，其他市场主体若想查询必须征得企业同意。《条例》第八条和第九条明确了企业年度报告的报送期间、公示程序和公示载体，并把年度报告中的前六项内容限定为能够直接反映企业经营状况的基本信息，而对于企业资产总额、主营业务收入、利润总额等信息，由企业自主选择是否公示。

（2）企业信息及时公示。根据《条例》第十条，企业应当自信息形成之日起20个工作日内，通过企业信用信息公示系统向社会公示：有限责任公司股东或者股份有限公司发起人认缴和实缴的出资额、出资时间、出资方式等信息；有限责任公司股东股权转让等股权变更信息；行政许可取得、变更、延续信息；知识产权出质登记信息，受到行政处罚的信息；其他依法应当公示的信息。明确企业对其公示信息的真实性、及时性负责。

三、约束措施

（1）设立经营异常名录制度。企业未按照《条例》规定的期限公示年度报告、未按照工商行政管理部门责令的期限公示有关企业信息，或者公示企业信息隐瞒真实情况、弄虚作假的，由县级以上工商行政管理部门列入经营异常名录，通过企业信用信息公示系统向社会公示，并区别情况承担相应的法律责任。

（2）设立严重违法企业名单制度。对被列入经营异常名录满3年仍未履行公示义务的企业，由国务院工商行政管理部门或者省、自治区、直辖市人民政府工商行政管理部门列入严重违法企业名单，并通过企业信用信息公示系统向社会公示。被列入严重违法企业名单的企业的法定代表人、负责人，3年内不得担任其他企业的法定代表人、负责人。

（3）建立部门联动响应机制。《条例》规定县级以上地方人民政府及其有关部门应当建立健全信用约束机制，在政府采购、工程招投标、国有土地出让、授予荣誉称号等工作中，将企业信息作为重要考量因素，对被列入经营异常名录或者严重违法企业名单的企业依法予以限制或者禁入。

思 考 题

1.《条例》的特点有哪些？

2.《条例》的主体义务是什么？

3. 企业年度报告应包括哪些内容？

4. 企业不按照规定公示信息行为的约束措施有哪些？

参 考 文 献

贺爱英，李雪. 2020. 论企业信息公示与商业秘密保护[J]. 法制与社会，（21）：47-48.

林钧跃. 2001. 企业信用管理[M]. 北京：企业管理出版社.

刘瑛. 2011. 企业信用法律规制研究[M]. 北京：中国政法大学出版社.

王伟. 2020. 企业信息公示与信用监管机制比较研究：域外经验与中国实践[M]. 北京：法律出版社.

中国行为法学会公司治理研究会. 2015. 中国企业信用建设报告[M]. 北京：中国法制出版社.

第十二章　商业秘密保护制度

学习目标

通过本章的学习，了解《中华人民共和国反不正当竞争法》的主要内容、权利人与义务及违法责任；掌握商业秘密的概念、范围和法律特征；重点把握侵犯商业秘密的四种行为、法律责任及商业秘密的保护措施等问题。

本章导语

商业秘密（trade-secret），又称营业秘密，在世界贸易组织TRIPs中被称为"未披露信息"。商业秘密对企业或个人的价值极其重要，一旦泄露便会造成难以估计的损失。《中华人民共和国反不正当竞争法》为商业秘密的保护提供了法律基础，有效打击了此种违法行为的出现，维持了市场环境的和谐稳定。商业秘密法律性质的归类是可以变化的，由于商业秘密保护的客体多属于智力成果范畴权，其权利又是一种无形财产权，因此也可以将其纳入知识产权制度。

第一节　《中华人民共和国反不正当竞争法》概述

不正当竞争行为是指经营者在生产经营活动中，违反《中华人民共和国反不正当竞争法》规定，扰乱市场竞争秩序，损害其他经营者或者消费者的合法权益的行为。《中华人民共和国反不正当竞争法》的立法宗旨是制止和预防市场上的不正当竞争行为，鼓励和保护公平的竞争行为，从而更好地保护经营者和消费者的合法权益，促进社会主义市场经济健康发展。

《中华人民共和国反不正当竞争法》采用的是综合调整的立法模式。综合调整模式，即既调整狭义上的不正当竞争行为，也调整包括行政垄断在内的部分垄断行为，以适应社会发展的实际需要。同时《中华人民共和国反不正当竞争法》侧重行政执法机关的主动干预，干预的主体既包括该法规定的行政主管机关——各级工商行政管理机关，又包括各级人民政府和依法具有监督检查职能的其他部门。

一、经营者的义务与违法责任

经营者是指从事商品生产、经营或者提供服务（以下所称商品包括服务）的自然人、法人和非法人组织。①经营者在生产经营活动中，应当遵循自愿、平等、公平、诚信的原则，遵守法律和商业道德。②监督检查部门调查涉嫌不正当竞争行为，被调查的经营者、利害关系人及其他有关单位、个人应当如实提供有关资料或者情况。

关于不正当竞争行为的种类，《中华人民共和国反不正当竞争法》从第六条到第十二条规定了七种不正当竞争行为，要求经营者不得违反，分别是仿冒行为、商业贿赂、虚假宣传、侵犯商业秘密、不正当有奖销售、损害其他商业主体的信誉、网络不正当竞争。

经营者违反本法规定，给他人造成损害的，应当依法承担民事责任。经营者违反本法规定从事不正当竞争，有主动消除或者减轻违法行为危害后果等法定情形的，依法从轻或者减轻行政处罚；违法行为轻微并及时纠正，没有造成危害后果的，不予行政处罚。经营者违反本法规定从事不正当竞争，受到行政处罚的，由监督检查部门记入信用记录，并依照有关法律、行政法规的规定予以公示。同时，经营者违反本法规定，应当承担民事责任、行政责任和刑事责任，其财产不足以支付的，优先用于承担民事责任。

妨害监督检查部门依照本法履行职责，拒绝、阻碍调查的，由监督检查部门责令改正，对个人可以处五千元以下的罚款，对单位可以处五万元以下的罚款，并可以由公安机关依法给予治安管理处罚。当事人对监督检查部门作出的决定不服的，可以依法申请行政复议或者提起行政诉讼。

二、监督检查部门的义务与违法责任

（1）对涉嫌不正当竞争行为，任何单位和个人有权向监督检查部门举报，监督检查部门接到举报后应当依法及时处理。

（2）监督检查部门及其工作人员对调查过程中知悉的商业秘密负有保密义务。

监督检查部门的工作人员滥用职权、玩忽职守、徇私舞弊或者泄露调查过程中知悉的商业秘密的，依法给予处分。

第二节　商业秘密的界定与法律特征

商业秘密是企业的核心竞争力，一旦被恶意泄露，危害甚大。因此，需要了解商业秘密的保护范围和法律特征。

一、商业秘密的界定

1993年9月通过并公布的、1993年12月起施行的《中华人民共和国反不正当竞争法》对商业秘密的范围和构成商业秘密的法律条件作了比较完整的界定，其第十条明确规定："本条所称的商业秘密，是指不为公众所知悉，能为权利人带来经济利益，具有实用性并经权利人采取保密措施的技术信息和经营信息。"2018年修订后，其表述是："本法所称的商业秘密，是指不为公众所知悉、具有商业价值并经权利人采取相应保密措施的技术信息、经营信息等商业信息。"根据《中华人民共和国民法典》第一百二十三条，商业秘密属于知识产权客体范畴，权利人对商业秘密享有"专有权"。

二、商业秘密保护的范围

由于商业秘密的范围相当广阔，任何能够为权利人带来实际的或潜在的经济利益和竞争优势的信息都可能构成商业秘密。虽然法律对于商业秘密的构成要件已经明确，但在商业秘密范围的界定上还缺乏统一和抽象。在美国，关于商业秘密比较有影响的定义主要有三种。

（1）《布莱克法律辞典》中所解释的商业秘密是"用于商业上的配方、模型、设计或信息的汇集，而能使人较其不知或不使用的竞争者，更有机会获取利益"。

（2）《侵权行为法汇编》中所解释的商业秘密：可以是任何公式、模型、设计或信息汇编；可以是一个化学配方，一道制作、处理或保存的工序，一个机器或其他设计的模型，或者一个顾客名单。

（3）《统一商业秘密法》中所解释的商业秘密是"这样的信息，它包括公式、模型、汇编、程序、设计、方法、技术或工序"。

《中华人民共和国反不正当竞争法》中关于商业秘密定义中规定其包括技术秘密和经营秘密。《关于禁止侵犯商业秘密行为的若干规定》第二条指出："本规定所称技术信息和经营信息，包括设计、程序、产品配方、制作工艺、制作方法、管理诀窍、客户名单、货源情报、产销策略、招投标中的标底及标书内容等信息。"其具体内容可参见《最高人民法院关于审理侵犯商业秘密民事案件适用法律若干问题的规定》第一条的具体规定。

三、商业秘密的法律特征

商业秘密是一类特殊的信息客体，它既不同于专利、商标、智力作品等知识产权的一般客体，又区别于政治秘密、个人隐私等一般的秘密。根据国内外商业秘密的保护实践及我国有关法律的规定，商业秘密具有如下四个基本特征。

（一）秘密性

认定商业秘密的基本条件是该技术信息或经营信息必须"不为公众所知悉"，这是商业秘密最基本的特征。此处的"公众"，并非泛指所有人，目前各国普遍的做法是只要求相对秘密性。相对秘密性是指有关信息构成可受保护的商业秘密，不需要绝对地不被所有人所公知，只要求其确切内容不为不负有义务的内行人所公知。内行人是指某一行业或准备涉足某一行业的有可能从该商业秘密的利用中取得经济利益的人，而不负有义务的内行人是在某个行业中对权利人的商业秘密不负有保密和不使用义务的人，可以用"非特定人"来表示。非特定人的范围很广，除了由于劳动关系、经济技术合同及法律、规定和行政行为等产生义务的人之外，其余均可以纳入非特定人范围。哪怕只有一个非特定人公开接触了商业秘密，该商业秘密就被认为丧失了秘密性。商业秘密一旦被公开就不称其为秘密，其固有的价值就会完全丧失或部分丧失。

（二）价值性

价值性是指能为权利人带来经济利益，即通过现在或将来的使用，商业秘密必须能为权利人带来经济利益,即能够为其权利人带来实际的或潜在的经济利益和竞争优势。这是商业秘密与政治秘密、个人隐私等一般秘密最为显著的区别。这里所指的竞争包括市场经济可能涉及的一切领域中的竞争,除了物质生产领域,还可以包括科学、教育、文化等领域中的竞争。竞争优势是一种领先性质的地位,权利人因掌握商业秘密而在竞争中先人一步。商业秘密的价值性不能用其产生所花费的成本来衡量,有时花费代价很小的商业秘密,却可带来巨大的竞争优势。商业秘密的价值性还表现为商业秘密的实用性,即商业秘密是一种可以应用于生产、经营实践,并能产生较好经济效益的知识和经验。这一点是商业秘密与一般技术或经营理论成果的主要区别,理论成果并不具有直接的产业实用性。

(三)实用性

实用性是指该商业秘密必须具有现实的或潜在的使用价值,客观上应当是具有具体性和确定性的方案或信息。具体性指应是客观上有用的具体方案或信息,而不应仅是大概的、原理性的或抽象的。如果产品的设计仅停留在构思、草图阶段,而未形成一个完整的、可实施的设计方案,是不能作为商业秘密予以法律保护的。这种要求是出于社会利益方面的原因,即越抽象的原理或概念,其适用范围就越宽广,在其"权利人"自己仍在研究探索阶段,并未使之具体化和实用化之前,法律就对其进行保护,这就等于束缚了社会上其他人的手脚。另外,将一个抽象的原理或概念转化为具体的可实施方案,往往需要花费更多的劳动,如果允许花费少量劳动初步获得某种尚不实用的原理或概念的人,去禁止他人花更多的劳动使其适合于实用,也是不公正的。

(四)保密性

保密性是指权利人采取了保密措施。与客观的秘密性相对应,保密性强调权利人的主观保密意愿。如果没有任何保密措施加以保护,权利人所认为的"商业秘密"是无法认定的。权利人正是通过保密措施向他人表示将有关内容作为自己的商业秘密,进行控制从而主张权利。如果有关主体没有对所主张的商业秘密采取保密措施,那么法律上就没有占有该财产的意图,因而不能成为权利人。

第三节　侵犯商业秘密的行为与法律责任

对商业秘密的法律保护是维护市场竞争秩序和保障社会市场经济发展的必然要求。从竞争的角度对商业秘密提供保护,以及对侵犯商业秘密的行为进行规制,正是出于对商业社会中市场竞争秩序的维护。

一、侵犯商业秘密的行为

构成对权利人商业秘密的侵犯,其行为必须具备相应的构成要件。

（一）行为主体

行为主体即实施侵犯商业秘密行为的自然人、法人或其他经济组织。其中，作为自然人的行为主体多为权利人的职工。对此，《中华人民共和国反不正当竞争法》的配套行政规章《关于禁止侵犯商业秘密行为的若干规定》专门列举了权利人的职工侵犯商业秘密的行为。法人或其他经济组织则为除自然人外的、《中华人民共和国反不正当竞争法》第十条中所指的"经营者"。

（二）侵害他人商业秘密的行为

这是指行为人以不正当手段侵犯他人的商业秘密。各国立法均根据本国的实际情况规定侵犯商业秘密的行为，不过一般都包括了几类最常见的行为。根据《中华人民共和国反不正当竞争法》及《关于禁止侵犯商业秘密行为的若干规定》，在我国，侵犯商业秘密的行为主要表现为以下几种。

（1）以不正当手段获取商业秘密的行为。这是《中华人民共和国反不正当竞争法》第九条第一款第一项所禁止的"以盗窃、贿赂、欺诈、胁迫、电子侵入或者其他不正当手段获取权利人的商业秘密"。不正当手段的获取本身即违法，而不需要等到披露或使用行为发生时才构成违法。这里的"盗窃"行为人，既包括权利人的职工，也包括第三人。其盗窃目的是非法占有，方式既可以是将载有商业秘密的资料或样品窃为己有，也可以是复制载有商业秘密的文件，留下原件带走复制件，还可以是采取其他方式如记忆等无形方式获知他人的商业秘密；"贿赂"是指以非法占有为目的，以给予或许诺给予物质利益或其他利益诱使他人违反保密义务，披露商业秘密的行为；"欺诈"是指通过非法手段向有关人员骗取商业秘密等信息；"胁迫"是指用威胁或强迫的方法使有关人员透露有关商业秘密的信息；"电子侵入"行为是指犯罪行为人在未经权利人许可或未经合法途径的情况下，通过一定的电子技术手段进入权利人的计算机系统的行为。此外，用不正当手段获取权利人商业秘密的行为的范围是无法穷尽的，其关键在于手段的性质属于不正当范畴。

（2）披露、使用或者允许他人使用以前项手段获取的权利人的商业秘密。这是《中华人民共和国反不正当竞争法》第九条第一款第二项所规定的行为，是第一类行为的延续，是对权利人的进一步侵犯。"披露"是指不正当获取人将权利人的商业秘密透露给他人，包括在要求对方保密的条件下向特定人的披露及向不特定人公开；"使用"是指以不正当手段获得他人商业秘密的行为人将该商业秘密应用于自己的生产或经营之中；"允许他人使用"是指以不正当手段获得他人商业秘密的行为人将商业秘密提供给他人使用，这种允许使用可以是无偿的，也可以是有偿的，如冒充商业秘密权利人与他人签订实施许可合同等，甚至还要求对方对其承担相应的保密义务。

（3）违反保密义务或者违反权利人有关保守商业秘密的要求，披露、使用或者允许他人使用其所掌握的商业秘密。这是《中华人民共和国反不正当竞争法》第九条第一款第三项所禁止的。其实这种行为人的身份主要有两种，一种是与权利人有业务关系的单位和个人；另一种是权利人的职工。这类行为采取了与上述第二类行为相同的侵害方式，所不同的是，它所侵犯的商业秘密是行为人经由正当合法渠道获得的。虽然来源正当合法，但行为人违反保密义务披露、使用或者允许他人使用其所掌握的权利人的商业秘密，同样侵犯了权利人的合法权益，危害了社会的公平竞争秩序，因此同样是一种不正当竞争行为。

（4）教唆、引诱、帮助他人违反保密义务或者违反权利人有关保守商业秘密的要求，获取、披露、使用或者允许他人使用权利人的商业秘密。经营者以外的其他自然人、法人和非法人组织实施上述所列违法行为的，视为侵犯商业秘密。第三人明知或者应知商业秘密权利人的员工、前员工或者其他单位、个人实施本条第一款所列违法行为，仍获取、披露、使用或者允许他人使用该商业秘密的，视为侵犯商业秘密，此即《中华人民共和国反不正当竞争法》第九条第三款所禁止的。

（三）行为人的主观要件

行为人的主观要件即行为人实施侵犯他人商业秘密行为的主观心理状态，包括故意和过失。

（四）侵害的客体

侵害的客体即权利人对商业秘密所享有的权利及社会公平的竞争秩序。

二、法律责任

侵犯商业秘密的法律责任有三种：民事责任、行政责任和刑事责任。

（一）民事责任

《中华人民共和国反不正当竞争法》第十七条规定："经营者违反本法规定，给他人造成损害的，应当依法承担民事责任。经营者的合法权益受到不正当竞争行为损害的，可以向人民法院提起诉讼。因不正当竞争行为受到损害的经营者的赔偿数额，按照其因被侵权所受到的实际损失确定；实际损失难以计算的，按照侵权人因侵权所获得的利益确定。经营者恶意实施侵犯商业秘密行为，情节严重的，可以在按照上述方法确定数额的一倍以上五倍以下确定赔偿数额。赔偿数额还应当包括经营者为制止侵权行为所支付的合理开支。经营者违反本法第六条、第九条规定，权利人因被侵权所受到的实际损失、侵权人因侵权所获得的利益难以确定的，由人民法院根据侵权行为的情节判决给予权利人五百万元以下的赔偿。"除本条规定外，还可以根据民事责任的其他规定确定侵犯商业秘密的民事责任。

（二）行政责任

《中华人民共和国反不正当竞争法》第二十一条规定："经营者以及其他自然人、法人和非法人组织违反本法第九条规定侵犯商业秘密的，由监督检查部门责令停止违法行为，没收违法所得，处十万元以上一百万元以下的罚款；情节严重的，处五十万元以上五百万元以下的罚款。"同时还规定了责令停止违法行为和罚款两种行政处罚方式。

《关于禁止侵犯商业秘密行为的若干规定》第七条对上述规定进行了细化，即工商行政管理机关在依法予以处罚时，可以对侵权物品作如下处理：①责令并监督侵权人将载有商业秘密的图纸、软件及其他有关资料返还权利人；②监督侵权人销毁使用权利人商业秘密生产的、流入市场将会造成商业秘密公开的产品。但权利人同意收购、销售等其他处理方式的除外。

（三）刑事责任

《中华人民共和国刑法》第二百一十九条规定了侵犯商业秘密罪，给商业秘密的权利人造成重大损失的，处三年以下有期徒刑或者拘役，并处或者单处罚金；造成特别严重后果的，处三年以上七年以下有期徒刑，并处罚金。

第四节　商业秘密的自我保护

商业秘密"能为权利人带来经济利益"的特性，往往会引起权利主体的竞争对手的关注，他们会千方百计地充分利用各种合法或不合法的手段来获取商业秘密，从而使得合法的权利主体丧失竞争优势，进而对权利主体的生产和经营造成不利的影响。尽管权利主体可以通过法律救济的方式挽回一些损失，但是毕竟已经发生了损失，所以作为权利主体必须早做预防，采取各种有效措施来保护自己的商业秘密。

一、加强思想性的防范措施

许多事例已经表明，泄露商业秘密的重要原因是权利主体内部有关人员思想麻痹，放松戒备，所以有必要加强思想性的防范。权利主体的领导层应对保守商业秘密达成共识，并采用各种方法对员工加强保密教育，如发放单位的知识产权或商业秘密保护知识的手册、利用会议宣讲、用墙报或单位内的报刊加强思想教育等。思想性的防范措施的运用也具有一定的法律意义，即在有关员工违反要求或约定而泄露商业秘密时，思想性的防范的证据可以成为权利主体采取合理保密措施的证明。

二、建立严格的保密规章制度

有无严格的保密措施是界定商业秘密能否成立的重要标准，而这些措施的实施得益于权利主体内部的保密规章制度。一般来说，保密规章制度的内容涉及以下几方面。

（1）物理性的隔离要求。企业不仅要有单位与外界、各部门或办公室之间的硬隔离要求，如围墙、分隔墙等，还应有严格的限制人员流动的软隔离要求，如门卫设防。对来访者，验明身份，问清来访事由，不让无关人员特别是竞争对手随便进入公司。建立登记制度，必要的话对携带的包、袋类物品采取寄存。有条件的话让来访者穿着"识别制服"，引起员工关注；严禁来访者进入保密区域。

（2）加强对员工的保密要求。企业应当告诉员工应遵守哪些规章制度和负有怎样的保密义务及相应的法律责任，建立企业保密制度，并把企业的保密制度写入《员工手册》，在员工进入企业时就向其灌输保密观念，使其了解企业保护商业秘密的职责，以及各类信息资料的保密等级，让员工在平时的工作中防止无意泄密。

（3）文件与档案管理制度。例如，各部门应依据单位的文件与档案管理要求分别认定符合要求的保密文件，确定保密期限，在需要保密的文件上加盖保密章，实现专人专库或专柜保管，规定借阅范围和手续，不能将涉及商业秘密的文件或档案长时间滞留在外，否则泄密的风险较大，在打印、复制及销毁文件或档案等方面要有规定和限制，而电子文件或电子档案在计算机中使用时，应加强对存取介质的管理，如各部门应依据单位的电子文件或档案管理要求分别认定符合要求的保密文件，并标示相关的密级。

（4）建立健全人事制度。企业制度不良，是员工离职的最主要原因，更是企业商业秘密流向竞争对手的主要原因。建立健全企业人事制度，确定工资福利待遇和人事升迁制度，加强人本管理，增加感情投资，减少员工尤其是中高级人才的流失而发生的商业秘密泄密事件。

（5）强化对信息传播活动的管控。通过完善信息管理制度，对涉及企业的产品信息、生产信息、销售信息，以及内部培训材料等内容的使用、保存和对外宣传进行事前的涉密性审核与评估，严把安全关，将泄密的风险降至最低。

三、尽可能限制商业秘密的知悉范围

不管保密规章制度多么严密，也难免有所疏忽。因此，在许多单位往往采取尽量控制知悉商业秘密的员工人数的方法来降低商业秘密泄密可能性，如因工作需要接触的，也尽可能将商业秘密进行分解，化整为零，从而使得个人手上掌握的只是不能独立发挥作用的局部，而只有将每个人手上的都集中起来才能成为完整的具有实用性的商业秘密，而且要求员工不相互打听与自己工作无关的业务情况或技术情况。

四、保密合同或协议中的保密条款

通过有关的保密合同或协议中的保密条款，可以约定有关人员或有关单位成为承担保密义务的主体。保密协议或保密条款既可以存在于权利主体内部的劳动合同或专门的知识产权协议之中，也可以存在于与外界签订的各种经济合同之中。

企业规章制度是企业要求员工普遍遵守的，但是对于某些能接触商业秘密核心内容的中高层员工、技术或销售骨干，还须与其订立明确、细致、具体的知识产权保护协议或在聘用合同中特别设立保密条款，不仅规定其在职期间，而且还需规定其离职后一定时间内必须遵守的保密义务。

思　考　题

1.《中华人民共和国反不正当竞争法》的权利人有哪些？他们的义务分别是什么？
2. 商业秘密的内涵是什么？
3. 商业秘密的侵犯行为有哪些？
4. 商业秘密的管理措施有哪些？

参　考　文　献

孔祥俊. 2012. 商业秘密司法保护实务[M]. 北京：中国法制出版社.

倪才龙. 2005. 商业秘密保护法[M]. 上海：上海大学出版社.

唐青林，黄民欣. 2011. 商业秘密保护实务精解与百案评析[M]. 北京：中国法制出版社.

张玉瑞. 1996. 商业秘密的运用和保护 200 题[M]. 北京：人民法院出版社.

朱庆华，颜祥林，袁勤俭. 2017. 信息法教程[M]. 3 版. 北京：高等教育出版社.

第十三章　电子商务活动中的信息制度

学习目标

通过本章的学习，了解《中华人民共和国电子商务法》（以下简称《电子商务法》）的立法背景、原则及主要内容；重点认识和掌握《电子商务法》中相关主体的信息权利及义务，熟悉相关问题的处理规定。

本章导语

网络技术的发展推动着社会生产关系的变革，随着互联网技术的推广，电子商务活动对社会生产关系变化的影响作用也在逐渐增强。为了保障电子商务各方主体的合法权益，规范电子商务行为，维护市场秩序，促进电子商务持续健康发展，2018年8月，《电子商务法》正式颁布。

第一节　《电子商务法》概述

电子商务是指通过互联网等信息网络销售商品或者提供服务的经营活动。《电子商务法》是电子商务领域的基本法，相关行政法规、部门规章、地方性法规及其他规范性文件依其内容设立和调整；也是管理电子商务行业的综合法，有关部门、行业组织、经营者、消费者依此法参与电子商务行业治理；同时还是规范电子商务市场秩序的创新法，突出了电子商务平台经营者应当履行主体责任。

一、立法背景

我国是全球网络用户数量最多的国家，也是电子商务交易规模最大、效率最高的市场。在《电子商务法》颁布实施之前，与电子商务活动有关的法律规定分散于《中华人民共和国民法典》《中华人民共和国电子签名法》《中华人民共和国网络安全法》《中华人民共和国消费者权益保护法》等。随着电子商务的快速普及，出台一部全面规范电子商务发展的法律已经成为必然。我国在2013年启动电子商务法的立法工作，2016年3月形成《电子商务法》草案。从2016年12月至2018年8月先后历经四次审议，最终于2018年8月第十三届全国人民代表大会常务委员会第五次会议通过，自2019年1月1日起施行。

二、《电子商务法》的立法原则

（一）功能等同原则

在日常生活当中，交易的凭证（如合同）都有原件和复印件之分，只有原件才具有法律效力，复印件不能直接作为证据来用。由于电子商务的特殊性，所有的意思表达都是以电子数据为载体的，电子数据是电子商务得以顺利进行的必要条件，但是所有的电子数据都是可复制的，复制的数据与原始数据之间几乎没有区别，这种情况下如何区分数据电文的原件，数据电文如何签名，数据电文性质等都是电子商务发展过程中必须解决的问题。受传统交易习惯的影响，电子商务法本身不能建立一套完全独立于传统交易形式的特殊法律原则，这种情况下只能在电子商务与传统交易形式之间构建一条通道，将传统交易的法律原则移植到电子商务法的领域当中，以此来构建电子商务法自己的法律原则，因此传统交易的法律原则也就成为电子商务法的基础原则，成为电子商务法基本原则体系的重要组成部分。功能等同原则提出后，被大多数国家和地区采纳，并作为其电子商务国内立法的重要原则。

（二）中立原则

电子商务是建立在电子技术和网络技术基础上的商业运作，是利用电子信息技术所提供的工具手段实现其操作过程的商务活动。技术手段在电子商务中的地位非常重要。这就需要电子商务法解决好技术性规范问题，处理好技术与技术之间的关系。一些电子商务领域的问题是可以依靠法律解决的，如交易双方的权利义务问题，但是电子签名等问题则需要通过技术手段来解决，用技术手段维护当事人的合法权益，但是技术是多种多样的，每一种技术手段在电子商务法当中都应该不加歧视地被认可，法律不应成为一种技术排除另一种技术的工具，在这一过程中逐渐形成了电子商务法的技术中立原则，这也是电子商务法的基本原则之一。

（三）开放、兼容原则

开放性是就国际范围而言的，指对各地区、各种网络的开放。兼容性则是指各种技术手段和网络传输媒介的相互对接与融合。电子商务的开放性、兼容性、互操作性是其技术先进性的表现。开放兼容是电子商务的主要运行平台——互联网的基本特征在其法律规范上的必然要求。如果说中立原则旨在实现电子商务法的公平价值，那么开放、兼容原则反映的则是电子商务法效率价值的要求。任何封闭的疆界、垄断的措施，既不利于电子商务的全球化发展，同时，也是对合理配置技术、信息资源的妨碍。

（四）安全原则

保障电子商务的安全进行，既是电子商务法的重要任务，又是其基本原则之一。电子商务的高效快捷，必须以安全为前提。从以电子商务法数据电讯效力承认消除电子商务运行方式的法律上的不确定性，到根据电子商务活动中现代电子技术方案应用的成熟经验而建立起的反映其特点的操作性规范，都贯穿了安全原则和理念。这一原则表面上是对开放、兼容原则的制约，而实质上却是与之相辅相成，互为前提的。

第二节　《电子商务法》的主要内容

《电子商务法》分别从电子商务的经营监管原则、电子商务经营者、电子商务合同的订立与履行、电子商务争议解决、电子商务促进及法律责任等方面对电子商务领域的活动进行了规范。

一、电子商务法律关系的主体

《电子商务法》调控电子商务经营者的活动。

电子商务经营者是指通过互联网等信息网络从事销售商品或者提供服务的经营活动的自然人、法人和非法人组织，包括电子商务平台经营者、平台内经营者以及通过自建网站、其他网络服务销售商品或者提供服务的电子商务经营者。

电子商务平台经营者是指在电子商务中为交易双方或者多方提供网络经营场所、交易撮合、信息发布等服务，供交易双方或者多方独立开展交易活动的法人或者非法人组织。

平台内经营者是指通过电子商务平台销售商品或提供服务的电子商务经营者。

其中，电子商务平台经营者是电子商务法律关系的核心，也是其最重要的主体之一。除此之外，还有两类：一是平台内经营者，利用电子商务平台提供商品或者服务；二是消费者，通过电子商务平台接受商品或者服务。

二、主体的责任与义务

（一）电子商务平台经营者的责任与义务

电子商务平台经营者的义务包括核验登记、信息报送、处置报告、处置公示、网络安全保障、信息保存、交易规则公示等。

电子商务平台经营者应当要求申请进入平台销售商品或者提供服务的经营者提交其身份、地址、联系方式、行政许可等真实信息，进行核验、登记，建立登记档案，并定期核验更新。

电子商务经营主体必须依法登记，依法纳税。作为平台，除了依法履行自己的法律义务外还要协助监管平台内的商家，提高准入门槛，把控经营资格和合法经营行为。平台对于自主经营和商家经营行为要严格区分，不能误导消费者。

电子商务平台经营者不得删除消费者对其平台内销售的商品或者提供的服务的评价。《电子商务法》第三十九条规定：电子商务平台经营者应当建立健全信用评价制度，公示信用评价规则，为消费者提供对平台内销售的商品或者提供的服务进行评价的途径。

平台要积极参与知识产权保护，对于侵犯知识产权的行为采取必要措施。《电子商务法》第四十一条规定：电子商务平台经营者应当建立知识产权保护规则，与知识产权权利人加强合作，依法保护知识产权。

《电子商务平台知识产权保护管理》
国家标准

知识点

　　为进一步加强电子商务平台知识产权保护工作，国家知识产权局牵头，多部门共同参与制定了《电子商务平台知识产权保护管理》国家标准，该标准于2020年11月9日批准发布，并于2021年6月1日起实施。

　　《电子商务平台知识产权保护管理》国家标准是在《电子商务法》框架下研究形成的国家推荐性标准。该标准结合了我国电子商务领域发展实际，充分借鉴了电子商务平台知识产权保护已有经验。该标准内容涵盖电子商务平台中专利、商标、著作权、地理标志等多类型知识产权，涉及电子商务平台、平台经营者等相关主体责任和义务，可有效引导电子商务平台保护和管理知识产权、平台经营者和平台内经营者管好和用好知识产权、消费者和社会公众尊重和了解知识产权。该标准从范围、规范性文件、术语和定义、电子商务平台管理、电子商务网络信息平台要求、组织知识产权管理、一致性测试等七方面内容提出明确要求。

（二）平台内经营者的责任与义务

　　电子商务经营者应当主动履行亮照亮证亮标，公示终止经营信息，明示押金退还规则，明示用户信息查询、更正、删除、注销规则等一系列公示义务。

　　电子商务经营者应当依法办理市场主体登记。但是，个人销售自产农副产品、家庭手工业产品，个人利用自己的技能从事依法无须取得许可的便民劳务活动和零星小额交易活动，以及依照法律、行政法规不需要进行登记的除外。

　　电子商务经营者应当依法履行纳税义务，依法取得相关行政许可。经营销售的商品或者提供的服务应当符合保障人身、财产安全的要求和环境保护的要求。《电子商务法》第十七条规定：电子商务经营者应当全面、真实、准确、及时地披露商品或者服务信息，保障消费者的知情权和选择权。电子商务经营者不得以虚构交易、编造用户评价等方式进行虚假或者引人误解的商业宣传，欺骗、误导消费者。

（三）其他电商活动参与者的责任与义务

　　在要求电子商务经营者进行信息公示的基础上，《电子商务法》对于政府部门的公共管理数据、消费者的消费评价、发展第三方电子商务评价也进行了规定。其中，政府部门应当依法公示政府部门所掌握的关于电子商务经营者的各类信用信息；消费者应当通过对商品、服务进行评价，督促经营者提升商品、服务质量；国家支持依法设立的信用评价机构开展第三方信用评价，支持其向社会提供电子商务信用评价服务。通过在诸多维度进行信息公示和信用评价，突出了电子商务诚信体系建设的重要作用，营造了有利于电子商务创新发展的市场环境。

国务院有关部门按照职责分工负责电子商务的监督管理工作，建立符合电子商务特点的协同管理体系，推动形成政府部门、行业组织、电子商务经营者、消费者等共同参与的电子商务市场治理体系。

电子商务行业组织按照《电子商务法》开展行业自律，建立健全行业规范，推动行业诚信建设，给行业经营者创造一个公平参与的市场。

三、电子商务法解决的主要问题

（一）保障消费者的知情权、选择权

在传统交易中，交易双方往往为面对面的直接交易，消费者可以直观地了解商品或者服务的具体内容和信息。但是电子商务活动的交易双方一般是通过远程非面对面的方式订立合同，消费者所获取的信息往往都是由商家或者经营者单方提供的。

《中华人民共和国消费者权益保护法》明确规定消费者享有知情权。对此，《电子商务法》第十七条规定：电子商务经营者应当全面、真实、准确、及时地披露商品或者服务信息，保障消费者的知情权和选择权。

（二）消费欺诈问题的法律保障

欺诈问题在传统的市场交易中和电子商务活动中普遍存在。考虑到电子商务活动中，消费欺诈所造成的后果更严重、波及范围更广等问题，有必要加大对其消费欺诈的打击力度。因此，《电子商务法》第二十七条至第四十六条详细规定了电子商务平台包括知识产权保护、损害赔偿、质量担保以及平台协助义务等多方面的责任，为解决消费欺诈等问题提供法律保障。

（三）鼓励建立在线争议解决机制

针对消费者维权中存在的"周期长，成本相对较高"问题，《电子商务法》明确了在线争议解决机制等措施。一个小额的消费维权纠纷案件，有可能需要经历两审诉讼，诉讼周期可达一年之久。巨大的时间成本打击了大部分消费者维权的积极性，无形中纵容了商家的不法行为。《电子商务法》第四章明确了电子商务争议解决的相关机制及电子商务经营者、电子商务经营平台的相应责任和义务，并且针对电子商务在线交易的特点，鼓励电子商务平台建立在线争议解决机制。

（四）电子合同的法律效力

电子合同是进行电子商务活动的重要载体及表现形式。《电子商务法》第四十八条规定：电子商务当事人使用自动信息系统订立或者履行合同的行为对使用该系统的当事人

具有法律效力。在电子商务中推定当事人具有相应的民事行为能力。《电子商务法》明确肯定了电子合同的法律效力。对于合同的订立方式，应符合《中华人民共和国民法典》中关于要约、承诺的法律规定，并且要求电子商务经营者应当清晰、全面、明确地告知用户订立合同的步骤、注意事项、下载方法等事项，并保证用户能够便利、完整地阅览和下载。电子商务经营者应当保证用户在提交订单前可以更正输入错误。针对某些电子商务活动中无法下载合同的情形，《电子商务法》予以明确禁止。

思 考 题

1.《电子商务法》的立法原则有哪些？

2.《电子商务法》的相关立法基础都有什么？

3.《电子商务法》中的主体都是什么？他们的义务有哪些？

4.《电子商务法》的法律特征都有哪些？

参 考 文 献

孟波，段超. 2010. 电子商务法[M]. 北京：北京大学出版社.

杨路明. 2007. 电子商务法[M]. 北京：机械工业出版社.

张楚. 2007. 电子商务法[M]. 2 版. 北京：中国人民大学出版社.

赵旭东. 2018. 中华人民共和国电子商务法释义与原理[M]. 北京：中国法制出版社.

第五篇 个 人 篇

第十四章　个人信息保护制度

学习目标

通过本章的学习，掌握个人信息的主要类型和个人信息权利的主要内容；认识个人信息、个人数据、个人隐私的基本概念及其相互关系；了解个人信息保护的重要性、个人信息泄露的危害及防范措施。

本章导语

个人信息具有潜在的商业和市场价值，极易被泄露和非法利用。我国目前已经出台了一系列与个人信息保护有关的法律法规、规范性文件及司法解释。例如，《全国人民代表大会常务委员会关于加强网络信息保护的决定》、《电信和互联网用户个人信息保护规定》、《信息安全技术　个人信息安全规范》（GB/T 35273—2020）等，但这些仍不能够适应各类互联网企业个人信息处理工作合规性的需要。为强化个人信息立法保护，2021 年 8 月 20 日，第十三届全国人民代表大会常务委员会第三十次会议通过了《中华人民共和国个人信息保护法》（以下简称《个人信息保护法》）标志着我国个人信息保护实践正式进入了有法可依的时代。

《个人信息保护法》是根据宪法，为保护个人信息权益，规范个人信息处理活动，促进个人信息合理利用而制定的法律，自 2021 年 11 月 1 日起施行。《个人信息保护法》是我国第一部全面保护个人信息的专门性、综合性的法律。《个人信息保护法》厘清了个人信息、敏感个人信息、个人信息处理者、自动化决策、去标识化、匿名化的基本概念，从适用范围、个人信息处理的基本原则、个人信息及敏感个人信息的处理规则、个人信息跨境传输的规则、个人信息保护领域各参与主体的权利与义务及法律责任等方面对个人信息保护进行了全面规定，建立起了个人信息保护领域的基本制度体系。至此，我国终于形成了以《中华人民共和国网络安全法》《数据安全法》《个人信息保护法》三法为核心的网络法律体系，为数字时代的网络安全、数据安全、个人信息权益保护提供了基础制度保障。

第一节　个人信息客体及处理规则

一、个人信息客体

（一）个人信息的含义及判定

个人信息（personal information）即个人信息保护的主体，是指有关个人的一切资料、数据，单独或与其他信息对照可以识别特定的个人的信息，包括自身生产的信息和非自身生产的信息。个人数据是个人信息的表达形式。

《个人信息保护法》对个人信息的定义是"以电子或者其他方式记录的与已识别或者

可识别的自然人有关的各种信息，不包括匿名化处理后的信息"。个人信息包括姓名、出生日期、身份证件号码、个人生物识别信息、住址、联系方式、通信记录和内容、账号密码、财产信息、征信信息、行踪轨迹、住宿信息、健康生理信息、交易信息等。个人信息控制者通过对个人信息或其他信息加工处理形成的信息，如用户画像或特征标签，能够单独或者与其他信息结合识别特定自然人身份或者反映特定自然人活动情况的，属于个人信息。

《信息安全技术　个人信息安全规范》中判定某项信息是否属于个人信息，考虑以下两条路径。一是识别，即从信息到个人，由信息本身的特殊性识别出特定自然人，个人信息应有助于识别出特定个人。二是关联，即从个人到信息，如已知特定自然人，由该特定自然人在其活动中产生的信息（如个人位置信息、个人通话记录、个人浏览记录等）即为个人信息。符合上述两种情形之一的信息，均应判定为个人信息。

对应 GDPR"保护主体"标准：只要符合"向境内自然人提供产品或者服务为目的""为分析、评估境内自然人的行为"及其他规定情形，也应适用《个人信息保护法》的规定。

▶思考题：匿名化处理后的信息是个人信息吗？为什么？

个人信息可以划分为个人基本资料、个人身份信息、个人生物识别信息等类别，具体分类及举例如表 14-1 所示。

表 14-1　个人信息分类举例

分类	举例
个人基本资料	个人姓名、生日、性别、民族、国籍、家庭关系、住址、个人电话号码、电子邮件地址等
个人身份信息	身份证、军官证、护照、驾驶证、工作证、出入证、社保卡、居住证等
个人生物识别信息	个人基因、指纹、声纹、掌纹、耳廓、虹膜、面部识别特征等
网络身份标识信息	个人信息主体账号、IP 地址、个人数字证书等
个人健康生理信息	个人因生病医治等产生的相关记录，如病症、住院志、医嘱单、检验报告、手术及麻醉记录、护理记录、用药记录、药物食物过敏信息、生育信息、以往病史、诊治情况、家族病史、现病史、传染病史等，以及与个人身体健康状况相关的信息，如体重、身高、肺活量等
个人教育工作信息	个人职业、职位、工作单位、学历、学位、教育经历、工作经历、背调记录、成绩单等
个人财产信息	银行账户、鉴别信息（口令）、存款信息（包括资金数量、支付收款记录等）、房产信息、信贷记录、征信信息、交易和消费记录、流水记录等，以及虚拟货币、虚拟交易、游戏类兑换码等虚拟财产信息
个人通信信息	通信记录和内容、短信、彩信、电子邮件，以及描述个人通信的数据（通常称为元数据）等
联系人信息	通讯录、好友列表、群列表、电子邮件地址列表等
个人上网记录	指通过日志储存的个人信息主体操作记录，包括网站浏览记录、软件使用记录、点击记录、收藏列表等
个人常用设备信息	指包括硬件序列号、设备 MAC 地址、软件列表、唯一设备识别码（如 IMEI/Android ID/IDFA/Open UDID/GUID/SIM 卡 IMSI 信息等）等在内的描述个人常用设备基本情况的信息
个人位置信息	包括行踪轨迹、精准定位信息、住宿信息、经纬度等
其他信息	婚史、宗教信仰、性取向、未公开的违法犯罪记录等

资料来源：《信息安全技术　个人信息安全规范》附录 A（资料性附录）表 A.1

注：MAC（media access control，媒体访问控制）；IMEI（international mobile equipment identity，国际移动设备标志）；IDFA（identifier for advertising，广告标识符）；OpenUDID（open unique device identifier，公开唯一设备码）；GUID（globally unique identifier，全局唯一标识符）；SIM（subscriber identify module，用户标志模块）；IMSI（international mobile subscriber identity，国际移动用户标志）

（二）个人敏感信息及其判定

个人信息中部分信息属于个人敏感信息（表 14-2）。个人敏感信息（《个人信息保护法》中称为"敏感个人信息"，《信息安全技术　个人信息安全规范》中称为"个人敏感信息"，为方便使用，本小节统称为"个人敏感信息"）包括身份证件号码、个人生物识别信息、银行账户、通信记录和内容、财产信息、征信信息、行踪轨迹、住宿信息、健康生理信息、交易信息、14 岁以下（含）儿童的个人信息等。个人敏感信息一旦泄露、非法提供或滥用可能危害人身和财产安全，极易导致个人名誉、身心健康受到损害或遭受歧视性待遇等。

表 14-2　个人敏感信息举例

分类	举例
个人财产信息	银行账户、鉴别信息（口令）、存款信息（包括资金数量、支付收款记录等）、房产信息、信贷记录、征信信息、交易和消费记录、流水记录等，以及虚拟货币、虚拟交易、游戏类兑换码等虚拟财产信息
个人健康生理信息	个人因生病医治等产生的相关记录，如病症、住院志、医嘱单、检验报告、手术及麻醉记录、护理记录、用药记录、药物食物过敏信息、生育信息、以往病史、诊治情况、家族病史、现病史、传染病史等
个人生物识别信息	个人基因、指纹、声纹、掌纹、耳廓、虹膜、面部识别特征等
个人身份信息	身份证、军官证、护照、驾驶证、工作证、社保卡、居住证等
其他信息	性取向、婚史、宗教信仰、未公开的违法犯罪记录、通信记录和内容、通讯录、好友列表、群组列表、行踪轨迹、网页浏览记录、住宿信息、精准定位信息等

资料来源：《信息安全技术　个人信息安全规范》附录 B（资料性附录）表 B.1

通常情况下，14 岁以下（含）儿童的个人信息和涉及自然人隐私的信息属于个人敏感信息。可从以下角度判定是否属于个人敏感信息。

（1）泄露。个人信息一旦泄露，将导致个人信息主体及收集、使用个人信息的组织和机构丧失对个人信息的控制能力，造成个人信息扩散范围和用途的不可控。某些个人信息在泄露后，被以违背个人信息主体意愿的方式直接使用或与其他信息进行关联分析，可能对个人信息主体权益带来重大风险，应判定为个人敏感信息。例如，个人信息主体的身份证复印件被他人用于手机号卡实名登记、银行账户开户办卡等。

（2）非法提供。某些个人信息仅因在个人信息主体授权同意范围外扩散，即可对个人信息主体权益带来重大风险，应判定为个人敏感信息。例如，性取向、存款信息、传染病史等。

（3）滥用。某些个人信息在被超出授权合理界限时使用（如变更处理目的、扩大处理范围等），可能对个人信息主体权益带来重大风险，应判定为个人敏感信息。例如，在未取得个人信息主体授权时，将其健康信息用于保险公司营销和确定个体保费高低。

（三）个人数据的含义

个人信息包含一个重要的概念，即个人数据。欧盟的 GDPR 中的个人数据是指已识别到的或可被识别的自然人（数据主体）的所有信息。可被识别的自然人是指能够被直接或间接通过识别要素识别的自然人，尤其是通过姓名、身份证号码、定位数据、在线身份等识别数据，或者通过该自然人的物理、生理、遗传、心理、经济、文化或社会身份的一项或多项要素予以识别。

个人数据的核心内涵有两个方面，一是"已识别"或"可识别"，即通过一些因素可以直接或间接地辨别出特定的个人数据，表明他人对特定的个人数据和数据主体之间的联系因素的辨认；二是"相关信息"，即特定的个人数据与特定的数据主体之间具有某种联系因素，可以从个人数据的内容、目的、结果等判断两者之间是否具有相关性。欧盟对个人数据的定义比较宽泛，尽量将与个人有关的数据都纳入到保护范围之内，体现了欧盟对个人数据保护的重视程度。

为了保护个人数据的安全性，对个人数据的采集、获取、利用等设有六大原则：合法公平透明；目的限制；数据最小化；准确性；储存限额；完整性和机密性。

（四）个人隐私的含义

个人隐私（privacy of individual）是一个与个人信息紧密相关的概念，是指公民个人生活中不愿意被他人（一定范围以外的人）公开或知悉的秘密。中国公民依法享有不愿公开或不愿让他人知悉的不危害社会的个人秘密的权利。个人隐私在不对他人的正当权益或社会公共利益构成损害和潜在的损害的时间和空间内，才属于法定意义上的个人隐私。

每个人都有不愿让他人知晓的个人生活的秘密，如个人的私生活、日记、照相簿、生活习惯、通信秘密、身体缺陷等，这些秘密在法律上称为隐私。个人拥有隐私不让他人知道的权利就是隐私权。隐私权是自然人享有的私人生活安宁与私人信息秘密依法受到保护，不被他人非法侵扰、知悉、收集、利用和公开的一种人格权。权利主体对他人在何种程度上可以介入自己的私生活，对自己的隐私是否向他人公开及公开的人群范围和程度等具有决定权。隐私权是人类文明不断发展的产物，主要包括以下内容。

（1）生活自由权。权利主体按照自己的意志从事或不从事某种与社会公共利益无关或无害的活动，不受他人干预、破坏或支配。

（2）信息保密权。权利主体有权禁止他人非法获取和使用个人信息。

（3）通信秘密权。权利主体有权对个人信件、电报、电话、传真及谈论的内容加以保密，禁止他人非法窃听或窃取。

（4）隐私利用权。权利主体有权依法按照自己的意志利用其隐私，从事各种满足自身需要的活动。例如，利用个人的生活资料撰写自传、利用自身形象或形体供绘画或摄影等。

▶思考题：分析个人信息泄露产生的影响。

二、个人信息处理规则

《个人信息保护法》的立法目的即保护个人信息权益，规范个人信息处理活动，促进个人信息合理利用。法律中对个人信息处理作出了界定，包括个人信息的收集、存储、使用、加工、传输、提供、公开、删除等。"告知—同意"是法律确立的个人信息保护的核心规则，是保障个人对其个人信息处理知情权和决定权的重要手段。严格来说法律之所以保护个人信息，其目的是保护信息主体对个人信息的决定权。除法律规定的情况外，个人信息处理者均需取得个人的同意，并且个人有权撤回其同意。个人信息处理者在收集、处理时要保证个人信息的保密性、完整性、可用性等，保证个人信息的安全性，避免对个人信息主体的权益产生伤害。

在"告知—同意"的核心原则上，法律还对敏感个人信息处理作出了更严格的规范，只有在具有特定的目的和充分的必要性，并采取严格保护措施的情形下，取得个人单独同意，个人信息处理者方可处理敏感个人信息；依法处理须取得书面同意，且必须符合"书面同意"的形式；处理者须在事前进行影响评估，并向个人告知处理的必要性及对个人权益的影响；处理敏感个人信息应当取得个人的单独同意。而处理不满十四周岁未成年人个人信息的，应当取得其父母或者其他监护人的同意。依法应当取得相关概念行政许可或者作出其他限制的，从其规定。

《个人信息保护法》中对于个人信息保存期限以最短必要为原则，没有固定期限，根据必要性的要求，规定在满足处理目的后，最短时间内尽快予以删除。需要企业制定相应的内部合规制度，就个人信息的存储及删除时间进行明确规定。对个人信息保存期限另有规定的，从其规定。例如，《中华人民共和国反洗钱法》第十九条规定，"客户身份资料在业务关系结束后、客户交易信息在交易结束后，应当至少保存五年"。《电子商务法》第三十一条规定：商品和服务信息、交易信息保存时间自交易完成之日起不少于三年。

《个人信息保护法》扩大了个人信息处理的合法性基础，明确了处理个人信息的多元合法性基础。以下六种情况，处理个人信息不需要取得个人同意。

（1）为订立、履行个人作为一方当事人的合同所必需，或者按照依法制定的劳动规章制度和依法签订的集体合同实施人力资源管理所必需。

（2）为履行法定职责或者法定义务所必需。

（3）为应对突发公共卫生事件，或者紧急情况下为保护自然人的生命健康和财产安全所必需。

（4）为公共利益实施新闻报道、舆论监督等行为，在合理的范围内处理个人信息。

（5）依照《个人信息保护法》规定在合理的范围内处理个人自行公开或者其他已经合法公开的个人信息。

（6）法律、行政法规规定的其他情形。

《个人信息保护法》首次提出了"单独同意"的概念，并规定了许多个人信息处理者需要取得单独同意的情形。

但也有特殊情况，个人信息处理不用遵守法律要求。自然人因个人或者家庭事务处理个人信息的，不适用《个人信息保护法》。法律对各级人民政府及其有关部门组织实施的统计、档案管理活动中的个人信息处理有规定的，适用其规定。

第二节　个人信息保护主体的权利与义务

一、个人在个人信息处理活动中的权利

《个人信息保护法》赋予了个人在个人信息处理活动中的各项权利，包括个人信息的收集、存储、使用、加工、传输、提供、公开、删除等权利。个人对其个人信息的处理享有知情权、决定权，有权限制或者拒绝他们对其个人信息进行处理；个人有权向其个人信息处理者查阅、复制其个人信息，法律、行政法规另有规定的除外。同时，《个人信息保护法》规定：个人请求将个人信息转移至其指定的个人信息处理者，符合国家网信部门规定条件的，个人信息处理者应当提供转移的途径。个人对其个人信息还持有查询、复制、更正、补充、删除等权利。当出现以下情形之一，且个人信息处理者未删除的，个人有权请求删除。

（1）处理目的已实现、无法实现或者为实现处理目的不再必要。

（2）个人信息处理者停止提供产品或者服务，或者保存期限已届满。

（3）个人撤回同意。

（4）个人信息处理者违反法律、行政法规或者违反约定处理个人信息。

（5）法律、行政法规规定的其他情形。

另外，《个人信息保护法》针对社会热议的个人信息持有者死亡后的个人信息处理作出了规定，弥补了法律缺陷。《个人信息保护法》完善了近亲属行使死者个人信息权利的要求。自然人死亡后，其近亲属符合如下条件，可以对死者的个人信息行使一定权利。①为了自身的合法、正当利益。②包括查阅、复制、更正、删除等权利。③死者生前无其他安排。

二、个人信息处理者义务

个人信息处理者是个人信息保护的第一责任人。据此，《个人信息保护法》强调，个人信息处理者应当对其个人信息处理活动负责，并采取必要措施保障所处理的个人信息的安全。《个人信息保护法》中对个人信息处理者的职责和义务提出了严格的要求，应当根据具体的处理情形采取必要的措施。个人信息处理者依据个人信息处理目的、处理方式、信息种类及个人权益的影响、潜在风险履行义务。履行义务的目的是符合法律、行政法规的规定，并防止未授权访问及个人信息泄露、篡改、丢失。个人信息处理者按照规定制定内部管理制度和操作规程，对个人信息实行分类管理，采取相应的安全技术措施，合理确定个人信息的操作权限，并定期对从业人员进行安全教育和培训，制定并组织实施个人信息安全事件应急预案。

对于处理个人信息达到国家网信部门规定数量的个人信息处理者，需指定负责人对其个人信息处理活动进行监督，将负责人联系方式公开，同时将负责人相关信息报送给履

行信息保护职责的部门；境外的个人信息处理者应在境内设立专门机构或指定代表，并将其相关信息报送给履行信息保护职责的部门。

个人信息处理者应当定期对其个人信息处理活动进行合规审计；对处理敏感个人信息，利用个人信息进行自动化决策，委托处理个人信息、向其他个人信息处理者提供个人信息、公开个人信息，向境外提供个人信息，其他对个人权益有重大影响的个人信息处理活动等高风险处理活动，事前进行个人信息保护影响评估，评估报告和处理情况记录应至少保存三年；在发生或可能发生个人信息泄露、篡改、丢失时，履行个人信息泄露通知和补救义务，通知内容包括信息种类、泄露、篡改、丢失的原因，可能造成的危害，采取的补救措施，个人可采取的减轻危害的措施及个人信息处理者的联系方式；采取措施能有效避免危害发生时，可以不通知个人；相关部门认为可能造成危害的，有权要求通知个人。

明确提供基础性互联网平台服务、用户数量巨大、业务类型复杂的个人信息处理者的义务。在这种情况下，个人信息处理者应履行更高水平的保护义务。建立健全个人信息保护合规制度体系，成立主要由外部成员组成的独立机构，对个人信息处理活动进行监督；遵循公开、公平、公正的原则，明确处理个人信息的规范和保护个人信息的义务；对严重违反法律、行政法规处理个人信息的平台内的产品或服务提供者，停止提供服务；定期发布个人信息保护社会责任报告，接受社会监督。

经典案例：侵犯公民个人信息案例

此外，《个人信息保护法》还规定了受托人的义务。若将个人信息委托给受托人处理，受托人应当依据本法和其他法律规定采取措施确保个人信息的安全，协助个人信息处理者履行其义务。

三、履行个人信息保护职责的部门

（一）工作范围

《个人信息保护法》明确了履行个人信息保护职责的部门的范围，"国家网信部门负责统筹协调个人信息保护工作和相关监督管理工作。国务院有关部门依照本法和有关法律、行政法规的规定，在各自职责范围内负责个人信息保护和监督管理工作。县级以上地方人民政府有关部门的个人信息保护和监督管理职责，按照国家有关规定确定"。

（二）工作职责及履职措施

《个人信息保护法》规定了履行个人信息保护职责部门的职责及可采取的措施。履行个人信息保护职责的部门应开展个人信息保护宣传教育，指导、监督个人信息处理者开展个人信息保护工作；接受、处理与个人信息保护有关的投诉、举报；组织对应用程序等个人信息保护情况进行测评，并公布测评结果；调查、处理违法个人信息处理活动及履行法律、行政法规规定的其他职责。个人信息保护部门可以采取的措施包括：询问、查阅、复制资料、现场检查、检查设备及物品、查封或者扣押、约谈主要负责人、进行合规审计等。

（三）违法活动处理

《个人信息保护法》对个人信息违法活动的投诉、举报及处置进行了规定。履行个人信息保护职责的部门需要接受、处理与个人信息保护有关的投诉、举报，并调查、处理违法个人信息处理活动。对于个人信息处理活动有任何疑问的任何组织、个人都有权向履行个人信息保护职责的部门进行投诉、举报。收到投诉、举报的部门应当依法及时处理，并将处理结果告知投诉、举报人。相关部门应公布接受投诉、举报的联系方式。履行个人信息保护职责的部门在履职过程中涉嫌违法犯罪时，应及时移送公安机关依法处理。

（四）工作内容

《个人信息保护法》对国家网信部门的工作内容作出了规定，包括制定个人信息保护具体规则、标准；针对新技术、新应用，制定专门的个人信息保护规则、标准；支持研究开发和推广应用安全、方便的电子身份认证技术，推进网络身份认证公共服务建设；推进个人信息保护社会化服务体系建设，支持有关机构开展个人信息保护评估、认证服务；完善个人信息保护投诉、举报工作机制。

第三节　个人信息跨境提供的规则

国家网信部门负责统筹监管我国个人信息跨境提供。个人信息处理者因业务等需要，确需向中华人民共和国境外提供个人信息的，应当具备以下条件之一。

（1）依照《个人信息保护法》第四十条的规定通过国家网信部门组织的安全评估。

（2）按照国家网信部门的规定经专业机构进行个人信息保护认证。

（3）按照国家网信部门制定的标准合同与境外接收方订立合同，约定双方的权利和义务。

（4）法律、行政法规或者国家网信部门规定的其他条件。

关键信息基础设施运营者和处理个人信息达到国家网信部门规定数量的个人信息处理者，应当将在中华人民共和国境内收集和产生的个人信息存储在境内。确需向境外提供的，应当通过国家网信部门组织的安全评估；法律、行政法规和国家网信部门规定可以不进行安全评估的，从其规定。

中华人民共和国境外的个人信息处理者，应当在中华人民共和国境内设立专门机构或者指定代表，负责处理个人信息保护相关事务，并将有关机构的名称或者代表的姓名、联系方式等报送履行个人信息保护职责的部门。

跨境提供个人信息时，在遵守法律核心原则"告知—同意"的基础上，要向个人告知境外接收方的名称或者姓名、联系方式、处理目的、处理方式、个人信息的种类以及个人向境外接收方行使《个人信息保护法》规定权利的方式和程序等事项，并取得个人的单独同意。

向境外提供个人信息要遵循缔结或参加的国际条约、协定的规定，或者按照平等互惠原则执行，并且非经批准，不得提供处于境内的个人信息。境外的组织、个人从事侵害中华人民共和国公民的个人信息权益，或者危害中华人民共和国国家安全、公共利益的个人信息处理活动的，国家网信部门可将其列入限制或者禁止个人信息提供清单并予以公告，同时采取限制或者禁止向境外提供个人信息等措施。在个人信息保护方面对我国采取歧视性措施的国家或地区，我国可根据实际情况采取对等反制措施。

第四节　处罚措施

违反《个人信息保护法》规定处理个人信息，或者处理个人信息未履行本法规定的个人信息保护义务的，由履行个人信息保护职责的部门责令改正，给予警告，没收违法所得，对违法处理个人信息的应用程序，责令暂停或者终止提供服务；拒不改正的，并处一百万元以下罚款；对直接负责的主管人员和其他直接责任人员处一万元以上十万元以下罚款。

有《个人信息保护法》第六十六条第一款规定的违法行为，情节严重的，由省级以上履行个人信息保护职责的部门责令改正，没收违法所得，并处五千万元以下或者上一年度营业额百分之五以下罚款，并可以责令暂停相关业务或者停业整顿、通报有关主管部门吊销相关业务许可或者吊销营业执照；对直接负责的主管人员和其他直接责任人员处十万元以上一百万元以下罚款，并可以决定禁止其在一定期限内担任相关企业的董事、监事、高级管理人员和个人信息保护负责人。

存在违法行为的依照有关规定记入信用档案并予以公示。对国家机关不履行保护义务的处罚进行规定。国家机关不履行《个人信息保护法》规定的个人信息保护义务的，由其上级机关或者履行个人信息保护职责的部门责令改正；对直接负责的主管人员和其他直接责任人员依法给予处分。履行个人信息保护职责的部门的工作人员玩忽职守、滥用职权、徇私舞弊，尚不构成犯罪的，依法给予处分。个人信息侵权行为的归责原则为过错推定。处理个人信息侵害个人信息权益造成损害，个人信息处理者不能证明自己没有过错的，应当承担损害赔偿等侵权责任。损害赔偿责任按照个人因此受到的损失或者个人信息处理者因此获得的利益确定；个人因此受到的损失和个人信息处理者因此获得的利益难以确定的，根据实际情况确定赔偿数额。个人信息主体可以对侵权行为发起集体诉讼。个人信息处理者违反《个人信息法》规定处理个人信息，侵害众多个人的权益的，人民检察院、法律规定的消费者组织和由国家网信部门确定的组织可以依法向人民法院提起诉讼。与治安管理、刑法相衔接。违反《个人信息法》规定，构成违反治安管理行为的，依法给予治安管理处罚；构成犯罪的，依法追究刑事责任。

《个人信息保护法》规定应定期对个人信息处理活动进行合规审计，这表明未来对企业的合规审计将会成为常态，不仅是事后对违法的个人信息处理活动进行调查处理，更重要的是事前的预防机制，从源头阻止个人信息被侵害的情形发生。一旦发生侵害个人信息的行为，将对个人信息处理者实行过错推定原则，不能证明自己没有过错的就应当承担损害赔偿等侵权责任，这在很大程度上减轻了个人维权的难度，也给个人信息处理者的合规审计带来了压力和动力。侵害众多个人的权益的，人民检察院、法律规定的消费者组织和由国家网信部门确定的组织还可以依法向人民法院提起公益诉讼。

第五节　《电信和互联网用户个人信息保护规定》

《电信和互联网用户个人信息保护规定》作为一部行业规范，是为了保护电信和互联网用户的合法权益，维护网络信息安全而制定的，其于 2013 年 6 月 28 日经中华人民共和国工业和信息化部第 2 次部务会议审议通过，自 2013 年 9 月 1 日起施行。

《电信和互联网用户个人信息保护规定》要求电信业务经营者、互联网信息服务提供者收集、使用用户个人信息应当遵循合法、正当、必要的原则，并对用户个人信息的安全负责。用户个人信息是指电信业务经营者和互联网信息服务提供者在提供服务的过程中收集的用户姓名、出生日期、身份证件号码、住址、电话号码、账号和密码等能够单独或者与其他信息结合识别用户的信息及用户使用服务的时间、地点等信息。按照"谁经营、谁负责""谁委托、谁负责"的原则，根据《中华人民共和国民法典》的委托代理制度，确定了由电信业务经营者、互联网信息服务提供者负责对其代理商的个人信息保护工作实施管理。

一、信息的收集使用

对电信和互联网用户个人信息的收集和使用，是信息处理程序的基础部分，必须在信息合规培训中加以强调。与《信息安全技术　个人信息安全规范》不同的是，《信息安全技术　个人信息安全规范》中的合法性要求针对的是信息收集渠道，相同的是，在收集个人信息之前，电信业务经营者及互联网信息服务提供者必须就其收集、使用用户个人信息的具体规则在其相关网站上予以明示，使用户能够在告知经营者其个人信息之前对其可能面临的风险予以明确，同时也有利于使得信息的收集和使用过程透明化，减少存在的风险。另外，经营者及互联网信息服务提供者必须严格控制其所收集的用户个人信息的使用范围，不得将信息的任何部分使用于其收集时所声明的目的之外。在用户与经营者或者互联网信息服务提供者终止协议后，即电信业务经营者或者互联网信息服务提供者不再为该个人用户提供相应服务后，经营者或者互联网信息服务提供者必须及时删除该个人用户的相关个人信息，既不得继续使用，也不得继续保存。

电信业务经营者和互联网信息服务提供者还必须严格保密其在业务开展过程中所掌握的用户个人信息，不得以任何不符合《电信和互联网用户个人信息保护规定》的方式将与用户个人信息有关的业务交给其他代理人进行。同时，电信业务经营者和互联网信息服务提供者还应当建立完善的监督投诉机制，确保用户个人能够及时掌握并反映其个人信息的相关情况，切实维护自身信息安全。

二、信息安全保障措施

为促进个人信息保护工作的落实，《电信和互联网用户个人信息保护规定》还明确了信息的安全保障措施。

　　电信经营者及互联网信息服务提供者必须将用户个人信息安全管理的责任落实到具体的下属部门、岗位和分支机构，建立包括用户个人信息的收集、使用及流转、保存在内的安全制度，准确记录用户个人信息的相关情况，包括对个人信息进行操作的人员、时间、操作的具体内容等，确保一旦出现问题可以以最快的速度定位到人。同时，还必须按照电信机构的相关要求，统一开展工作，确保个人信息保护工作开展的一致性。

三、主体的权利与义务

（一）用户权利

　　（1）未经用户同意，电信业务经营者、互联网信息服务提供者不得收集、使用用户个人信息。

　　（2）提供注销号码或账号的服务，而且在用户终止使用服务后，停止对个人信息的收集和使用。

　　（3）建立用户投诉沟通渠道、公布联系方式和处理机制，要有人员在特定的时间内答复投诉人。

　　（4）电信业务经营者、互联网信息服务提供者对其在提供服务过程中收集、使用的用户个人信息的安全负责。

　　（5）建立个人信息保护相关的安全事故报告流程和处理机制。

（二）信息服务者义务

　　（1）电信业务经营者、互联网信息服务提供者应当制定用户个人信息收集、使用规则，并在其经营或者服务场所、网站等予以公布。

　　（2）电信业务经营者、互联网信息服务提供者收集、使用用户个人信息的，应当明确告知用户收集、使用信息的目的、方式和范围，查询、更正信息的渠道以及拒绝提供信息的后果等事项。

　　（3）电信业务经营者、互联网信息服务提供者及其工作人员对在提供服务过程中收集、使用的用户个人信息应当严格保密，不得泄露、篡改或者毁损，不得出售或者非法向他人提供。

　　（4）电信业务经营者、互联网信息服务提供者应当采取以下措施防止用户个人信息泄露、毁损、篡改或者丢失。

　　（5）电信管理机构及其工作人员对在履行职责中知悉的用户个人信息应当予以保密，不得泄露、篡改或者毁损，不得出售或者非法向他人提供。

　　（6）电信业务经营者、互联网信息服务提供者保管的用户个人信息发生或者可能发生泄露、毁损、丢失的，应当立即采取补救措施；造成或者可能造成严重后果的，应当立即向准予其许可或者备案的电信管理机构报告，配合相关部门进行的调查处理。

（7）对第三方代理人收集和使用个人信息的保护工作进行安全保密相关知识的培训、监督和管理。

（8）建立自查流程，并记录每年的自查和整改情况。

四、法律责任

《电信和互联网用户个人信息保护规定》中明确了违反该规定应承担的法律责任。

（1）电信业务经营者、互联网信息服务提供者违反该规定第八条、第十二条规定的，由电信管理机构依据职权责令限期改正，予以警告，可以并处一万元以下的罚款。

（2）电信业务经营者、互联网信息服务提供者违反该规定第九条至第十一条、第十三条至第十六条、第十七条第二款规定的，由电信管理机构依据职权责令限期改正，予以警告，可以并处一万元以上三万元以下的罚款，向社会公告；构成犯罪的，依法追究刑事责任。

（3）电信管理机构工作人员在对用户个人信息保护工作实施监督管理的过程中玩忽职守、滥用职权、徇私舞弊的，依法给予处理；构成犯罪的，依法追究刑事责任。

拓展阅读　　　　　　　**欧盟的个人信息保护制度**

2018年5月25日，欧洲里程碑式的个人隐私保护法案GDPR正式生效。英国《独立报》称，这场被舆论称为"互联网诞生以来的最大变革"，旨在通过更严格的法律保护欧盟所有公民的数据隐私安全，并加强对企业管理个人信息的监管。

在全球现有的数据隐私保护法规中，GDPR是迄今覆盖面最广、监管条件最严格的关于个人隐私和数据安全的法规。这项法规不仅决定了企业如何通过合法的技术及业务创新来获取基于个人数据的巨大价值，同时也因为严格的处罚条款而使众多企业出现了生死攸关的"归零风险"。GDPR的目标是保护欧盟公民免受隐私和数据泄露的影响，同时重塑欧盟的组织机构处理隐私和数据保护的方式。

GDPR是一套针对互联网公司在欧洲的行为规范的新规定，主要关注数据和隐私保护。GDPR只适用于欧盟成员国，但它的影响遍及全球。

美国《麻省理工科技评论》杂志报道，从这一天开始，世界各地的公司在收集欧盟公民的政治倾向、宗教信仰、性取向、健康信息等个人资料时，都必须征得用户同意，并解释其用途；欧盟公民有权随时查阅、修改、删除这些个人资料。如果出现个人数据泄露的安全漏洞，公司须在72小时内向有关部门报告。

以下几种类型的隐私数据将受到GDPR的保护：①基本的身份信息，如姓名、地址和身份证号码等；②网络数据，如位置、IP地址、Cookie（储存在用户本地终端上的数据）和RFID（radio frequency identification，射频识别）标签等；③医疗保健和遗传数据；④生物识别数据，如指纹、虹膜等；⑤种族或民族数据；⑥政治观点；⑦性取向。

资料来源：http://news.cyol.com/content/2018-05/30/content_17241603.htm

思 考 题

1. 分析个人信息、个人数据、个人隐私三者间的关系。
2. 如何提升个人信息保护意识？
3. 举例说明个人信息保护的重要性。
4. 你的手机存储了哪些个人信息？它们安全吗？
5. 思考《个人信息保护法》与《信息安全技术 个人信息安全规范》的关系。
6. 试查找跨境个人信息泄露事件。

参 考 文 献

陈思. 2020.《个人信息安全规范》中个人信息收集规则及侵权救济初探[J]. 法制与社会,（2）：28-30.

胡雁云. 2011. 我国个人信息法律保护的模式选择与制度建构[J]. 中州学刊,（4）：105-107.

齐爱民. 2015. 大数据时代个人信息保护法国际比较研究[M]. 北京：法律出版社.

王岳丽. 2019. 试论我国个人信息保护立法[J]. 中国集体经济,（4）：116-117.

张鹏. 2012. 个人信用信息的收集、利用和保护：论我国个人征信体系法律制度的建立和完善[M]. 北京：中国政法大学出版社.

第六篇　公　共　篇

第十五章　档案服务与管理

学习目标

通过本章的学习，认识档案管理主体、客体的概念与内容；熟悉档案管理的工作流程与内容；掌握《档案法》中相关主体的权利与义务；为档案信息服务与管理活动做好知识储备。

本章导语

档案是我国政府拥有的信息资源中重要的组成部分。改革开放40多年来，我国档案法规体系建设形成了一个以《档案法》为核心，由若干档案工作行政法规、地方性法规及规章构成的较为完备的档案法规体系。2020年6月，第十三届全国人民代表大会常务委员会第十九次会议表决通过新修订的《档案法》，这是新时代我国档案法治建设的一大成果，对我国档案事业的发展产生了重要而深远的影响。

第一节　档案管理客体

档案是指过去和现在的机关、团体、企业事业单位和其他组织以及个人从事经济、政治、文化、社会、生态文明、军事、外事、科技等方面活动直接形成的对国家和社会具有保存价值的各种文字、图表、声像等不同形式的历史记录。根据《档案法》的规定，应当立卷归档的材料由单位的文书或者业务机构收集齐全，并进行整理、立卷，定期交本单位档案机构或者工作人员集中管理，档案管理的客体就是存在于各种类型的档案馆或档案管理机构之中的档案。

一、档案的特点

档案有以下几个特点。①原始记录性。档案是人们在社会活动中直接形成的原始性信息记录，对以往的社会活动具有直接的原始记录作用。②社会性。档案是在人们的社会活动中形成的，其内容是对社会活动的内容、过程及结论的原始记录。③历史性。档案记录的是真实的且已经发生过的事件，从时态上讲，档案记录的是历史信息，是人类社会活动的真实记录，是连接过去与未来的桥梁，维系人类社会的时空统一性与整体连续性。④确定性。档案记录的都是已经形成的而不是正在或尚未形成的东西，因此档案具有清晰性和明确性。

二、档案的种类

档案的种类是人们对档案进行分类认识的结果。对档案进行科学分类是实施科学管理的基础。标准不同、认识角度不同，分类的结果便不相同。

（1）根据档案形成者可分为国家机构档案、党派团体档案、企业单位档案、事业单位档案、名人档案等。

（2）根据档案内容性质可分为立法档案、行政档案、军事档案、外交档案、经济档案、科学技术档案、艺术档案、宗教档案等。

（3）按照记录信息方式可分为文字档案、图形档案、声像档案。声像档案又分为照片、录音、录像、影片档案。

（4）按照记录信息方式可分为古代档案、近代档案和现代档案。古代档案和近代档案常被统称为历史档案。在我国，通常分为中华人民共和国时期档案和中华人民共和国成立前档案两大类。中华人民共和国成立前的档案又分为历代王朝档案、中华民国时期档案、新民主主义革命时期档案。档案是不同时代的产物，这种划分对认识档案的时代特点具有一定意义。

（5）根据档案所有权形式可分为国家所有档案、集体所有档案和个人所有档案。国外则通常分为公共档案和私人档案。

第二节　档案管理主体

从档案的内容与特点来看，档案具有凭证价值与情报价值，因此为了管理和实现这些价值，《档案法》应运而生。制定《档案法》的目的是加强档案管理，规范档案收集、整理工作，有效保护和利用档案，提高档案信息化水平，推进国家治理体系和治理能力现代化，为中国特色社会主义服务。我国的档案工作实行统一领导、分级管理的原则。档案管理机构主体包括：①国家及地方人民政府的档案行政管理部门；②中央及地方的各级各类档案馆；③机关、团体、企业事业单位及其他组织内的档案机构。

一、档案管理机构的权利与义务

（一）档案管理机构的权利

1. 依法享有接收、征集、收购档案的权利

中央和县级以上地方各级各类档案馆是集中管理档案的文化事业机构，负责接收、收集、整理、保管和提供利用各分管范围内的档案。机关、团体、企业事业单位和其他组织必须按照国家规定，定期向档案馆移交档案。国家档案行政管理部门有权采取代为保管等确保档案完整和安全的措施；必要时，可以收购或者征购。《档案法》赋予档案馆接收、征集、收购档案的权利，对于档案馆保管的档案的齐全、完整及提高档案的价值具有重要意义。

2. 依法享有档案利用权

相当多的博物馆、图书馆、纪念馆都保存着大量的档案，长期以来，档案部门与文博

部门互相封锁，影响了档案信息、资源的交流开发，在实际工作中如何对待这一现象关系到档案馆权力的行使和档案事业的进一步发展。《档案法》在承认这一历史事实的前提下，第十八条对此作了明确规定：博物馆、图书馆、纪念馆等单位保存的文物、文献信息同时是档案的，依照有关法律、行政法规的规定，可以由上述单位自行管理。档案馆与上述所列单位应当在档案的利用方面互相协作。这就从法律上赋予了档案馆与博物馆、图书馆、纪念馆进行档案（或其重复件及复印件）与文物、图书资料、文献手稿相互交换；联合举办展览和共同编辑出版有关档案史料；组建全国或地区性历史档案目录中心等方面的权利，助力档案信息资源的开发利用，最大限度地实现档案的整体价值。

3. 依法享有公布属于国家所有的档案的权利

属于国家所有的档案，由国家授权的档案馆或者有关机关公布；未经档案馆或者有关机关同意，任何单位和个人无权公布。以往，擅自公布档案的现象比较严重，以致档案的泄密和档案利用的失控。《档案法》赋予档案馆公布档案的权利，使档案馆对于档案的管理和利用有法可依。档案馆可通过新闻媒介、举办展览或发行出版物等途径公布档案，行使法律赋予的权利。

4. 依法享有奖励的权利

在档案的收集、整理、保护和提供利用等方面成绩显著的单位和个人，由各级人民政府给予奖励。档案馆作为收集、整理、保护和提供利用档案的主要单位，在作出突出成绩时理应得到奖励。

我国档案馆采取的是国家档案局负责有关国内档案方针政策，研究、制定档案工作规章制度和具体方针政策，组织协调全国档案事业的发展，制定发展档案事业的综合规划和专项计划，并组织实施。地方及机关档案馆贯彻执行有关法律、法规和国家有关方针政策；制定本行政区域内的档案事业发展计划和档案工作规章制度，并组织实施。两者在执行权上有着本质的区别，国家档案局在档案事业的管理中并没有执行权，在档案事业管理中实际只有县级以上档案行政管理部门才具有档案行政执法的主体资格。

（二）档案管理机构的义务

1. 指导区域档案工作任务

国家各级各类档案管理机构有着各自法定的义务。各级档案部门指导本区域的档案管理工作，统筹档案事业的发展。其中中央档案馆还负责全国档案事业的统筹规划和组织协调，建立统一制度，实行监督和指导。

2. 监督和指导本单位档案事业发展

机关、团体、企业事业单位和其他组织的档案机构或者档案工作人员负责保管本单位的档案，并对所属机构的档案工作进行监督和指导。指导本单位的档案事业发展，必须以《档案法》为指导，建立统一思想，大力促进档案的利用与发展，规范档案使用。

3. 保护档案秘密

档案属于我国国家和人民的财产，任何人和组织都有义务保护国家档案，档案管理机构应当妥善保管档案，禁止出卖属于国家所有的档案，档案的保密工作要严格按照国家法律进行。

二、公民的档案权利与义务

保障公民信息获取和利用的权利成为社会共识。档案作为政府信息的重要载体和表现形式，完善和加强其开放利用方面的规定是提高开放政府建设水平、保障公民知情权和监督权的题中应有之义。另外，随着公民信息素养的提升和主体意识、档案意识的增强，其对于档案资源的利用需求也越来越强烈。

（一）公民的权利

我国档案事业坚持"以人民为中心""以人为本"的原则。一切国家机关、武装力量、政党、社会团体、企业事业单位和公民都有保护档案的义务，享有依法利用档案的权利。对于不按规定开放档案利用的，公民可以进行投诉，档案主管部门应依法予以处分。

1. 公民享有占有、使用和处理属于自己所有的档案的权利

档案管理机构保存了大量的个人档案，档案管理机构负有保存的义务，档案所有权属于档案所有人。《档案法》第三十二条规定：非国有企业、社会服务机构等单位和个人形成的档案，档案所有者有权公布。公布档案应当遵守有关法律、行政法规的规定，不得损害国家安全和利益，不得侵犯他人的合法权益。档案所有者处理自己的档案时，不能损害国家的安全与利益，不能侵犯他人的合法权益。

2. 公民有依照规定利用国家档案的权利

有需要的机关、团体、企业事业单位和其他组织及公民，可以依法申请查阅档案馆中保存的档案。机关、团体、企业事业单位和其他组织及公民可以按照有关规定，利用档案馆未开放的档案及有关机关、团体、企业事业单位和其他组织保存的档案。利用未开放档案的办法，由国家档案行政管理部门和有关主管部门规定。档案的申请利用仅限于经济建设、国防建设、教学科研等各项工作的需要，不能作为私人组织机构的营利工具和手段。

3. 公民享有优先利用权

优先利用权是指对档案具有其他组织或个人不拥有的优先利用权利。《档案法》第三十一条规定："向档案馆移交、捐献、寄存档案的单位和个人，可以优先利用该档案，并可以对档案中不宜向社会开放的部分提出限制利用的意见，档案馆应当予以支持，提供便

利。"档案捐献者对于档案的处理享有较高的便利性，同时对于捐献的档案具有部分的处理权利，档案馆应当满足这部分权利同时保护捐献者的合法权益。

4. 公民享有隐私权

档案作为一种特殊的信息载体，在管理利用过程中必然涉及档案所有权人、利益关系人的个人权益，特别是当事人的隐私权。隐私权是公民的一项基本权利。对信息进行保密也是档案馆的职责所在，档案馆中保存的涉及公民的档案信息都应进行保密。《档案法》第二十条规定："涉及国家秘密的档案的管理和利用，密级的变更和解密，应当依照有关保守国家秘密的法律、行政法规规定办理。"

（二）公民的义务

1. 公民负有保护档案的义务

档案属于国家财产的一部分，每个公民都应有自觉保护的意识。《档案法》第五条规定：一切国家机关、武装力量、政党、团体、企业事业单位和公民都有保护档案的义务。

2. 公民有接受国家档案行政管理部门采取保护措施或者征购的义务

《档案法》第二十二条规定：对保管条件不符合要求或者存在其他原因可能导致档案严重损毁和不安全的，省级以上档案主管部门可以给予帮助，或者经协商采取指定档案馆代为保管等确保档案完整和安全的措施；必要时，可以依法收购或者征购。公民和组织机构有配合征收档案的义务。

3. 公民有合法利用的义务

公民有依法利用的权利，但同时也有合法利用的义务，在利用的同时，不得损害国家安全与其他公民的合法权益。

第三节　档案管理工作

档案馆作为权威的档案管理机构，其档案来源于社会各界，主要的任务包括：接收和征集本级各机关、团体及其所属单位具有长期和永久保存价值的档案及有关资料，科学地管理；通过多种方式，积极开展档案资料的利用工作；参与编修史志工作。

一、档案保管

（一）档案归档范围

档案是历史的记录。直接形成的对国家和社会具有保存价值的以下材料，应当纳入归档范围: ①反映机关、团体组织沿革和主要职能活动的; ②反映国有企业事业单位主要研发、建设、生产、经营和服务活动, 以及维护国有企业事业单位权益和职工权益的; ③反映基层群众性自治组织城乡社区治理、服务活动的; ④反映历史上各时期国家治理活动、经济科技发展、社会历史面貌、文化习俗、生态环境的; ⑤法律、行政法规规定应当归档的。档案的归档有具体的要求。《档案法》第十四条规定: "应当归档的材料, 按照国家有关规定定期向本单位档案机构或者档案工作人员移交, 集中管理, 任何个人不得拒绝归档或者据为己有。国家规定不得归档的材料, 禁止擅自归档。"

(二) 档案移交工作

机关、团体、企业事业单位和其他组织必须按照国家规定, 定期向档案馆移交档案。这些机构不具有档案管理资质, 必须向具有档案管理资质的国家机构移交档案, 以便于档案机构管理。机关、团体、企业事业单位和其他组织发生机构变动或者撤销、合并等情形时, 应当按照规定向有关单位或者档案馆移交档案。但档案移交也有特殊规定, 如具有档案管理资质的机构, 可自行保存。

博物馆、图书馆、纪念馆等单位保存的文物、文献信息同时是档案的, 可以按照法律和行政法规的规定, 由上述单位自行管理。档案馆与上述单位应当在档案的利用方面互相协作。

(三) 档案管理制度

各级各类档案馆, 机关、团体、企业事业单位和其他组织的档案机构, 应当建立科学的管理制度, 便于对档案的利用; 配置必要的设施, 确保档案的安全; 采用先进的技术, 实现档案管理现代化。为了应对突发事件, 提高档案风险管理能力, 《档案法》第十九条第二款规定: "档案馆和机关、团体、企业事业单位以及其他组织应当建立健全档案安全工作机制, 加强档案安全风险管理, 提高档案安全应急处置能力。"《档案法》第二十六条规定: "国家档案主管部门应当建立健全突发事件应对活动相关档案收集、整理、保护、利用工作机制。档案馆应当加强对突发事件应对活动相关档案的研究整理和开发利用, 为突发事件应对活动提供文献参考和决策支持。"

(四) 档案信息化建设

档案信息化建设已经列入《档案法》, 是档案工作的未来发展方向。各级人民政府应当将档案信息化纳入信息化发展规划, 保障电子档案、传统载体档案数字化成果等档案数字资源的安全保存和有效利用。档案馆和机关、团体、企业事业单位及其他组织应当加强档案信息化建设, 并采取措施保障档案信息安全。

二、档案保密

《档案法》第二十三条第一款规定："禁止买卖属于国家所有的档案。"对保管条件不符合要求或者存在其他原因可能导致档案严重损毁和不安全的,省级以上档案主管部门可以给予帮助,或者经协商采取指定档案馆代为保管等确保档案完整和安全的措施;必要时,可以依法收购或者征购。前款所列档案,档案所有者可以向国家档案馆寄存或者转让。严禁出卖、赠送给外国人或者外国组织。向国家捐献重要、珍贵档案的,国家档案馆应当按照国家有关规定给予奖励。档案管理部门在收到档案的同时应该根据《档案法》第二十一条"鉴定档案保存价值的原则、保管期限的标准以及销毁档案的程序和办法,由国家档案主管部门制定。禁止篡改、损毁、伪造档案。禁止擅自销毁档案"的规定,对档案作出相应的处理,如做好电子版档案。《档案法》第二十五条规定:"属于国家所有的档案和本法第二十二条规定的档案及其复制件,禁止擅自运送、邮寄、携带出境或者通过互联网传输出境。确需出境的,按照国家有关规定办理审批手续。"其中,严格规定各级国家档案馆馆藏的一级档案严禁出境。

三、档案工作监督

《档案法》明确了档案主管部门的监督检查职权,既有助于确保档案主管部门在履行相应职责时执行有力,又能避免履职过程中越位、错位或缺位现象的出现。

(一)档案工作监督范围

档案主管部门依照法律、行政法规有关档案管理的规定,可以对档案馆和机关、团体、企业事业单位以及其他组织的下列情况进行检查:①档案工作责任制和管理制度落实情况;②档案库房、设施、设备配置使用情况;③档案工作人员管理情况;④档案收集、整理、保管、提供利用等情况;⑤档案信息化建设和信息安全保障情况;⑥对所属单位等的档案工作监督和指导情况。

(二)档案工作监督原则

监督和指导本行政区域内机关、团体、企业事业单位和其他组织的档案工作是档案主管部门的重要职能,不可或缺。档案主管部门及其工作人员应当按照法定的职权和程序开展监督检查工作,做到科学、公正、严格、高效,不得利用职权牟取利益,不得泄露履职过程中知悉的国家秘密、商业秘密或者个人隐私。

(三)档案监督管理

档案主管部门根据违法线索进行检查时,在符合安全保密要求的前提下,可以检查有关库房、设施、设备，查阅有关材料，询问有关人员，记录有关情况，有关单位和个人应当配合。档案主管部门发现档案馆和机关、团体、企业事业单位以及其他组织存在档案安全隐患的，应当责令限期整改，消除档案安全隐患。任何单位和个人对档案违法行为，有权向档案主管部门和有关机关举报。接到举报的档案主管部门或者有关机关应当及时依法处理。

第四节　档案服务工作

档案的作用不仅是保存社会记忆、记录国家大事，还在于社会服务。一般档案进行社会化服务要经过三个阶段，分别是档案的公布、利用、解密。

一、档案公布

（一）公布形式

档案的公布是指通过下列形式首次向社会公开档案的全部或部分原文，或者档案记载的特定内容：①通过报纸、刊物、图书、声像、电子等出版物发表；②通过电台、电视台播放；③通过公众计算机信息网络传播；④在公开场合宣读、播放；⑤出版发行档案史料、资料的全文或者摘录汇编；⑥公开出售、散发或者张贴档案复制件；⑦展览、公开陈列档案或者其复制件。

（二）公布时间范围

各级国家档案馆保管的档案应当按照《档案法》的有关规定，分期分批地向社会开放，并同时公布开放档案的目录。

（1）中华人民共和国成立以前的档案（包括清代和清代以前的档案；民国时期的档案和革命历史档案），自《中华人民共和国档案法实施办法》实施之日起向社会开放。

（2）中华人民共和国成立以来形成的档案，自形成之日起满 30 年向社会开放。

（3）经济、科学、技术、文化等类档案，可以随时向社会开放。

以上所列档案中涉及国防、外交、公安、国家安全等国家重大利益的档案，以及其他虽自形成之日起已满 30 年但档案馆认为到期仍不宜开放的档案，经上一级档案行政管理部门批准，可以延期向社会开放。县级以上各级档案馆的档案，应当自形成之日起满二十五年向社会开放。经济、教育、科技、文化等类档案，可以少于二十五年向社会开放；涉及国家安全或者重大利益以及其他到期不宜开放的档案，可以多于二十五年向社会开放。国家鼓励和支持其他档案馆向社会开放档案。档案开放的具体办法由国家档案主管部门制定，报国务院批准。

（三）公布主体

任何组织或个人都有可能成为档案公布的主体。对于属于国家所有的档案，拥有公布档案合法权利的是档案馆或档案形成单位；对于其他非国家所有的档案，档案公布权属于档案所有者。但档案所有者在公布其档案时必须遵守国家的保密规定并不得损害国家的、社会的、集体的和其他公民的利益。

二、档案利用

档案利用是指对档案的阅览、复制和摘录。档案应分期分批地向社会开放，并同时公布开放档案的目录。档案的开放是指各级档案机构依照法律、法规的规定将原来处于封闭状态、控制在一定范围内使用的档案向全社会公开，供社会各方利用。中华人民共和国公民和组织，持有介绍信或者工作证、身份证等合法证明可以利用已开放的档案。外国人或者外国组织利用我国已开放的档案，须经我国有关主管部门介绍及保存该档案的档案馆同意。从时代性的角度看档案利用，档案馆的"档案利用"较多表现为内敛式的被动服务，而"档案信息资源开发利用"意味着档案馆有更大的作用空间与更主动的服务导向。

三、档案解密

档案涉及国家秘密的，解密保密均由各级国家档案馆负责。各级国家档案馆保存的1991年1月1日前形成的标有"绝密""机密""秘密"字样的档案（以下简称涉密档案），其解密工作，由各级国家档案馆负责。

各级国家档案馆对所保存的国家秘密档案和划入控制使用范围的档案，应当依照国家有关法规和实际工作需要，制定审批手续并严格执行，不得擅自开放或者扩大利用、接触范围。各级国家档案馆应当对其工作人员进行保密教育，监督其履行保密义务。违反规定泄露国家秘密或者造成其他严重后果的行为人，应当根据有关法律规定酌情给予行政处分或者追究民事法律责任；情节严重的，依法追究刑事责任。对形成将满三十年的涉密档案，原档案形成的机关、单位，认为仍属国家秘密的，应当在该档案形成届满三十年之日前六个月，通知（以文书形式，以下皆同）档案馆，逾期未通知延长保密期限的，由档案馆按照《各级国家档案馆馆藏档案解密和划分控制使用范围的暂行规定》第七条办理。

各级国家档案馆保存的经济、科学、技术、文化类涉密档案，根据需要认为有必要提前开放的，应当向原档案形成机关、单位发出要求提前解密的通知，有关机关、单位应当在接到通知的六个月内作出答复，未予答复的，档案馆可根据有关规定办理。各级国家档案馆保存的中华人民共和国成立前形成的历史档案，中华人民共和国成立后形成满30年的已解密的档案和未定密级的其他档案应当控制使用。

▶思考题：档案公布不可避免地涉及机密档案，在档案公布服务中是如何处理的呢？如何处理档案保密与档案信息服务的关系？

第五节　违法及法律责任

任何档案法律主体实施了档案违法行为都必须承担相应的法律责任。根据承担主体的不同可以将档案法律责任分为：①档案管理主体的档案法律责任，即档案管理主体行使档案管理行为时违反法定的职责和义务应承担的法律责任，此责任的承担者主要为作为档案管理者的各级档案行政管理部门和档案管理的实体各级各类档案馆（室）；②档案管理行为相对人的档案法律责任，即档案管理行为相对人在违反档案法律规定的法定义务时应承担的各种不利后果，此责任的承担者主要是档案利用者，包括自然人和法人。

一、刑事责任

（1）损毁、丢失属于国家所有的档案的。

（2）擅自提供、抄录、公布、销毁属于国家所有的档案的。

（3）涂改、伪造档案的。

（4）擅自出卖或者转让属于国家所有的档案的。

（5）将档案卖给、赠送给外国人或者外国组织的。

（6）不按规定归档或者不按期移交档案的。

（7）明知所保存的档案面临危险而不采取措施，造成档案损失的。

《中华人民共和国刑法》第三百二十九条规定了对上述第五条的处罚措施："抢夺、窃取国家所有的档案的，处五年以下有期徒刑或者拘役。违反档案法的规定，擅自出卖、转让国家所有的档案，情节严重的，处三年以下有期徒刑或者拘役。"《中华人民共和国刑法》第三百八十二条规定了对上述第四条的处罚措施："国家工作人员利用职务上的便利，侵吞、窃取、骗取或者以其他手段非法占有公共财物的，是贪污罪。受国家机关、国有公司、企业、事业单位、人民团体委托管理、经营国有财产的人员，利用职务上的便利，侵吞、窃取、骗取或者以其他手段非法占有国有财物的，以贪污论。与前两款所列人员勾结，伙同贪污的，以共犯论处。"《中华人民共和国刑法》第二百七十五条规定了对上述第一、二、三、六、七条的处罚措施："故意毁坏公私财物，数额较大或者有其他严重情节的，处三年以下有期徒刑、拘役或者罚金；数额巨大或者有其他特别严重情节的，处三年以上七年以下有期徒刑。"

二、行政责任

档案主管部门可以依据法律法规对档案管理主体的违规行为进行追责。《档案法》规定：利用档案馆的档案，有本法第四十八条第一项、第二项、第四项违法行为之一的，由县级以上档案主管部门给予警告，并对单位处一万元以上十万元以下的罚款，对个人处五百元以上五千元以下的罚款。单位或者个人有本法第四十八条第三项、第五项违法行为之一的，由县级以上档案主管部门给予警告，没收违法所得，并对单位处一万元以上十万元以下的罚款，对个人处五百元以上五千元以下的罚款；并可以依照本法第二十二条的规定征购所出卖或者赠送的档案。《档案法》第五十条规定："违反本法规定，擅自运送、邮寄、携带或者通过互联网传输禁止出境的档案或者其复制件出境的，由海关或者有关部门予以没收、阻断传输，并对单位处一万元以上十万元以下的罚款，对个人处五百元以上五千元以下的罚款；并将没收、阻断传输的档案或者其复制件移交档案主管部门。"《档案法》第五十一条规定："违反本法规定，构成犯罪的，依法追究刑事责任；造成财产损失或者其他损害的，依法承担民事责任。"

经典案例：擅自
销毁档案案件

思　考　题

1. 不同档案馆的职责的区别在哪里？其职权范围有何区别？
2. 个人捐赠的档案，国家是如何规定管理的？
3. 档案公布应注意哪些问题？
4. 档案管理包括哪些内容？
5. 试分析档案解密过程中需要注意的问题及防范措施。
6. 如何合理合法地实现档案价值利用最大化？

参 考 文 献

陈永斌. 2020. 档案开放利用与档案公布权责问题研究：基于新修订档案法的思考[J]. 浙江档案，（9）：13-15.

崔文俊. 2011. 关于保密档案管理与利用的新思考[J]. 云南档案，（12）：58-60.

傅荣校. 2020. 档案利用权利的法律新保障：对新修订的《档案法》有关档案利用新规定的若干思考[J]. 中国档案，（10）：24-25.

嘎拉森. 2020. 新《档案法》的进步性[J]. 档案学通讯，（6）：107-108.

高洁. 2012. 档案机构及其工作职责[J]. 北京档案，（11）：41.

国家档案局政策法规研究司. 2020. 新修订的《中华人民共和国档案法》解读[J]. 四川档案，（4）：6-7.

蒋卫荣. 2013. 档案法的理论与实践[M]. 上海：上海世界图书出版公司.

马秋影. 2018. 论《档案法》中法律责任制度的完善：以112件档案违法违纪案例为样本[J]. 档案学研究，（6）：31-34.

孙祎. 2014. 我国档案解密机制研究[D]. 杭州：浙江大学.

徐拥军. 2020. 新修订《中华人民共和国档案法》的特点[J]. 中国档案，（7）：26-27.

第十六章 公共图书馆的服务与管理

学习目标

通过本章的学习，了解公共图书馆法制建设的必要性和重要性；认识并掌握我国公共图书馆在信息服务方面的主要内容和相应规范；运用法律条款解释并分析公共图书馆相应的工作和服务状况。

本章导语

图书馆是收集、整理、收藏图书资料供人阅览、参考的机构。图书馆的出现是为了保存人类文化遗产、开发信息资源、进行社会教育。图书馆的本质职能是保存人类文化遗产，记录人类历史。为了保证图书馆工作的规范性与合法性，出现了图书馆法。《中华人民共和国公共图书馆法》（以下简称《公共图书馆法》）的颁布是我国历经百余年的公共图书馆事业跨入新时代的标志，《公共图书馆法》是有中国特色的公共图书馆法律规范，指引了我国公共图书馆事业的发展方向。

第一节 公共图书馆概述

公共图书馆是向社会公众免费开放，收集、整理、保存文献信息并提供查询、借阅及相关服务，开展社会教育的公共文化设施。为了促进公共图书馆事业的发展，发挥公共图书馆的功能，保障公民的基本文化权益，提高公民的科学文化素质和社会文明程度，传承人类文明，坚定文化自信，2017 年 11 月，我国第一部图书馆专门法《公共图书馆法》正式颁布。

公共图书馆是社会主义公共文化服务体系的重要组成部分，是为我国公民服务的重要文化场所。公共图书馆一般由政府税收来支持。国务院文化主管部门负责全国公共图书馆的管理工作。国务院其他有关部门在各自职责范围内负责与公共图书馆管理有关的工作。县级以上人民政府应当将公共图书馆事业纳入本级国民经济和社会发展规划，将公共图书馆建设纳入城乡规划和土地利用总体规划，加大对政府设立的公共图书馆的投入，将所需经费列入本级政府预算，并及时、足额拨付。国家鼓励公民、法人和其他组织自筹资金设立公共图书馆。县级以上人民政府应当积极调动社会力量参与公共图书馆建设，并按照国家有关规定给予政策扶持。

第二节 《公共图书馆法》中的权利与义务

《公共图书馆法》第一条明确提出要"保障公民基本文化权益"，进而"提高公民科学文化素质和社会文明程度"。图书馆权利作为文化权利的一种，本身带有很强的积极权利属性，同时，图书馆的发展离不开众多义务主体的配合。

一、管理主体和建设主体的权利与义务

（一）管理主体和建设主体的权利

1. 文献信息收集

图书馆的职能是保存人类文化遗产，记录人类历史。文献信息收集是公共图书馆的权利之一。公共图书馆应当根据办馆宗旨和服务对象的需求，通过采购、捐赠等合法方式广泛收集文献信息；政府设立的公共图书馆还应当系统收集地方文献信息，保存和传承地方文化。在文献信息收集的过程中应当遵守有关法律、行政法规的规定。

2. 文献研究

文献研究能够有效地促进文献信息的利用，并且馆际交流与合作更能碰撞出知识的火花。公共图书馆应当加强馆际交流与合作。国家支持公共图书馆开展联合采购、联合编目、联合服务，实现文献信息的共建共享，促进文献信息的有效利用。公共图书馆馆藏文献信息属于档案、文物的，公共图书馆可以与档案馆、博物馆、纪念馆等单位相互交换重复件、复制件或者目录，联合举办展览，共同编辑出版有关史料或者进行史料研究。

3. 出版物交存

出版物交存是公共图书馆收集文献信息的重要方式。出版物交存是国家用法律或政令形式规定全国所有出版机构或负有出版责任的单位，凡出版一种出版物，必须向指定机构免费缴送一定数量的样本。出版物交存的意义在于通过系统化和规范化的途径采集和保存正式出版物，从而全面、完整地保存区域和社会文化。出版单位应当按照国家有关规定向国家图书馆和所在地省级公共图书馆交存正式出版物。

（二）管理主体和建设主体的义务

1. 保护文献信息

保护文献信息促进文献的合法合理使用是公共图书馆的基本义务与职能。公共图书馆应当妥善保存馆藏文献信息，不得随意处置；确需处置的，应当遵守国务院文化主管部门有关处置文献信息的规定。公共图书馆应当配备防火、防盗等设施，并按照国家有关规定和标准对古籍和其他珍贵、易损文献信息采取专门的保护措施，确保安全。公共图书馆应当定期对其设施设备进行检查维护，确保正常运行。公共图书馆的设施设备场地不得用于与其服务无关的商业经营活动。

2. 文献信息公开

公共图书馆应当按照国家公布的标准、规范对馆藏文献信息进行整理，建立馆藏文献

信息目录，并依法通过其网站或者其他方式向社会公开。公共图书馆应当遵守有关知识产权保护的法律、行政法规规定，依法保护和使用文献信息。馆藏文献信息属于文物、档案或者国家秘密的，公共图书馆应当遵守有关文物保护、档案管理或者保守国家秘密的法律、行政法规规定。

3. 业务指导

公共图书馆业务指导是指县级及其以上图书馆对本区域内的分馆的业务进行指导。《公共图书馆法》第二十二条规定："国家设立国家图书馆，主要承担国家文献信息战略保存、国家书目和联合目录编制、为国家立法和决策服务、组织全国古籍保护、开展图书馆发展研究和国际交流、为其他图书馆提供业务指导和技术支持等职能。"县级人民政府建立的县级公共图书馆总馆应当加强对分馆和基层服务点的业务指导。

4. 完善区域公共图书馆服务

县级人民政府应当因地制宜建立符合当地特点的以县级公共图书馆为总馆，乡镇（街道）综合文化站、村（社区）图书室等为分馆或者基层服务点的总分馆制，完善数字化、网络化服务体系和配送体系，实现通借通还，促进公共图书馆服务向城乡基层延伸。

二、读者的权利与义务

《公共图书馆法》是对公民文化权利的具体化、法律化，为提升公民的受教育水平、确保公民的图书馆权利提供了具体的法律依据。公共图书馆的服务对象是全体社会公众，统称为读者。

（一）读者的权利

1. 读者权

读者权是读者享有的权利，也是读者的基础权利。读者权是一个比较宽泛的概念，其中包含文献的查询、借阅权利，使用公共图书馆设备及馆舍条件的权利，自愿参加公共图书馆的各类培训、讲座的权利，使用图书馆馆员提供的各种服务的权利等。

2. 监督权

公共图书馆应当改善服务条件、提高服务水平，定期公告服务开展情况，听取读者意见，建立投诉渠道，完善反馈机制，接受社会监督。公共图书馆要建立反馈渠道，接受社会公众的批评建议，读者有监督公共图书馆服务的权利。

（二）读者的义务

根据权利与义务对等原则，读者在图书馆享有借阅、查询等权利的同时，也应尽到读者应尽的义务。

（1）遵守法律、法规及规章制度。读者应当遵守公共图书馆的相关规定，自觉维护公共图书馆秩序，爱护公共图书馆的文献信息、设施设备，合法利用文献信息。

（2）遵守读者行为规范。"遵守行为规范"是我国宪法对公民的要求。在公共图书馆中，公民应当遵守图书馆制定的《读者文明公约》或《读者行为规范》。

（3）诚守读者信用义务。作为图书馆的读者，在享受各种权利的同时，有义务自觉遵守图书馆的各种规章制度。诚实守信，避免失信事件发生，遵守公共契约，如应当按照规定时限归还借阅文献，爱护文献，不污损文献，不将文献据为己有。

第三节　公共图书馆的职能

图书馆的职能是指图书馆作为一种社会机构所具有的承担并完成一定社会工作、履行相应社会职责和社会义务的能力。公共图书馆具有以下三种职能。

一、文献保存职能

《公共图书馆法》第二十四条规定：公共图书馆应当根据办馆宗旨和服务对象的需求，广泛收集文献信息；政府设立的公共图书馆还应当系统收集地方文献信息，保存和传承地方文化。同时《公共图书馆法》第二十八条规定："公共图书馆应当妥善保存馆藏文献信息，不得随意处置；确需处置的，应当遵守国务院文化主管部门有关处置文献信息的规定。公共图书馆应当配备防火、防盗等设施，并按照国家有关规定和标准对古籍和其他珍贵、易损文献信息采取专门的保护措施，确保安全。"

二、社会教育职能

《公共图书馆法》第三十四条规定：政府设立的公共图书馆应当设置少年儿童阅览区域，根据少年儿童的特点配备相应的专业人员，开展面向少年儿童的阅读指导和社会教育活动，并为学校开展有关课外活动提供支持。有条件的地区可以单独设立少年儿童图书馆。政府设立的公共图书馆应当考虑老年人、残疾人等群体的特点，积极创造条件，提供适合其需要的文献信息、无障碍设施设备和服务等。《公共图书馆法》第三十六条规定："公共图书馆应当通过开展阅读指导、读书交流、演讲诵读、图书互换共享等活动，推广全民阅读。"

三、文化传播职能

公共图书馆作为社会主义重要的文化组成部分，承担着文化交流互动的职责，《公共图书馆法》第三十条指出"公共图书馆应当加强馆际交流与合作"。公共图书馆馆际互动能够有效实现文献信息的共建共享，促进文献信息的有效利用，大力推动图书馆事业的发展。同时公共图书馆的交流互动不应局限于图书馆之间，《公共图书馆法》第三十二条提到"公共图书馆可以与档案馆、博物馆、纪念馆等单位相互交换重复件、复制件或者目录，联合举办展览，共同编辑出版有关史料或者进行史料研究"。

第四节　公共图书馆的服务

公共图书馆应当按照平等、开放、共享的要求向社会公众提供服务。公共图书馆提供的服务主要包括：文献信息查询、借阅，公益性讲座、培训及其他免费服务项目。

一、服务时间

公共图书馆应当通过其网站或者其他方式向社会公告本馆的服务内容、开放时间、借阅规则等；因故闭馆或者更改开放时间的，除遇不可抗力外，应当提前公告。公共图书馆在公休日应当开放，在国家法定节假日应当有开放时间。

二、服务内容

除基础服务外，公共图书馆还提供其他相关服务。政府设立的公共图书馆应当通过流动服务设施、自助服务设施等为社会公众提供便捷服务，如 24 小时图书馆。同时为了应对互联网趋势，要统一和完善图书馆信息资源的信息化。基于网络化、信息化和数字化环境，国家构建了标准统一、互联互通的公共图书馆数字服务网络，支持数字阅读产品开发和数字资源保存技术研究。政府设立的公共图书馆应当加强数字资源建设、配备相应的设施设备，建立线上线下相结合的文献信息共享平台，为社会公众提供优质服务。

第五节　法　律　责　任

责任追究有利于保障公共图书馆的正常运行，有效预防或解决损害国家、图书馆、公众和读者利益的问题。

一、公共图书馆的法律责任

公共图书馆向社会公众提供文献信息，应当遵守有关法律、行政法规的规定，不得向未成年人提供内容不适宜的文献信息。公共图书馆不得从事或者允许其他组织、个人在馆内从事危害国家安全、损害社会公共利益和其他违反法律法规的活动。若公共图书馆出现上述情况，由文化主管部门责令改正，没收违法所得；情节严重的，可以责令停业整顿、关闭，并追究主管人员和相关人员的法律责任。

擅自向他人提供读者信息，向用户提供违法信息，将图书馆场地设施租用于同图书馆无关的商业活动、违规处置文献信息的公共图书馆及其工作人员，没收违法行为带来的利益，并且对主管人员及相关直接负责人追究法律责任。

二、文化主管部门工作人员的法律责任

文化主管部门或相关部门工作人员若干预公共图书馆的管理工作，滥用职权、徇私舞弊，经查出后，对文化主管人员及相关责任人给予法律处分。公共图书馆的管理禁止外部人员随意干涉，馆内工作人员在工作过程中禁止出现玩忽职守的现象。出版单位同样需要遵守呈缴本制度，按照国家规定交存正式出版物，不服从法律规定的交由出版行政主管部门给予相应的惩处。

三、读者的法律责任

读者在享受公共图书馆服务的过程中有可能出现不道德或者违法现象。对于到馆用户，若损害公共图书馆的文献资源、设备设施，导致公共图书馆无法为他人服务或出现财产损失等问题的，要对用户进行民事追究。对违反《公共图书馆法》，扰乱治安管理的用户进行处罚，情节严重构成犯罪的，追究其刑事责任。若公民不遵守法律法规，公共图书馆有权向相关部门上报，对其进行惩处。

思　考　题

1. 公共图书馆的服务群体有哪些？公共图书馆与高校图书馆、国家图书馆、中小学图书馆的区别在哪里？

2. 公共图书馆除了向政府提供相关的信息服务外，还有哪些服务？

3. 读者的权利有哪些，享受权利同时应该尽到哪些义务？

4. 大数据时代，公共图书馆应该扮演什么样的角色？

5. 公共图书馆如何更好地为未成年人服务？

参　考　文　献

蒋永福. 2009. 图书馆学通论[M]. 哈尔滨：黑龙江大学出版社.

吴建中. 2018. 高质量发展背景下《中华人民共和国公共图书馆法》颁布的意义[J]. 国家图书馆学刊, 27（4）：

　　3-6，18.

肖希明，张勇，许建业，等. 2011. 公共图书馆文献资源建设法律保障研究[M]. 北京：国家图书馆出版社.

燕辉. 2020. 图书馆权利保障中的国家义务研究：以《中华人民共和国公共图书馆法》为例[J]. 图书馆建设，（1）：68-74，84.

佚名. 2017.《中华人民共和国公共图书馆法》专家解读[J]. 图书馆杂志，36（11）：4.

佚名. 2019. 《中华人民共和国公共图书馆法》[J]. 图书馆，（1）：112.

于良芝. 2003. 图书馆学导论[M]. 北京：科学出版社.

曾晶晶. 2014. 国外公共图书馆法的法律责任研究及其启示[J]. 图书馆，（3）：83-86，97.

第十七章　科学数据管理

学习目标

通过本章的学习，了解国内外科学数据管理政策法规的现状；理解并掌握数据主体的职责；了解数据采集、数据共享和利用及违反《科学数据管理办法》所要承担的法律责任。

本章导语

科学数据是人类社会进行科技活动所产生的数据、资料，以及按照不同需求系统加工的数据产品和相关信息。它既是科技活动的产物，又是支撑科学研究及科技创新的基本资源，同时也是政府部门制定政策、进行科学决策的重要依据。

第一节　国外科学数据管理立法状况

通过制定科学数据管理与共享政策，来规范、引导和推动领域实践是发达国家的普遍做法。美国、英国等发达国家的科研管理部门等纷纷出台科学数据管理原则、实施办法等指导性文件，并取得了较好的效果。

美国在开放科学数据方面走在世界前列。早在 20 世纪 80 年代，里根政府就曾提出收集国家科学基金会支持的研究项目所产生的所有数据并将其商业化，但该举措当时仅涉及一个部门，成效有限。奥巴马政府认为开放数据不仅有助于确保政府的公开、透明和负责，且有助于促进创新创业、科学发展并带来其他公共利益，因此包括科学数据在内的数据开放成为美国政府近年来力推的一项重要举措，各联邦部门都积极制订扩大公共资助研究成果开放获取的方案。1966 年美国颁布实施的《信息自由法》开创了联邦政府信息公开化的先河，成为联邦政府促进政府数据和信息资源公开的范例。该法规规定，各联邦政府部门每年 3 月 1 日前必须向国会提交该法案的年度执行报告，接受国会的监督和质询，任何人都有权向行政机关申请查阅和复制政府信息。至 1996 年，《信息自由法》先后经过 4 次修订，成为美国信息和数据资源公开的基本制度框架。此外，2002 年的《电子政府法》和《联邦信息安全管理法》、1996 年的《信息技术管理改革法》、1994 年的《政府管理改革法》、1993 年的《政府绩效法》、1974 年的《隐私权法》及 1950 年的《联邦档案法》等，均涉及公共资源的管理和使用规定，为科学数据管理体系的建立提供了法律基础。美国早期的联邦科技报告体系是政府科学数据资源开放共享的雏形。第二次世界大战后，美国开始建立联邦政府资助的科研项目报告体系，随后逐步完善，形成了完整的国家科研项目资料库，并有条件地向公众开放。

英国在 2000 年率先提出了 e-science 概念，主要指大气与地球科学、环境科学、系统生物学、生物信息学等需要大量数据支撑的数据密集型科学，后被各国广泛采用并进一步发展。英国在科学数据管理、保存和共享方面拥有很多实践经验。英国于 2012 年发布《开放数据白皮书》，明确将数据列为国家基础设施的重要组成部分，采取支持建立开放数据研究所等措施加大政府部门公共数据开放的力度。英国 2010 年建设的政府数据开放平台 data.gov.uk 网站，有超过 4 万个政府数据集开放。英国科技管理行政部门——商业、能源和产业战略部 2012 年以来两次发布《开放数据战略》，落实该部门的数据开放共享工作。2017 年，英国议会通过《数字经济法》，推动数字政府建设和政府数据共享。各国政府的政策推动了数据开放共享理念的普及，促进了相关实践的发展。

第二节　我国的科学数据管理

大数据时代，科学技术创新越来越依赖于大量、系统、可信度高的科学数据，科学数据管理是释放科学数据红利，推动我国科技进步的必然要求。2018 年 1 月 23 日，中央全面深化改革领导小组第二次会议审议通过了《科学数据管理办法》。

一、科学数据管理主体

科学数据管理遵循"分级管理、安全可控、充分利用"的原则，依托各职能系统实行"统一管理，安全共享"的运行机制。

国务院科学技术行政部门牵头负责全国科学数据的宏观管理与综合协调，其主要职责是：①组织研究制定国家科学数据管理政策和标准规范；②协调推动科学数据规范管理、开放共享及评价考核工作；③统筹推进国家科学数据中心建设和发展；④负责国家科学数据网络管理平台建设和数据维护。

科学数据管理的主体除了国务院的科学技术行政部门，下属的相关职责部门有：国务院相关部门、省级人民政府相关部门（简称主管部门）；科研院所、高等院校和企业等法人单位（简称法人单位）；科学数据中心。其具体职责又有所区别。

二、管理主体的职责

（一）国务院相关部门的职责

科学数据管理应遵循分级管理、安全可控、充分利用的原则，明确责任主体，加强能力建设，促进开放共享。任何单位和个人从事科学数据采集生产、使用、管理活动应当遵守国家有关法律法规及部门规章，不得利用科学数据从事危害国家安全、社会公共利益和他人合法权益的活动。

（二）主管部门的职责

①负责建立健全本部门（本地区）科学数据管理政策和规章制度，宣传贯彻落实国家科学数据管理政策；②指导所属法人单位加强和规范科学数据管理；③按照国家有关规定

做好或者授权有关单位做好科学数据定密工作；④统筹规划和建设本部门（本地区）科学数据中心，推动科学数据开放共享；⑤建立完善有效的激励机制，组织开展本部门（本地区）所属法人单位科学数据工作的评价考核。

（三）法人单位的职责

①贯彻落实国家和部门（地方）科学数据管理政策，建立健全本单位科学数据相关管理制度；②按照有关标准规范进行科学数据采集生产、加工整理和长期保存，确保数据质量；③按照有关规定做好科学数据保密和安全管理工作；④建立科学数据管理系统，公布科学数据开放目录并及时更新，积极开展科学数据共享服务；⑤负责科学数据管理运行所需软硬件设施等条件、资金和人员保障。

（四）科学数据中心的职责

科学数据中心是促进科学数据开放共享的重要载体，由主管部门委托有条件的法人单位建立，主要职责是：①承担相关领域科学数据的整合汇交工作；②负责科学数据的分级分类、加工整理和分析挖掘；③保障科学数据安全，依法依规推动科学数据开放共享；④加强国内外科学数据方面交流与合作。

三、科学数据管理的具体要求

科学数据管理相关规范的内容主要包含三部分：数据采集、数据汇交与保存、数据共享与利用。

（一）数据采集

数据采集是数据管理的初级阶段，在这一阶段，要严格数据采集的步骤，规范数据采集的行为，保证数据的准确与完整。法人单位及科学数据生产者要按照相关标准规范组织开展科学数据采集生产和加工整理，形成便于使用的数据库或数据集。法人单位应建立科学数据质量控制体系，保证数据的准确性和可用性。采集完成后，要交付给其他单位进行保管、开放、管理、使用。

（二）数据汇交与保存

数据汇交与保存是数据管理的中间阶段，也是比较重要的阶段。主管部门应建立科学数据汇交制度，在国家统一政务网络和数据共享交换平台的基础上开展本部门（本地区）的科学数据汇交工作。政府预算资金资助的各级科技计划（专项、基金等）项目所形成的科学数据，应由项目牵头单位汇交到相关科学数据中心。接收数据的科学数据中心应出具汇交凭证。各级科技计划（专项、基金等）管理部门应建立先汇交科学数据、再验收科技计划（专项、基金等）项目的机制；项目/课题验收后产生的科学数据也应进行汇交。而且国家鼓励社会资金资助形成的其他科学数据向相关科学数据中心汇交。数据的保存是数据管理的最后一站，其内容涉及多个方面。具体的保存单位为法人单位。法人单位应建立科学数据保存制度，配备数据存储、管理、服务和安全等必要设施，保障科学数据完整性和安全性。法人单位应加强科学数据人才队伍建设，在岗位设置、绩效收入、职称评定等方面建立激励机制。国务院科学技术行政部门应加强统筹布局，在条件好、资源优势明显的科学数据中心基础上，优化整合形成国家科学数据中心。

（三）数据共享与利用

数据只有开放利用才能形成其应有的价值，在这一阶段，政府预算资金资助形成的科学数据应当按照开放为常态、不开放为例外的原则，由主管部门组织编制科学数据资源目录，有关目录和数据应及时接入国家数据共享交换平台，面向社会和相关部门开放共享，畅通科学数据军民共享渠道，但是国家法律法规有特殊规定的除外。在科学数据保管方面，由各法人单位负责，法人单位要对科学数据进行分级分类，明确科学数据的密级和保密期限、开放条件、开放对象和审核程序等，按要求公布科学数据开放目录，通过在线下载、离线共享或定制服务等方式向社会开放共享。主管部门和法人单位应积极推动科学数据出版和传播工作，支持科研人员整理发表产权清晰、准确完整、共享价值高的科学数据。

数据经过整理分析之后才会有信息价值，法人单位应根据需求，对科学数据进行分析挖掘，形成有价值的科学数据产品，开展增值服务。鼓励社会组织和企业开展市场化增值服务。但使用者应遵守知识产权相关规定，在论文发表、专利申请、专著出版等工作中注明所使用和参考引用的科学数据。对于政府决策、公共安全、国防建设、环境保护、防灾减灾、公益性科学研究等需要使用科学数据的，法人单位应当无偿提供；确需收费的，应按照规定程序和非营利原则制定合理的收费标准，向社会公布并接受监督。需要区分的是因经营性活动需要使用科学数据的，当事人双方应当签订有偿服务合同，明确双方的权利和义务。

四、科学数据保密与安全

法人单位应当对数据进行分级分类，明确科学数据的密级和保密期限、开放条件、开放对象和审核程序等。涉及国家秘密、国家安全、社会公共利益、商业秘密和个人隐私的科学数据，不得对外开放共享；确需对外开放的，要对利用目的、用户资质、保密条件等进行审查，并严格控制知悉范围。涉及国家秘密的科学数据的采集生产、加工整理、管理和使用，按照国家有关保密规定执行。主管部门和法人单位应建立健全涉及国家秘密的科学数据管理与使用制度，对制作、审核、登记、拷贝、传输、销毁等环节进行严格管理。比如，基因测序、血液检验等涉及国家秘密的科研数据采集活动。对外交往与合作中需要提供涉及国家秘密的科学数据的，法人单位应明确提出利用数据的类别、范围及用途，按照保密管理规定程序报主管部门批准。经主管部门批准后，法人单位按规定办理相关手续并与用户签订保密协议。

此外，主管部门和法人单位应加强科学数据全生命周期安全管理，制定科学数据安全保护措施；加强数据下载的认证、授权等防护管理，防止数据被恶意使用。对于需对外公布的科学数据开放目录或需对外提供的科学数据，主管部门和法人单位应建立相应的安全保密审查制度。公开在互联网上的数据，法人单位和科学数据中心应按照国家网络安全管理规定，建立网络安全保障体系，采用安全可靠的产品和服务，完善数据管控、属性管理、身份识别、行为追溯、黑名单等管理措施，健全防篡改、防泄露、防攻击、防病毒等安全防护体系。科学数据中心应建立应急管理和容灾备份机制，按照要求建立应急管理系统，对重要的科学数据进行异地备份。

对于伪造数据、侵犯知识产权、不按规定汇交数据等行为，主管部门可视情节轻重对相关单位和责任人给予责令整改、通报批评、处分等处理或依法给予行政处罚。对违反国家有关法律法规的单位和个人，依法追究相应责任。

拓展阅读 <center>**FAIR 原则**</center>

当前国际社会尚缺少通用性的科学数据共享标准规范，一些标准规范仅能应用于特定的学科领域，在此背景下，通用性的科学数据开放共享原则——FAIR（findability，accessibility，interoperability，and reusability）原则应运而生。FAIR 原则包括可发现、可访问、可互操作和可重用四个原则，FAIR 原则的主要内容如表 17-1 所示。

表 17-1 FAIR 原则的主要内容

原则	主要内容
可发现	F1 数据（元数据）被分配全球唯一且持久的标识符
	F2 使用丰富的元数据描述数据
	F3 元数据清楚明确地包含所描述的数据的标识符
	F4 数据（元数据）在搜索应用服务中注册或索引
可访问	A1 数据（元数据）可以使用标准化通信协议，并可通过其标识符进行检索
	A1.1 该协议是开放的、免费的，并且可普遍实施
	A1.2 协议允许在必要时进行身份验证和授权
	A2 即使数据不再可用，也可以访问其元数据
可互操作	I1 数据（元数据）使用正式的、可访问的、可共享的和广泛适用的语言来进行表示
	I2 数据（元数据）的使用遵循 FAIR 原则的词汇表
	I3 数据（元数据）包括对其他数据（元数据）的合法引用
可重用	R1 数据（元数据）用多个准确且相关的属性进行充分描述
	R1.1 发布的数据（元数据）包含清晰且可访问的数据使用协议
	R1.2 数据（元数据）包含详细的出处信息
	R1.3 数据（元数据）符合领域相关标准

思 考 题

1. 比较科学数据与科研数据的异同。
2. 科学数据管理应该包含哪些方面？
3. 《科学数据管理办法》有哪些需要完善的地方？
4. 科学数据管理工作是谁负责的？具体职责是什么？
5. 数据泄露后，如何才能尽快止损？

参 考 文 献

顾立平. 2016. 科学数据开放获取的政策研究[M]. 北京：科学技术文献出版社.

孙九林，施慧中. 2002. 科学数据管理与共享[M]. 北京：中国科学技术出版社.

王静，马慧勤. 2018. 英国科学数据管理概述[J]. 全球科技经济瞭望，33（6）：33-38.

王炼. 2018. 美国联邦政府科学数据管理政策及实践[J]. 全球科技经济瞭望，33（7）：47-51.

邢文明，洪程. 2019. 开放为常态，不开放为例外：解读《科学数据管理办法》中的科学数据共享与利用[J]. 图书馆论坛，39（1）：117-124.

佚名. 2018. 国务院办公厅印发《科学数据管理办法》[J]. 中国安全生产科学技术，14（4）：74.

第十八章　国家情报安全制度

学习目标

通过本章的学习，理解建立国家情报法的意义和原则；掌握《中华人民共和国国家情报法》的主要内容及针对国家资源进行法律保护的必要性和实施方式；了解我国国家情报和国家安全工作的法律保护的现状。

本章导语

情报立法是维护国家安全的客观要求，科学完备的国家情报法律体系是有效开展情报工作、维护国家安全的根本保障。2017 年 6 月，《中华人民共和国国家情报法》正式实施，体现了在全面依法治国战略布局的大背景下和总体国家安全观的指导下，我国在国家情报立法建设上的巨大进步，也表明了我国国家情报立法体系化建设的指向和趋势。

第一节　情报主体的权利与义务

一、情报主体的权利

（一）情报机构的情报搜集

情报搜集权利是情报机构最基础的权利，是国家情报机构开展情报工作的基础。在境内外国家情报机构开展工作搜集情报，必须依法使用必要的方式、渠道和手段。国家情报工作机构应当依法搜集和处理境外机构、组织、个人实施或者指使、资助他人实施的，或者境内外机构、组织、个人相勾结实施的危害中华人民共和国国家安全和利益行为的相关情报，为防范、制止和惩治上述行为提供情报依据或者参考。《中华人民共和国国家情报法》对国家情报工作机构及其工作人员提出了政治素质、业务技能、人员培训等多方面的要求。

（二）情报人员便宜行事

便宜行事是指自行决定适当的措施或办法。情报工作机构工作人员由于工作的特殊性，在工作中避免不了要采取必要的方式、渠道和手段开展情报搜集工作。《中华人民共和国国家情报法》第十二条规定："国家情报工作机构可以按照国家有关规定，与有关个人和组织建立合作关系，委托开展相关工作。"《中华人民共和国国家情报法》第十四条规定："国家情报工作机构依法开展情报工作，可以要求有关机关、组织和公民提供必要的支持、协助和配合。"

（三）情报人员隐私保护

　　情报人员的职权仅限正常的公务执行。由于情报人员的身份特殊性，按照国家有关规定，经过严格的批准手续，可以采取技术侦察措施和身份保护措施。国家情报工作机构工作人员因执行任务，或者与国家情报工作机构建立合作关系的人员因协助国家情报工作，其本人或者近亲属人身安全受到威胁时，国家有关部门应当采取必要措施，予以保护、营救。

二、有关主体的义务

（一）公民有积极配合的义务

　　国家情报工作机构工作人员有权要求有关机构、组织和个人提供必要的支持、协助和配合。任何组织和公民都应当依法支持、协助和配合国家情报工作，保守所知悉的国家情报工作秘密。国家对支持、协助和配合国家情报工作的个人和组织给予保护。

（二）工作人员依法执行的义务

　　依法执行是工作的基础，工作人员在执行任务时，必须依照国家的法律法规，不得逾越，权利一旦未被约束，很容易被滥用，逾越法律的界限。《中华人民共和国国家情报法》第十九条规定："国家情报工作机构及其工作人员应当严格依法办事，不得超越职权、滥用职权，不得侵犯公民和组织的合法权益，不得利用职务便利为自己或者他人谋取私利，不得泄露国家秘密、商业秘密和个人信息。"

（三）保障工作正常开展的义务

　　国家加强国家情报工作机构建设，对其机构设置、人员、编制、经费、资产实行特殊管理，给予特殊保障。国家建立适应情报工作需要的人员录用、选调、考核、培训、待遇、退出等管理制度。

（四）监督义务

　　监督义务主要分为内部监督和外部监督。

1. 内部监督

内部监督是国家情报工作机构对工作人员工作的监督，目的是防止工作人员违法乱纪，危害国家安全，损害人民群众的利益。《中华人民共和国国家情报法》第二十六条规定："国家情报工作机构应当建立健全严格的监督和安全审查制度，对其工作人员遵守法律和纪律等情况进行监督，并依法采取必要措施，定期或者不定期进行安全审查。"

2. 外部监督

外部监督是组织和公民的监督，建立外部监督机制是促进政府工作透明的举措。《中华人民共和国国家情报法》第二十七条规定：任何个人和组织对国家情报工作机构及其工作人员超越职权、滥用职权和其他违法违纪行为，有权检举、控告。受理检举、控告的有关机关应当及时查处，并将查处结果告知检举人、控告人。同时，为了防止检举人被打击报复，《中华人民共和国国家情报法》第二十七条还规定：对依法检举、控告国家情报工作机构及其工作人员的个人和组织，任何个人和组织不得压制和打击报复。国家情报工作机构应当为个人和组织检举、控告、反映情况提供便利渠道，并为检举人、控告人保密。

第二节　情报机构的运行

国家情报工作应当依法进行，尊重和保障人权，维护个人和组织的合法权益。对情报人员的监督审查是保证情报工作顺利开展的必要手段，也是保证情报机构严格守法、公正执法的必要措施。

一、情报机构工作范围

国家建立健全集中统一、分工协作、科学高效的国家情报体制。中央国家安全领导机构对国家情报工作实行统一领导，制定国家情报工作的方针政策，规划国家情报工作整体发展，建立健全国家情报工作协调机制，统筹协调各领域的国家情报工作，研究决定国家情报工作中的重大事项。军事上的工作由中央军事委员会统一领导和组织军队情报工作。我国国家情报机构按照职能分工不同，有国家安全机关、公安情报机构、军队情报机构，它们按照职责分工，相互配合，做好情报工作、开展情报行动。其他各有关国家机关应当根据各自职能和任务分工，密切配合国家情报机构开展情报工作。

二、情报工作的监督审查制度

国家情报工作机构应当建立健全严格的监督和安全审查制度，对其工作人员遵守法律和纪律等情况进行监督，并依法采取必要措施，定期或者不定期进行安全审查。任何个人和组织对国家情报工作机构及其工作人员超越职权、滥用职权和其他违法违纪行为，有权检举、控告。受理检举、控告的有关机关应当及时查处，并将查处结果告知检举人、控告人。国家鼓励并支持个人和组织依法检举、控告国家情报工作机构及其工作人员，对依法检举、控告国家情报工作机构及其工作人员的个人和组织，任何个人和组织不得压制和打击报复。国家情报工作机构应当为个人和组织检举、控告、反映情况提供便利渠道，并为检举人、控告人保密。

第三节　违反后的法律责任

近年来，我国面临的国家安全和经济形势日益严峻，受到来自国内外各方面的挑战和威胁。《中华人民共和国国家情报法》的制定为情报工作人员工作的开展提供了保障，也为危害国家安全、违反国家安全法律、泄露国家秘密的行为提供了执法依据。任何组织和公民都应依法支持、协助和配合国家情报工作，保守所知悉的国家情报工作秘密。同时，国家对支持、协助和配合国家情报工作的个人和组织应给予保护。

一、阻碍国家情报工作

组织、个人、我国其他国家机关，必须对情报人员的工作给予支持。对于违反法律规定，阻碍国家情报工作机构及其工作人员依法开展情报工作的，由国家情报工作机构建议相关单位给予处分或者由国家安全机关、公安机关处警告或者十五日以下拘留；构成犯罪的，依法追究刑事责任。情报工作中，更加严重的违法行为，如冒充国家情报工作机构工作人员或者其他相关人员实施招摇撞骗、诈骗、敲诈勒索等行为的，依照《中华人民共和国治安管理处罚法》的规定处罚；构成犯罪的，依法追究刑事责任。

二、泄露国家机密

涉及国家机密的信息，任何个人、组织、机构都必须严格保密，不得泄露。《中华人民共和国国家情报法》第二十九条规定："泄露与国家情报工作有关的国家秘密的，由国家情报工作机构建议相关单位给予处分或者由国家安全机关、公安机关处警告或者十五日以下拘留；构成犯罪的，依法追究刑事责任。"

三、机构内部违法违纪

情报人员以其工作的特殊性，有着普通政府工作人员无法拥有的职权，国家为情报工作人员提供了各种工作便利，也给予工作人员的亲属以特殊照顾，解决了工作人员的后顾之忧，也正是由于其工作的特殊性，要求工作人员，必须保守国家秘密，不得泄露，同时也要求情报工作人员不能滥用职权，为自己和他人谋私利。对于以上行为《中华人民共和国国家情报法》第二十九条规定："国家情报工作机构及其工作人员有超越职权、滥用职权，侵犯公民和组织的合法权益，利用职务便利为自己或者他人谋取私利，泄露国家秘密、商业秘密和个人信息等违法违纪行为的，依法给予处分；构成犯罪的，依法追究刑事责任。"

拓展阅读 **俄罗斯的国家情报法律**

　　俄罗斯的情报法规相对较为健全,规定了俄罗斯的情报体制、各情报机构的组织机构和职能及情报信息的保密等。目前,俄罗斯的情报法律法规按层次可以分为四类。

　　第一类是基本法类,主要有《安全法》《俄罗斯联邦宪法》等法律。1992年3月出台的《安全法》首次明确了俄罗斯对有关"安全""国家安全"等概念的认知,成为俄罗斯情报立法的基础。1993年12月出台的《俄罗斯联邦宪法》是俄罗斯联邦国家情报法律保障机制的核心。它对维护俄罗斯联邦国家安全的根本原则和有关国家情报机关的活动进行了规范,从而构成了俄罗斯"国家安全保障体系的核心法律基础"。

　　第二类是情报领导机构和情报机构法律、法规及规章。例如,《政府法》《国防法》《总参谋部条例》等法律法规,对俄罗斯情报领导体制中各主体在情报领域中的领导职责进行了规定,《业务侦察法》《国家秘密法》《国家安全机关法》《政府通信和信息机关法》《反间谍总局条例》《安全局条例》《边防局法》等法律都是相应情报机关存在的合法性基础,同时也对其行为进行了规范。

　　第三类是总统令。总统令往往是对情报机关重大改革步骤的明确指示。单行法律法规有着相对稳定性,总统令作为法律手段,则具有相对灵活性,如2006年2月,总统普京签署的《关于打击恐怖主义措施的命令》。

　　第四类是国际法规、协议。根据法律法规,俄罗斯情报机关遵守签署的国际法规、协议。截至2017年5月,俄罗斯联邦安全局已与76个国家的136家情报、安全和边防机构建立了双边反恐情报合作关系,签署有相应的协议。

思 考 题

　　1. 情报法的立法背景是什么?

　　2. 与《中华人民共和国保守国家秘密法》相比,《中华人民共和国国家情报法》有哪些不同?

　　3. 国家如何保障情报人员的工作?

　　4. 如何处理泄露国家情报的违法行为?

　　5. 国家情报机构的职权范围是什么?

　　6. 国家是如何防止情报人员滥用权力的?

　　7. 国家如何处理内部的违法情况?

参 考 文 献

陈恩沛,夏晗.2008.竞争情报与商业秘密的保护[M].北京:知识产权出版社.

邓灵斌.2018.《国家情报法》解读:基于"总体国家安全观"视角的思考[J].图书馆,(8):52-56.

高金虎.2014.试论国家情报体制的管理:基于美国情报界的考察[J].情报杂志,33(2):1-5,9.

蒋剑云. 2019. 中美俄情报法律制度比较[J]. 中国刑警学院学报,(5):41-52.

蒋希. 2019. 总体国家安全观下的网络安全情报工作及对策研究[D]. 南京:南京大学.

全国人大常委会办公厅. 2017. 中华人民共和国国家情报法:最新修正本[M]. 北京:中国民主法制出版社.

谢威. 2017. 新兴技术与科技情报[M]. 北京:北京邮电大学出版社.

张家年,马费成. 2018. 总体国家安全观视角下新时代情报工作的新内涵、新挑战、新机遇和新功效[J]. 情报理论与实践,41(7):1-6,13.

第七篇 网 络 篇

第十九章 互联网信息服务管理

学习目标

通过本章的学习，认识互联网信息服务活动及其主体；熟悉并掌握互联网信息服务的审核与备案流程。

本章导语

为了规范互联网信息服务活动，促进互联网信息服务健康、有序发展，2000 年 9 月 25 日国务院公布施行《互联网信息服务管理办法》，2011 年 1 月 8 日修订。

第一节 互联网信息服务活动及主体

互联网信息服务是指通过互联网向上网用户提供信息的服务活动。工业和信息化部在《电信业务分类目录》（2019 年版）中对联网信息服务的具体内容作了详细的规定，信息服务业务在电信业务里属于 B25 项，具体包括：信息发布平台和递送服务、信息搜索查询服务、信息社区平台服务、信息即时交互服务及信息保护和处理服务五个方面的内容。

（1）信息发布平台和递送服务是指建立信息平台，为其他单位或个人用户发布文本、图片、音视频、应用软件等信息提供平台的服务。平台提供者可根据单位或个人用户需要向用户指定的终端、电子邮箱等递送、分发文本、图片、音视频、应用软件等信息。

（2）信息搜索查询服务是指通过公用通信网或互联网，采取信息收集与检索、数据组织与存储、分类索引、整理排序等方式，为用户提供网页信息、文本、图片、音视频等信息检索查询服务。

（3）信息社区平台服务是指在公用通信网或互联网上建立具有社会化特征的网络活动平台，可供注册或群聚用户同步或异步进行在线文本、图片、音视频交流的信息交互平台。

（4）信息即时交互服务指利用公用通信网或互联网，并通过运行在计算机、智能终端等的客户端软件、浏览器等，为用户提供即时发送和接收消息（包括文本、图片、音视频）、文件等信息的服务。信息即时交互服务包括即时通信、交互式语音服务（interactive voice response，IVR），以及基于互联网的端到端双向实时话音业务（含视频话音业务）。

《互联网信息服务管理办法》主要调整的是互联网信息服务市场准入资质问题，即监管机构与市场主体的法律关系。与互联网信息服务活动相关的权利和义务主体包括：互联网信息服务提供者、互联网接入服务提供者、政府管理部门及用户。

互联网信息服务榀供者不得制作、复制、发布、传播含有下列内容的信息：①反对宪法所确定的基本原则的；②危害国家安全，泄露国家秘密，颠覆国家政权，破坏国家统一的；③损害国家荣誉和利益的；④煽动民族仇恨、民族歧视，破坏民族团结的；⑤破坏国家宗教政策，宣扬邪教和封建迷信的；⑥散布谣言，扰乱社会秩序，破坏社会稳定的；⑦散布淫秽、色情、赌博、暴力、凶杀、恐怖或者教唆犯罪的；⑧侮辱或者诽谤他人，侵害他人合法权益的；⑨含有法律、行政法规禁止的其他内容的。

（5）信息保护和处理服务指利用公用通信网络或互联网，通过建设公共服务平台以及运行在计算机、智能终端等的客户端软件，面向用户提供终端病毒查询、删除，终端信息内容保护、加工处理和垃圾信息拦截、免打扰等服务。

▶思考题：通过互联网可以获得哪些服务？互联网信息服务有什么特点？

第二节　互联网信息服务的审核与备案

互联网信息服务分为经营性和非经营性两类。经营性互联网信息服务是指通过互联网向上网用户有偿提供信息或者网页制作等服务活动；非经营性互联网信息服务是指通过互联网向上网用户无偿提供具有公开性、共享性的信息的服务活动。

国家对非经营性互联网信息服务实行备案制度，对经营性互联网信息服务实行许可制度。因而若从事非经营性互联网信息服务，服务提供者应当向相关部门办理 ICP（internet content provider，互联网内容提供商）备案手续；从事经营性互联网信息服务，则需办理 ICP 经营许可证。未取得 ICP 经营许可证或者未办理 ICP 备案手续的，不得从事互联网信息服务。

一、互联网信息服务审核

从事新闻、出版、教育、医疗保健、药品和医疗器械等互联网信息服务，依照法律、行政法规以及国家有关规定须经有关主管部门审核同意的，在申请经营许可或者履行备案手续前，应当依法经有关主管部门审核同意。国务院信息产业主管部门和省、自治区、直辖市电信管理机构，依法对互联网信息服务实施监督管理。新闻、出版、教育、卫生、药品监督管理、工商行政管理和公安、国家安全等有关主管部门，在各自职责范围内依法对互联网信息内容实施监督管理。互联网信息服务提供者在其业务活动中，违反其他法律、法规的，由新闻、出版、教育、卫生、药品监督管理和工商行政管理等有关主管部门依照有关法律、法规的规定处罚。

二、互联网信息服务备案与许可

所有网站都要有 ICP 备案，但是只有提供有偿信息服务的网站需要申请 ICP 经营许可证。ICP 备案是属于网站的，每个网站均需要备案。而 ICP 经营许可证是属于公司的，是证明本公司利用网站经营，取得合法性收入的证件。

（1）ICP 备案（非经营性）。国家对非经营性互联网信息服务实行备案制度。ICP 备案是相关部门对网站的一种管理。备案的目的是防止在网上从事非法网站经营活动,打击不良互联网信息的传播。

（2）ICP 许可证（经营性）。国家对经营性互联网信息服务实行许可制度。经营性网站必须办理 ICP 经营许可证,否则属于非法经营。

▶思考题：查阅资料后回答什么是 ICP 和 ISP（internet service provider, 互联网服务提供商）？

三、互联网信息服务备案流程

互联网信息服务备案流程如下。

（1）网站主办者向备案管理系统输入相关备案信息。

（2）备案管理系统收到网站主办者提交的信息后,对信息进行自动核查,没有发现问题的转相关省级通信管理局；存在问题的,将相关意见反馈给网站主办者。

（3）相关省级通信管理局对备案信息进行审核,符合备案条件的予以备案；不符合备案条件的不予备案,并说明理由。

（4）备案管理系统对予以备案的,核配备案编号,生成电子证书,同时将审核意见反馈给网站主办者；对不予备案的,备案管理系统将不予备案的理由反馈给相关网站主办者,并通知网站主办者对相关信息进行修改,重新填报或补报信息。

（5）网站主办者收到备案编号和电子证书后,及时完成证书下载、安装等工作。

| 知识点 | 备案所需资料 |

（1）个人备案：个人身份证正反面原件扫描件或照片；备案幕布照片（前来我司面审拍照或是电子版幕布喷绘拍照皆可）；真实性核验单；备案信息登记表；域名证书原件。

（2）单位备案：单位注册证件原件扫描件；备案主体负责人（法人）和网站负责人身份证正反面原件扫描件或照片；真实性核验单（务必在核验单网站负责人签字一栏空白处盖上公章,一式两份）；备案信息登记表；域名证书原件。

（3）其他资料：当地通信管理局备案规则中要求的其他证明材料,如法人委托授权书等。

思 考 题

1. 说一说有哪些互联网信息服务？互联网信息服务有何特点？
2. 简述 ICP 备案和 ICP 许可证的区别。
3. 所有网站都要有 ICP 备案和 ICP 许可证吗？
4. 手机中的 App 需要 ICP 备案和 ICP 许可证吗？

参 考 文 献

姜昭琪. 2014. GATS 框架下的我国网络监管制度研究[D]. 厦门：厦门大学.

于天格. 2019. 公民网络参与推进中国政府治理模式转变的趋向和策略研究[D]. 长春：吉林大学.

袁玮. 2016. 互联网新闻信息服务发展现状与管理的有关建议[J]. 世界电信，（2）：66-70.

周飞飞. 2011. 电子商务系统开发运用法律问题探讨：以某 IT 分销公司开发实例为视角[D]. 重庆：西南
　　政法大学.

第二十章　信息网络传播

学习目标

通过本章的学习，了解信息在网络传播中的各项权利与限制；熟悉并掌握信息网络传播过程中合理使用与法定许可情形的适用情况；了解权利管理信息和技术措施的法律保护；掌握避风港原则中的通知删除和信息披露义务的有关内容。

本章导语

2001 年修正的《中华人民共和国著作权法》中正式出现"信息网络传播权"一词，这是法律赋予著作权人的一项专有权利，以帮助著作权人阻止他人未经许可地将其作品在信息网络上进行传播和分享给其他公众，从而维护著作权人的合法权益。2006 年 5 月，国务院发布《信息网络传播权保护条例》，并于 2006 年 7 月 1 日起开始实施（2013 年 1 月修订），该条例为保护著作权人、表演者、录音录像制作者的信息网络传播权，鼓励有益于社会主义精神文明、物质文明建设的作品的创作和传播提供了明确的法律依据。

第一节　信息在网络传输中的著作权问题

网络传输是指通过计算机信息网络把信息从一个地点传输到另一个地点。信息通过网络进行传输的过程快捷方便，传输费用低廉，传输速度和质量也随着现代信息通信技术的发展快速提升。

一、网络传输与复制权

复制权是著作权保护的基础权利，是版权保护的核心权利。著作权人对作品的复制，也就是对财产权利的控制。对复制的具体界定各国著作权法不尽相同。根据《中华人民共和国著作权法》第十条第一款第五项所表述的"复制权"定义可以将"复制"推论为：以印刷、复印、拓印、录音、录像、翻录、翻拍等方式将作品制作一份或者多份的行为。这些复制行为的共同特征是形成一份或多份的永久复制件。

一个网络用户通过计算机网络将信息传输给另一个网络用户，或将信息传输至在线用户的计算机，随后该信息存储在接受者的电脑中，并暂时存储在随机存储器（random access memory，RAM）中，从而产生临时复制（一次复制）行为。但是，存储在 RAM 中的内容会随时刷新，一旦关闭计算机或运行一条新的指令后，之前临时存储的信息就会消失。传统著作权法解决的是永久性的复制和复制件，而网络传输中产生了临时复制，临时复制也称暂时复制，是指一项作品从计算机外部首先进入该计算机的 RAM，并停留于此，最终因为计算机关机、重启、后续信息挤兑等原因消失于 RAM 的过程。《中华人民共和国著作权法》目前没有承认临时复制行为，但是对用户通过计算机网络传播信息而发生的永久性复制行为进行了专门规范。

二、网络传输与发行权

传统的发行是对有形复制件的发行，从《中华人民共和国著作权法》第十条第一款第六项所表述的"发行权"可以推定发行的定义是：以出售或者赠与方式向公众提供作品的原件或者复制件的行为。发行行为使得有形复制件（如图书）的所有权或者一定期限内的使用权从发行者的手中转移到使用者手中，但在这之前须发生"复制"行为，即发行行为是与复制行为相联系的。

作品的网络传输是否符合法律对发行的要求？《中华人民共和国著作权法》严格规定了对已发行的作品和未发行作品保护的区别。例如，使用他人未发行的作品开展信息服务必须经版权人许可，并支付报酬。在判断是否侵权、确定解决方式等问题上，"是否发行"是一个非常重要的因素。

有学者认为，在数字传输网络上的传输和存储，将在事实上成为社会公众发行作品的一种新方式。也有学者认为，作品在计算机网络上向公众传输的行为不属于发行，至少不属于传统意义上的发行。美国 1995 年的《知识产权与国家信息基础设施》白皮书认为网络传输属于向公众发行，在著作权人专有的发行权之内。1996 年 12 月《世界知识产权组织版权条约》第六条关于作者发行权的定义是"文学和艺术作品的作者应享有授权通过销售或者其他所有权转让形式向公众提供其作品原件和复制品的专有权"，《世界知识产权组织表演和录音制品条约》（WIPO Performances and Phonograms Treaty，WPPT）第八条、第十二条也分别规定了表演者和录音制品制作者的发行权。但是这两个条约所附的议定说明中指出，"复制品"和"原件和复制品"专指可作为有形物投放流通的固定的复制品。由于临时（或暂时）复制在条约审议时被删除，所以就很难解释暂时复制是否属于发行的范畴。但也有解释说明"有形"一词并不是指复制件必须是具有形状、体积的固定形态的物体，而是指复制件满足了"固定"的要求。美国等国著作权保护的前提条件之一是作品被固定在有形的介质上，"固定"是指作品在一段时间里足以长久和稳定地被观看、复制或传播。在现有的技术条件下，网络传输的信息必须进入计算机"内存"，足以长久和稳定地被观看、复制或传播。因此，传输的同时作品被"固定"，被传输的数字化形式的作品也是"有形"的。1997 年 12 月欧盟公布了《关于协调信息社会中版权与相关权某些方面的指令建议》，指出发行权是指作者控制以任何形式向公众发行作品原件或有形复制件的专有权，但是发行权不适用于服务和在线传输，由此认为欧盟理解的"有形复制件"是有形物体的意思，使用的是该词的本义，网络传输因此被排除在发行的含义之外。

由于我国现有的著作权法体系不承认"暂时（或临时）复制"，因此发行概念中的"作品复制件"仅指有形物体形成的复制件，因此《中华人民共和国著作权法》中规定的著作权人、图书出版者、录音录像制作者、广播组织的发行权，也不能适用于网络传输。

为避免因著作权人独占发行权而阻碍商品的自由流通，《中华人民共和国著作权法》

规定了权利用尽原则（或称权利穷竭原则），即著作权人出售或以其他形式转让了作品复制件（如图书、录音或录像带等）的所有权以后，发行权即用尽，不能再干涉复制件随后的转售或分销等。美国的《知识产权与国家信息基础设施》白皮书虽然主张把网络传输纳入发行权范畴但并不主张所有关于发行权的规则都适用于网络传输，它认为发行权的权利用尽原则就不应适用于网络传输形式的发行，复制件所有人并没有处置"该特定"复制件的权利，它仍然保留在原所有人手中。欧盟也曾建议权利用尽原则不适用于作品和其他受保护客体的在线使用。WIPO 的 WCT 和 WPPT 中规定："权利用尽所依据的条件（如有此种条件），本条约的任何内容均不得影响缔约各方确定该条件的自由。"即由各国自由决定发行权用尽的条件，各缔约方可以依据国内法来加以确定。

三、网络传输与信息网络传播权

每一种新的传播技术的出现，都会带来信息传播方式的变革，从而使著作权人产生新的著作权项。网络技术的应用使版权人希望能够获得在网络上传播作品的权利。

信息网络传播权本身就是一种广泛的权利，除了发行权外，还可以包括表演权、广播等其他权利。信息网络传播权是著作权人和相关权利者控制文字、电影、录音制品和计算机软件等作品传输在计算机网络的另一项重要权利。1996 年，WIPO 通过的 WCT 和 WPPT 被认为是数字技术和电子环境下版权保护的"互联网条约"。这两个条约分别对版权人和邻接权人的权利内容进行了调整，规定作者、表演者和录音制品制造者享有专有权。这种权利包括按需交互性网络传输，这意味着通过计算机网络与公众接触的作品、表演和录音制品将受到该权利的控制。

《最高人民法院关于审理涉及计算机网络著作权民事纠纷案件适用法律若干问题的解释》明确了发表在网络上的作品是受《中华人民共和国著作权法》保护的，规定"受著作权法保护的作品，包括著作权法第三条规定的各类作品的数字化形式。在网络环境下无法归于著作权法第三条列举的作品范围，但在文学、艺术和科学领域内具有独创性并能以某种有形形式复制的其他智力创作成果，人民法院应当予以保护"。《中华人民共和国著作权法》对著作权人拥有的以复制、发行、播放等方式使用著作权信息的各种专有权利的规定，均适用于数字化信息。根据这一司法解释，创作完成并首先通过网络提供给公众的信息也受《中华人民共和国著作权法》的保护。

为了适应 WCT 和 WPPT 这两个国际条约的要求，我国 2001 年在修正的《中华人民共和国著作权法》第十条有关著作权内容中增设了信息网络传播权。信息网络传播权是指以有线或者无线的方式向公众提供作品，使公众可以在其个人选定的时间和地点获得作品的权利。信息网络传播权的法律地位的确立，使著作权人对作品传播方式的专有控制权延伸到网络空间，并能直接传播作品，行使邻接权。该项权利具有以下几个特点。

（1）它是一项与复制权、表演权、发行权、改编权并列的可以独立行使的新权利，适用于所有种类作品的传播。

（2）该项权利由著作权人享有，只有本人或者经其授权才可以通过信息网络向公众传播。未经作者许可，通过信息网络向公众传播其作品的，应该根据情况，承担停止侵害、消除影响、赔礼道歉、赔偿损失等民事责任；如果损害公共利益的，还将受到行政乃至刑事处罚。

（3）作品的传播是以有线或无线的形式进行，适用于所有的传播手段与传播方式，不仅包括现在的传播方式，还包括未来可能广泛出现的传播方式（如网络电视、网络直播等）。

（4）作品的网络传播是公开的，任何公众均可获得，电子邮件等点对点的传播应予以排除。

（5）作品的网络传播是交互性的，公众可以在其个人选定的时间和地点获得，公众是主动获得，而非被动接受。

经典案例：《舌尖
上的中国》信息网络
传播权纠纷案

第二节　对信息网络传播权的限制

著作权并非完全绝对、无限制，由于文化的历史继承性，著作权在创造作品时不可避免地吸收了前人的劳动成果，新作品需要在他人的基础上产生。如果没有限制，就可能会出现权力滥用，阻碍科学技术进步、文化繁荣的局面。这时，需要在权力者的利益与公共利益之间保持平衡。《信息网络传播权保护条例》中对信息网络传播权利的限制主要有：合理使用和法定许可。

一、合理使用

合理使用是指当有特定情况，且不会损害权利人的合法利益时，他人不必征得权利人的同意，也不需要向版权人支付报酬的情况。《信息网络传播权保护条例》第六条规定了八种情形为合理使用。通过信息网络提供他人作品，属于下列情形的，可以不经著作权人许可，不向其支付报酬：①为介绍、评论某一作品或者说明某一问题，在向公众提供的作品中适当引用已经发表的作品；②为报道时事新闻，在向公众提供的作品中不可避免地再现或者引用已经发表的作品；③为学校课堂教学或者科学研究，向少数教学、科研人员提供少量已经发表的作品；④国家机关为执行公务，在合理范围内向公众提供已经发表的作品；⑤将中国公民、法人或者其他组织已经发表的、以汉语言文字创作的作品翻译成的少数民族语言文字作品，向中国境内少数民族提供；⑥不以营利为目的，以盲人能够感知的独特方式向盲人提供已经发表的文字作品；⑦向公众提供在信息网络上已经发表的关于政治、经济问题的时事性文章；⑧向公众提供在公众集会上发表的讲话。

此外，《信息网络传播权保护条例》第七条对合理使用作出了规定："图书馆、档案馆、纪念馆、博物馆、美术馆等可以不经著作权人许可，通过信息网络向本馆馆舍内服务对象提供本馆收藏的合法出版的数字作品和依法为陈列或者保存版本的需要以数字化形式复制的作品，不向其支付报酬，但不得直接或者间接获得经济利益。当事人另有约定的除外。上述规定的为陈列或者保存版本需要以数字化形式复制的作品，应当是已经损毁或者濒临损毁、丢失或者失窃，或者其存储格式已经过时，并且在市场上无法购买或者只能以明显高于标定的价格购买的作品。"

▶思考题：《信息网络传播权保护条例》的合理使用情况比《中华人民共和国著作权法》少了哪几种？为什么？

二、法定许可

法定许可是指在法律明文规定的范围内不经著作权人许可使用作品，但应当向著作权人支付报酬的情形。

（1）为实施义务教育和国家教育规划而编写出版教科书，可以不经著作权人许可，在教科书中汇编已经发表的作品片段或者短小的文字作品、音乐作品或者单幅的美术作品、摄影作品、图形作品，但应当按照规定向著作权人支付报酬，指明作者姓名、作品名称，并且不得侵犯著作权人依照《中华人民共和国著作权法》享有的其他权利。

（2）为扶助贫困，通过信息网络向农村地区的公众免费提供中国公民、法人或者其他组织已经发表的种植养殖、防病治病、防灾减灾等与扶助贫困有关的作品和适应基本文化需求的作品，网络服务提供者应当在提供前公告拟提供的作品及其作者、拟支付报酬的标准。

自公告之日起 30 日内，著作权人不同意提供的，网络服务提供者不得提供其作品；自公告之日起满 30 日，著作权人没有异议的，网络服务提供者可以提供其作品，并按照公告的标准向著作权人支付报酬。网络服务提供者提供著作权人的作品后，著作权人不同意提供的，网络服务提供者应当立即删除著作权人的作品，并按照公告的标准向著作权人支付提供作品期间的报酬。

依照上述规定提供作品的，不得直接或者间接获得经济利益。该规定对缩小东西部地区之间的"数字鸿沟"有一定的现实意义。

三、对合理使用和法定许可的限制

不经著作权人许可、通过信息网络向公众提供其作品的，《信息网络传播权保护条例》规定："（一）除本条例第六条第一项至第六项、第七条规定的情形外，不得提供作者事先声明不许提供的作品；（二）指明作品的名称和作者的姓名（名称）；（三）依照本条例规定支付报酬；（四）采取技术措施，防止本条例第七条、第八条、第九条规定的服务对象以外的其他人获得著作权人的作品，并防止本条例第七条规定的服务对象的复制行为对著作权人利益造成实质性损害；（五）不得侵犯著作权人依法享有的其他权利。"

第三节　权利管理信息与技术措施的法律保护

网络传输带来的一个问题就是，为了保证权利人和有关权利的有效和完整行使，权利人可以通过采取权利管理信息和技术保护措施，来达到控制其享有权利信息的授权和监督他人使用的目的。与此同时也出现了修改或删除权利管理信息或规避技术措施的问题。对此可以借助技术手段加以控制，如添加"电子水印"等技术方法。但是这类技术手段仍然存在局限性,在这种情况下,对权利管理信息与技术措施的法律保护需要就凸显出来了,并且由此产生了著作权中的新型权利。

一、权利管理信息的侵权

(一)权利管理信息

权利管理信息是说明作品及其作者、表演及其表演者、录音录像制品及其制作者的信息,作品、表演、录音录像制品权利人的信息和使用条件的信息,以及表示上述信息的数字或者代码。权利管理信息的主要作用是标明权利人、声明权利及公示作品的使用条件。一方面,版权人需要通过权利管理信息向公众声明其权利、表明权利人身份及作品的使用条件,促进作品的合法使用;另一方面,作品使用者需要获取权利管理信息从而依法对作品进行使用。随着数字技术的进步和互联网的普及,版权人使用权利管理信息的现象愈加普遍。同时,以数字形式表现的权利管理信息很容易被删除或更改,其后果不单是用户得到错误的信息,同时也意味着版权人对作品各项权利的失控。要在数字信息时代对作品进行充分有效的保护,就必须对权利管理信息加以保护。

(二)侵权行为

未经权利人许可,任何组织或者个人不得进行下列行为。

(1)故意删除或者改变通过信息网络向公众提供的作品、表演、录音录像制品的权利管理电子信息,但由于技术上的原因无法避免删除或者改变的除外。

(2)通过信息网络向公众提供明知或者应知未经权利人许可被删除或者改变权利管理电子信息的作品、表演、录音录像制品。

(三)侵权行为的构成要件

(1)未经权利人许可。此处的权利人是指作品的著作权人、表演者和录音录像制品制作者或他们的代理人。

(2)侵权人的主观上存在故意或者过失。故意是指行为人明知删除或改变权利管理电子信息侵权违法的行为,却希望或放纵这种后果的产生。过失是指行为人应该知道但因未尽合理注意义务而将未经权利人许可被删除或者改变权利管理电子信息的作品、表演、录音录像制品通过信息网络向公众传播。

(3)行为人客观上存在删除或改变权利管理电子信息和向公众通过信息网络传播明知未经许可或改变权利管理电子信息的作品、表演、录音录像制品等载体的行为。

《信息网络传播权保护条例》对于未经权利人许可删除或者改变权利管理电子信息的只规定了在故意情况下承担责任,对于非故意状态的删除、改变行为没有明确规定应承担责任。

二、技术措施的法律保护

（一）技术措施

技术措施是指用于防止、限制未经权利人许可浏览、欣赏作品、表演、录音录像制品的或者通过信息网络向公众提供作品、表演、录音录像制品的有效技术、装置或者部件。技术措施本来是存在于法律之外的一种救济手段，但再先进的技术措施总会被更先进的技术规避措施所突破，因此著作权人意识到了技术措施的局限性，于是求助于法律来加强其技术保护措施。各国政府也认识到了规范技术措施的必要性，纷纷建立了各自的技术措施法律保护制度，并把它纳入著作权法体系之中。

（二）技术措施的保护

1. 技术保护措施的类型

目前权利人的保护措施分为两大类：①访问控制措施，在我们的日常生活中经常见到，当进入某一网址时，浏览器提示用户必须输入口令或密码等；②使用控制措施是指一大类具体措施，如加密、电子签名、电子水印等能够控制用户不得任意复制、发行或传播受保护作品，尤其不能任意修改作品。

在此基础上，又可将技术保护措施细分为以下几类。①反复制设备。也就是阻止复制作品的设备，在它的支持下系统可以阻止用户进行某些被限制的行为。②控制进入受保护作品的技术保护措施。此措施包括要求登记、加密、密码系统或顶置盒，可以用数字化手段对作品进行加密，并且可以装载归纳作品内容、识别作者身份的信息及与作品使用相关的信息。③追踪系统。追踪系统是确保数字化作品始终处于版权人控制之下，并且只有在版权人授权后才可以使用的软件。④电子水印数字签名或数字指纹技术。这种技术通过在数字作品中加入无形的数字标志以识别作品及版权人，鉴定作品的真伪。⑤标准系统。按地区划分，设定不同的标准以避免对版权作品的侵权行为。⑥电子版权管理系统（electronic copyright management system，ECMS）。ECMS 可以识别作者的身份，通过加密保护作品，同时又可以像电子契约那样与使用者进行交易，收取使用对价。

▶思考题：说一说生活中遇到过哪种技术保护措施？

2. 技术措施的保护层次

技术措施的保护可分成两个层次。一是直接保护，任何组织或者个人不得故意避开或者破坏技术措施，如破译他人密码；二是间接保护，不得故意制造、进口或者向公众提供主要用于避开或者破坏技术措施的装置或者部件（如禁止制造、进口、出租、出借破译密码的机器），不得故意为他人避开或者破坏技术措施提供技术服务（如向他人提供关键技术破译加密措施）。

3. 技术措施保护的合法性

在我国，权利人所采取的技术措施，要受到《中华人民共和国著作权法》的保护，自身需要具有合法性，有学者将合法性总结为以下几点（徐家力，2006）：①保护的是受著作权法保护的特定作品，限制的是未经授权的或未经法律许可的行为；②技术保护措施只能是防御性的，而非攻击性的；③所采取的技术对侵权盗版活动的障碍，不能超出制止侵权行为所必需的限度；④技术保护措施只能被用来保护法律赋予的权利，不能限制公众对该作品的合理使用；⑤法律、行政法规另有规定的除外。

▶思考题：如果一本期刊刊载的一幅照片上有你的署名，一个网站扫描该照片，删除署名（连同期刊配发的相关文字）后，将该照片上传至自己的官方网站。暂时不考虑复制照片的版权侵权，这种行为是否违反了不得故意删除或者改变权利电子管理信息义务？

第四节　网络服务提供商的著作权责任

网络服务提供商主要分为两类。第一类是指 ICP，向广大用户综合提供互联网信息业务和增值业务的电信运营商，其拥有自己的特色资源，如同传统的出版者。第二类是指互 ISP，向广大用户综合提供互联网接入业务、信息业务和增值业务的电信运营商。向用户提供互联网入口与相关服务，其本质属于第三方责任。

通过本节的学习，理解 ISP 避风港原则中的通知删除、信息披露及免除责任等内容。

一、通知删除

通知删除是指有人利用网络服务实施侵权行为的，权利人有权通知电商平台采取删除、屏蔽、断开链接等必要措施，电商平台接到通知后未及时采取必要措施的承担连带责任。实际中的纠纷涉及的金额基本较小，通过行政或者司法程序解决的必要性并不是很大。

《信息网络传播权保护条例》借鉴国际通行的做法，建立了处理纠纷的"通知与删除"简便程序。对提供信息存储空间或者提供搜索、链接服务的网络服务提供者，权利人认为其服务所涉及的作品、表演、录音录像制品，侵犯自己的信息网络传播权或者被删除、改变了自己的权利管理电子信息的，可以向该网络服务提供者提交书面通知，要求网络服务提供者删除该作品、表演、录音录像制品，或者断开与该作品、表演、录音录像制品的链接。通知书应当包含下列内容：①权利人的姓名（名称）、联系方式和地址；②要求删除或者断开链接的侵权作品、表演、录音录像制品的名称和网络地址；③构成侵权的初步证明材料。权利人应当对通知书的真实性负责。

在确认网络服务提供者的服务内容涉嫌侵权的情况下，网络服务提供者接到权利人的通知书后，应当立即删除涉嫌侵权的作品、表演、录音录像制品，或者断开与涉嫌侵权的作品、表演、录音录像制品的链接，并同时将通知书转送提供作品、表演、录音录像制品的服务对象；服务对象网络地址不明、无法转送的，应当将通知书的内容同时在信息网络上公告。

如果出现服务对象并未构成侵权，却遭遇由他人通知所导致的网络服务提供者对服务对象内容删除的情况，服务对象接到网络服务提供者转送的通知书后，认为其提供的作品、表演、录音录像制品未侵犯他人权利的，可以向网络服务提供者提交书面说明，要求恢复被删除的作品、表演、录音录像制品，或者恢复与被断开的作品、表演、录音录像制品的链接。书面说明应当包含下列内容：①服务对象的姓名（名称）、联系方式和地址；②要求恢复的作品、表演、录音录像制品的名称和网络地址；③不构成侵权的初步证明材料。服务对象应当对书面说明的真实性负责。

网络服务提供者接到服务对象的书面说明后，应当立即恢复被删除的作品、表演、录音录像制品，或者可以恢复与被断开的作品、表演、录音录像制品的链接，同时将服务对象的书面说明转送权利人。权利人不得再通知网络服务提供者删除该作品、表演、录音录像制品，或者断开与该作品、表演、录音录像制品的链接。

权利人的通知导致网络服务提供者错误删除作品、表演、录音录像制品，或者错误断开与作品、表演、录音录像制品的链接，给服务对象造成损失的，权利人应当承担赔偿责任。

避风港原则是指在发生著作权侵权案件时，若 ISP 只提供空间服务并不制作网页内容，如果被告知侵权，则有删除的义务。如果侵权内容既不在 ISP 的服务器上存储，又没有被告知哪些内容应该删除，则 ISP 不承担侵权责任。避风港原则也被应用在搜索引擎、网络存储、在线图书馆等方面。

二、信息披露

ISP 作为第三方，应当负有协助权利人或有关机关收集侵权行为证据的义务。信息披露义务则属于协助调查义务的一种，为此 ISP 必须保存服务对象的数据资料，为以后取得侵权的证据提供方便，并在向他人提供网络服务时记录其真实身份。

著作权行政管理部门为了查处侵犯信息网络传播权的行为，可以要求 ISP 提供涉嫌侵权的服务对象的姓名（名称）、联系方式、网络地址等资料。

ISP 无正当理由拒绝提供或者拖延提供涉嫌侵权的服务对象的姓名（名称）、联系方式、网络地址等资料的，由著作权行政管理部门予以警告；情节严重的，没收主要用于提供网络服务的计算机等设备。

三、免除责任

ISP 是著作权人实现信息网络传播权的重要通道，为促进网络产业的发展，有必要降低 ISP 通过信息网络提供作品的成本和风险。因 ISP 提供的传输管道、自动存储、信息存储空间、搜索链接和连接服务等有所不同，ISP 的免责赔偿情形也是不同的。

（一）提供自动接入服务或者传输服务

ISP 根据服务对象的指令提供网络自动接入服务，或者对服务对象提供的作品、表演、录音录像制品提供自动传输服务，并具备下列条件的，不承担赔偿责任：①未选择并且未改变所传输的作品、表演、录音录像制品；②向指定的服务对象提供该作品、表演、录音录像制品，并防止指定的服务对象以外的其他人获得。

（二）为提高网络传输效率提供自动存储服务

ISP 为提高网络传输效率，自动存储从其他网络服务提供者获得的作品、表演、录音录像制品，根据技术安排自动向服务对象提供，并具备下列条件的，不承担赔偿责任：①未改变自动存储的作品、表演、录音录像制品；②不影响提供作品、表演、录音录像制品的原网络服务提供者掌握服务对象获取该作品、表演、录音录像制品的情况；③在原网络服务提供者修改、删除或者屏蔽该作品、表演、录音录像制品时，根据技术安排自动予以修改、删除或者屏蔽。

（三）提供信息存储空间

信息存储空间服务提供者是 ISP 中的一类，其主要向用户提供平台系统用以上传和发布信息，此类平台系统可以根据用户指令自动将信息存储在其网络空间之中，供其他用户在线下载或欣赏。由于信息较多，数量较为庞大，很难对内容进行监督审查，信息存储空间提供者有权免责。网络服务提供者为服务对象提供信息存储空间，供服务对象通过信息网络向公众提供作品、表演、录音录像制品，并具备下列条件的，不承担赔偿责任：①明确标示该信息存储空间是为服务对象所提供，并公开网络服务提供者的名称、联系人、网络地址；②未改变服务对象所提供的作品、表演、录音录像制品；③不知道也没有合理的理由应当知道服务对象提供的作品、表演、录音录像制品侵权；④未从服务对象提供作品、表演、录音录像制品中直接获得经济利益；⑤在接到权利人的通知书后，根据《信息网络传播权保护条例》规定删除权利人认为侵权的作品、表演、录音录像制品。

（四）提供搜索或者链接服务

ISP 为服务对象提供搜索或者链接服务，在接到权利人的通知书后，根据《信息网络传播权保护条例》规定断开与侵权的作品、表演、录音录像制品的链接的，不承担赔偿责任；但是，明知或者应知所链接的作品、表演、录音录像制品侵权的，应当承担共同侵权责任。

思　考　题

1. 简述《信息网络传播权保护条例》有关合理使用的规定。
2. 电子信息的权利管理是什么？电子信息的侵权构成要件有哪些？

3. 请列举常见的技术保护措施，并阐明如何合理利用《信息网络传播权保护条例》中与技术措施有关的规定条款来获取网络信息资源。

4. 简述 ISP 在提供网络服务的过程中四种免除赔偿的情况。

参 考 文 献

曹新明，叶霖. 2017. 网络环境下广播组织权中的转播权探析[J]. 知识产权，（11）：31-37.

高龙. 2013. 浅析网络环境下的复制与传播[J]. 时代金融，（26）：236-237.

何敏，周纯. 2000. 电子屏障：版权的技术保护措施的法律保护[J]. 中国科技论坛，（2）：51-54.

金玲. 2000. 知识产权与网络传输[J]. 科技与法律，（1）：35-41.

孔祥俊. 2015. 网络著作权保护法律理念与裁判方法[M]. 北京：中国法制出版社.

罗冰眉. 2002. 网络传输的版权保护综述[J]. 法律文献信息与研究，（1）：5-14，28.

吴汉东. 2002. 走向知识经济时代的知识产权法[M]. 北京：法律出版社.

徐家力. 2006. 知识产权在网络及电子商务中的保护[M]. 北京：人民法院出版社.

薛虹. 2002. 数字技术的知识产权保护[M]. 北京：知识产权出版社.

郑成思. 1999. 知识产权文丛：第 2 卷[M]. 北京：中国政法大学出版社.

第二十一章　网络空间安全与管理

学习目标

通过本章的学习，了解我国网络安全法的基本原则和基本框架；认识网络安全法的重要意义；熟悉并掌握网络安全保障制度的主要内容。

本章导语

2016 年 11 月，第十二届全国人民代表大会常务委员会第二十四次会议表决通过了《中华人民共和国网络安全法》，自 2017 年 6 月 1 日起施行。《中华人民共和国网络安全法》是我国第一部全面规范网络空间安全管理方面问题的基础性法律，是我国网络空间法治建设的重要里程碑，对于落实总体国家安全观，维护国家网络空间主权，保障网络安全和促进网络空间健康有序发展具有十分重要的意义。

第一节　《中华人民共和国网络安全法》的基本原则

《中华人民共和国网络安全法》旨在保障网络安全，维护网络空间主权和国家安全、社会公共利益，保护公民、法人和其他组织的合法权益，促进经济社会信息化健康发展。《中华人民共和国网络安全法》的基本原则包括：网络空间主权原则、网络安全与信息化发展并重原则和共同治理原则。

（1）网络空间主权原则。网络空间主权是一国国家主权在网络空间中的自然延伸和表现。《联合国宪章》确立的主权平等原则是当代国际关系的基本准则，覆盖国与国交往的各个领域，其原则和精神也应该适用于各国的网络空间。《中华人民共和国网络安全法》适用于我国境内网络及网络安全的监督管理。这是我国网络空间主权对内最高管辖权的体现。

（2）网络安全与信息化发展并重原则。网络安全和信息化是一体之两翼、驱动之双轮，必须统一谋划、统一部署、统一推进、统一实施。国家坚持网络安全与信息化发展并重，遵循积极利用、科学发展、依法管理、确保安全的方针；既要推进网络基础设施建设，鼓励网络技术创新和应用，又要建立健全网络安全保障体系，提高网络安全保护能力，做到"双轮驱动、两翼齐飞"。

（3）共同治理原则。网络空间安全仅仅依靠政府是无法实现的，需要政府、企业、社会组织、技术社群和公民等网络利益相关者的共同参与。《中华人民共和国网络安全法》坚持共同治理原则，要求采取措施鼓励全社会共同参与，政府部门、网络建设者、网络运营者、ISP、网络行业相关组织、高等院校、职业学校、社会公众等都应根据各自的角色参与网络安全治理工作。

知识点　　　　　**网络安全法中的相关概念**

（1）网络。网络是指由计算机或者其他信息终端及相关设备组成的按照一定的规则和程序对信息进行收集、存储、传输、交换、处理的系统。

（2）网络安全。网络安全是指通过采取必要措施，防范对网络的攻击、侵入、干扰、破坏和非法使用以及意外事故，使网络处于稳定可靠运行的状态，以及保障网络数据的完整性、保密性、可用性的能力。

（3）网络运营者。网络运营者是指网络的所有者、管理者和网络服务提供者。网络运营者是网络安全法中非常重要的概念，是关键义务主体或者核心义务主体，几大电信运营商、BAT（百度、阿里巴巴、腾讯）等企业及国家机关中的网络执法部门都属于网络运营者的范畴。同时，关键信息基础设施也是一种网络运营者。

（4）网络数据。网络数据是指通过网络收集、存储、传输、处理和产生的各种电子数据。

（5）关键信息基础设施。国家对公共通信和信息服务、能源、交通、水利、金融、公共服务、电子政务等重要行业和领域，以及其他一旦遭到破坏、丧失功能或者数据泄露，可能严重危害国家安全、国计民生、公共利益的关键信息基础设施进行保护。

第二节　网络安全保障制度

《中华人民共和国网络安全法》确立了网络安全等级保护制度、网络产品和服务安全制度、关键信息基础设施安全保护制度、网络安全风险评估制度、用户实名制度、网络安全事件应急预案制度、网络安全监测预警和信息通报制度、用户信息保护制度和关键信息基础设施重要数据境内留存制度。

一、网络安全等级保护制度

国家实行网络安全等级保护制度。对可能严重危害国家安全、国计民生、公共利益的关键信息基础设施，在网络安全等级保护制度的基础上，实行重点保护。网络运营者要从定级备案、安全建设、等级测评、安全整改、监督检查的角度，严格落实网络安全等级保护制度。

二、网络产品和服务安全制度

与网络产品和服务安全有关的安全制度主要涉及市场准入制度、强制性安全认证制度。2016年底，国家网信办会同相关部门出台的《网络产品和服务安全审查办法（试行）》，采用企业承诺与社会监督相结合，第三方评价与政府持续监管相结合，实验室检测、现场检查、在线监测、背景调查相结合的方式，对网络产品和服务及其提供者进行网络安全审查。重点审查网络产品和服务的安全性、可控性，主要包括：产品和服务被非法控制、干扰和中断运行的风险；产品及关键部件研发、交付、技术支持过程中的风险；产品和服务提供者利用提供产品和服务的便利条件非法收集、存储、处理、利用用户相关信息的风险；产品和服务提供者利用用户对产品和服务的依赖，实施不正当竞争或损害用户利益的风险；其他可能危害国家安全和公共利益的风险。

三、关键信息基础设施安全保护制度

国家对公共通信和信息服务、能源、交通、水利、金融、公共服务、电子政务等重要行业和领域，以及其他一旦遭到破坏、丧失功能或者数据泄露，可能严重危害国家安全、国计民生、公共利益的关键信息基础设施，在网络安全等级保护制度的基础上，实行重点保护。关键信息基础设施的具体范围和安全保护办法由国务院制定。

为了强化对关键信息基础设施安全保护的责任，《中华人民共和国网络安全法》从国家主体和关键信息基础设施运营者两大层面，分别明确了对关键信息基础设施安全保护的法律义务和责任。按照国务院规定的职责分工，负责关键信息基础设施安全保护工作的部门分别编制并组织实施本行业、本领域的关键信息基础设施安全规划，指导和监督关键信息基础设施运行安全保护工作。在关键信息基础设施运营者方面，除第二十一条的规定外，《中华人民共和国网络安全法》还规定了关键基础设施运营者应当履行的安全保护义务：一是设置专门安全管理机构和安全管理负责人，并对该负责人和关键岗位的人员进行安全背景审查；二是定期对从业人员进行网络安全教育、技术培训和技能考核；三是对重要系统和数据库进行容灾备份；四是制定网络安全事件应急预案，并定期进行演练；五是法律行政法规规定的其他义务。

四、网络安全风险评估制度

关键信息基础设施的运营者应当自行或者委托网络安全服务机构对其网络的安全性和可能存在的风险每年至少进行一次检测评估，并将检测评估情况和改进措施报送相关负责关键信息基础设施安全保护工作的部门。国家实行网络安全等级保护制度，运营者应当开展网络安全等级保护测评工作，这样既可以满足风险评估的需要，又可以满足网络安全等级保护制度的要求。

五、用户实名制度

网络运营者为用户办理网络接入、域名注册服务，办理固定电话、移动电话等入网手续，或者为用户提供信息发布、即时通信等服务，在与用户签订协议或者确认提供服务时，应当要求用户提供真实身份信息。用户不提供真实身份信息的，网络运营者不得为其提供相关服务。

六、网络安全事件应急预案制度

网络运营者应当制定网络安全事件应急预案，及时处置系统漏洞、计算机病毒、网络攻击、网络侵入等安全风险；在发生危害网络安全的事件时，立即启动应急预案，采取相应的补救措施，并按照规定向有关主管部门报告。建议应急预案制度覆盖所有网络安全场景，对相关人员开展应急预案培训，结合发生的安全事件和面临的安全风险制定符合自身组织架构的网络安全应急预案，并在预案中明确内部及业务部门的应急响应责任、准备措施及应对突发事件的配合机制，并组织演练。

七、网络安全监测预警和信息通报制度

国家建立网络安全监测预警和信息通报制度。国家网信部门应当统筹协调有关部门加强网络安全信息收集、分析和通报工作，按照规定统一发布网络安全监测预警信息。这是从国家层面建立的安全态势感知与信息通报制度。负责关键信息基础设施安全保护工作的部门，应当建立健全本行业、本领域的网络安全监测预警和信息通报制度，并按照规定报送网络安全监测预警信息。

八、用户信息保护制度

网络运营者应当对其收集的用户信息严格保密，并建立健全用户信息保护制度。网络产品、服务具有收集用户信息功能的，其提供者应当向用户明示并取得同意；涉及用户个人信息的，还应当遵守《中华人民共和国网络安全法》和有关法律、行政法规关于个人信息保护的规定。

九、关键信息基础设施重要数据境内留存制度

关键信息基础设施的运营者在中华人民共和国境内运营中收集和产生的个人信息和重要数据应当在境内存储。因业务需要，确需向境外提供的，应当按照国家网信部门会同国务院有关部门制定的办法进行安全评估。数据主权也被称为数据本地化存储，指主权国家通过制定法律或规则限制本国数据向境外流动。任何本国或者外国公司在采集和存储个人信息和关键领域相关数据时，必须使用主权国家境内的服务器。

第三节　违法责任

《中华人民共和国网络安全法》中涉及十四种处罚手段，分别是约谈、断网、改正、警告、罚款、暂停相关业务、停业整顿、关闭网站、吊销相关业务许可证、吊销营业执照、拘留、职业禁入、民事责任和刑事责任。

依据网络运营者违法的情形，相应的处罚措施主要包括：责令改正、警告、罚款，责令暂停相关业务、停业整顿、关闭网站、吊销相关业务许可证或者吊销营业执照，对直接负责的主管人员进行罚款等；有关部门还可以将违法行为记入信用档案。对于违反《中华人民共和国反不正当竞争法》第二十七条的人员，还明确了职业禁入制度。

经典案例：BOSS 直聘
被网信办责令整改

拓展阅读　　**《中华人民共和国网络安全法》颁布后**
出台的后续政策法规

《中华人民共和国网络安全法》颁布后出台的部分后续政策法规如表21-1所示。

表21-1　《中华人民共和国网络安全法》颁布后出台的部分后续政策法规

名称	发布主体	时间
《中华人民共和国数据安全法》	全国人民代表大会常务委员会	2021年6月
《互联网用户公众账号信息服务管理规定》	国家互联网信息办公室	2017年10月
《网络安全审查办法》	国家互联网信息办公室、国家发展和改革委员会、工业和信息化部等十三个部门	2021年12月
《网络信息内容生态治理规定》	国家互联网信息办公室	2019年12月
《网络音视频信息服务管理规定》	国家互联网信息办公室、文化和旅游部、国家广播电视总局	2019年11月
《中华人民共和国密码法》	全国人民代表大会常务委员会	2019年10月
《儿童个人信息网络保护规定》	国家互联网信息办公室	2019年8月
《区块链信息服务管理规定》	国家互联网信息办公室	2019年1月
《微博客信息服务管理规定》	国家互联网信息办公室	2018年2月
《互联网群组信息服务管理规定》	国家互联网信息办公室	2017年9月
《互联网域名管理办法》	工业和信息化部	2017年8月
《互联网论坛社区服务管理规定》	国家互联网信息办公室	2017年8月
《互联网跟帖评论服务管理规定》	国家互联网信息办公室	2017年8月
《互联网新闻信息服务管理规定》	国家互联网信息办公室	2017年5月
《互联网信息内容管理行政执法程序规定》	国家互联网信息办公室	2017年5月

注：表格统计截止时间为2021年12月

除了以上行政处罚外，还应当包括违法行为所导致的民事责任和刑事责任。

网络运营者如果因违反《中华人民共和国网络安全法》给他人造成损失的，该行为具有民事上的可诉性，网络运营者应当承担相应的民事责任。

ISP不履行法律、行政法规规定的信息网络安全管理义务，监管部门责令采取改正措施而拒不改正，具有法律规定的情形之一的，构成拒不履行信息网络安全管理义务罪。《中华人民共和国网络安全法》为网络运营者设定了诸多的网络安全保护义务（如网络安全等级保护和关键信息基础设施安全保护等），如果不履行法律的规定而导致严重后果的，可能受到刑事的追诉，从而承担拒不履行信息网络安全管理义务罪的后果。

思　考　题

1. 《中华人民共和国网络安全法》的基本原则有哪些？
2. 简要说明我国的网络安全保障制度。

3. 简述违反《中华人民共和国网络安全法》的惩罚措施。

4. 简述《中华人民共和国网络安全法》的影响。你认为应该如何落实《中华人民共和国网络安全法》的相关内容？

参 考 文 献

黄道丽. 2019. 网络安全法律一本通[M]. 北京：中国民主法制出版社.

盘冠员，章德彪. 2019. 网络安全法关键问题解读[M]. 北京：时事出版社.

寿步. 2019. 网络安全法实用教程[M]. 上海：上海交通大学出版社.

中国法制出版社. 2018. 中华人民共和国网络安全法（实用版）[M]. 北京：中国法制出版社.